Anne Glenconner

Issue de la noblesse anglaise, Lady Glenconner est devenue dame d'honneur de la princesse Margaret en 1971 jusqu'à la mort de cette dernière en 2010. Elle habite à présent dans le Norfolk. Ses mémoires ont figuré dans la liste des meilleures ventes du *New York Times* avant d'être publiés aux Éditions des Escales en 2021.

DAME D'HONNEUR

ANNE GLENCONNER

DAME D'HONNEUR

Une vie d'exception dans l'ombre de la Couronne

Traduit de l'anglais
par Alice Delarbre

LES ESCALES

Titre original :
LADY IN WAITING

MIXTE
Papier issu de sources responsables
FSC® C003309

L'éditeur de cet ouvrage s'engage dans une démarche de certification FSC® qui contribue à la préservation des forêts pour les générations futures.

Pour en savoir plus :
www.editis.com/engagement-rse/

ISBN : 978-2-266-32274-4
Dépôt légal : avril 2022

Pour mes enfants, petits-enfants
et arrière-petits-enfants

Table des matières

Prologue

Un matin du début de l'année 2019, je me trouvais dans mon appartement londonien quand le téléphone a sonné.

« Allô ?

— Lady Glenconner ? Ici Helena Bonham Carter. »

Je ne reçois pas tous les jours des appels de stars hollywoodiennes, même si je m'y attendais car j'en avais été prévenue. Les producteurs de la série Netflix *The Crown*, qui rencontrait un grand succès, m'avaient en effet contactée pour m'expliquer que je serais incarnée par Nancy Carroll dans la troisième saison, et que Helena Bonham Carter avait été choisie pour interpréter la princesse Margaret. J'étais enchantée. Lorsqu'ils m'ont demandé si je verrais un inconvénient à les rencontrer pour qu'elles puissent se faire une idée plus précise de mon amitié avec la princesse, j'ai évidemment répondu que j'en serais ravie.

Nancy Carroll est passée prendre le thé. Confortablement assises dans les fauteuils de mon salon, nous avons entamé la conversation. Conversation qui s'est révélée surréaliste dès que j'ai pris conscience que la comédienne était assurément là pour m'observer et s'imprégner de ma personnalité.

Helena m'a appelée quelques jours plus tard et je l'ai également invitée à prendre le thé. Si je l'admirais, bien sûr, en tant qu'actrice, il se trouvait qu'elle était aussi une cousine de mon défunt mari, Colin Tennant, et que son père m'avait apporté son aide à l'occasion de l'accident de moto de l'un de mes fils, dans les années 1980.

Quand Helena a franchi le seuil de mon appartement, j'ai aussitôt noté une ressemblance entre la princesse Margaret et elle : même taille et même silhouette, et, bien qu'elle n'ait pas les yeux bleus, j'ai retrouvé la lueur d'intelligence espiègle de la princesse dans son regard.

Nous nous sommes installées dans mon salon et je lui ai servi du thé. Elle a sorti un carnet, dans lequel elle avait noté une multitude de questions qui l'aideraient à cerner la princesse, à lui « rendre justice » m'a-t-elle expliqué.

Nombre de ses interrogations portaient sur la gestuelle. Elle m'a demandé par exemple comment la princesse fumait, et je lui ai parlé du cérémonial qui aurait pu évoquer celui du thé : elle sortait son long fume-cigarette de son sac et y insérait délicatement sa cigarette, qu'elle allumait toujours elle-même avec l'un de ses splendides briquets. Elle détestait qu'on lui propose de le faire à sa place, et lorsqu'un homme se précipitait elle douchait son enthousiasme d'un petit geste de la main intraitable afin de faire passer le message sans équivoque.

J'ai remarqué qu'Helena bougeait très discrètement sa main, par réflexe, comme pour tester le mouvement que je venais de lui décrire, avant de poursuivre notre échange sur la personnalité de la princesse. J'ai tenté de décrire son esprit si vif – elle voyait toujours le côté amusant des situations, ne s'appesantissait jamais, adoptait invariablement une attitude positive et détachée. Notre discussion a réveillé des souvenirs si précis que j'avais l'impression qu'elle était présente dans la pièce avec nous. Helena m'a écoutée très attentivement tout en prenant beaucoup de notes. Nous avons parlé pendant trois heures, et quand elle est partie j'étais convaincue qu'elle serait parfaite dans ce rôle.

Suite à leur visite, les deux actrices m'ont écrit pour me remercier. Dans sa lettre, Helena Bonham Carter exprimait l'espoir que la princesse Margaret serait une aussi bonne amie pour elle qu'elle l'avait été pour moi. J'ai été très touchée par ses mots. J'étais impatiente de nous voir, la princesse et moi, réunies à l'écran. Je me suis surprise à me remémorer mon enfance dans le Norfolk, puis les trente années durant lesquelles j'avais été sa dame d'honneur, tous nos fous rires, les hauts et les bas de nos deux existences.

J'ai toujours adoré raconter des histoires, pourtant je n'avais pas pensé à écrire un livre avant ces deux entretiens, qui ont réveillé tant de souvenirs… Je suis d'une génération où l'on nous apprenait à ne pas trop réfléchir, à ne pas ressasser ni questionner le passé, et je comprenais à présent combien les quatre-vingt-dix années de ma vie, si contrastées, avaient été extraordinaires. Je me suis retrouvée, à de très nombreuses reprises, dans des situations insolites, tantôt hilarantes, tantôt effroyables, qui continuent, alors que je les ai vécues, à me paraître incroyables. Ce qui ne m'empêche pas de me sentir terriblement chanceuse d'avoir une merveilleuse famille et d'avoir mené la vie que j'ai menée.

Chapitre 1

La pire des déceptions

Holkham Hall domine le nord du comté de Norfolk avec un soupçon de mépris. Cette demeure austère n'est jamais autant à son avantage qu'au cœur de l'été, lorsque l'herbe devient couleur de vergeoise et que le parc semble se confondre avec la maison. La côte voisine, balayée par des vents rigoureux, se compose de ciels immenses, de kilomètres de marais salants et de dunes bordées de forêts de pins sombres jusqu'à la plage de Holkham, vaste étendue de sable d'un gris doré. Mes ancêtres ont façonné ce paysage sur d'anciens marécages pour y faire naître l'agriculture. C'est ici, sur le passage de vols migratoires d'oies et de vanneaux, que la famille Coke – prononcer « Couke » – s'est établie dans les derniers jours du règne des Tudors, en la personne de Sir Edward Coke, considéré comme l'un des plus grands juristes des ères élisabéthaine et jacobéenne. Il conduisit avec succès l'instruction du procès de Sir Walter Raleigh et de la Conspiration des Poudres[1]. Le blason de ma famille représente une autruche avalant un fer à cheval, symbole de notre capacité à digérer absolument tout.

Il y a une photographie de moi, prise lors de mon baptême l'été 1932, qui me montre dans les bras de mon père, futur comte de Leicester, cinquième du titre, entouré d'hommes de la famille à la mine grave. J'avais pourtant fait tout mon possible pour être un garçon, jusqu'à peser près de cinq kilos à la naissance. Ce qui ne m'empêcha pas de rester une fille… l'on ne pouvait rien y faire.

Mon sexe signifiait que je n'hériterais ni du titre de mon père, ni de Holkham, qui figurait au cinquième rang des plus grands domaines d'Angleterre avec ses onze mille hectares de terres cultivables particulièrement fertiles, pas plus que du mobilier, des livres, des peintures, de l'argenterie. Mes parents ont persévéré

1. Complot organisé par des catholiques anglais dans le dessein de faire sauter le Parlement et le roi Jacques Ier. (*Toutes les notes sont de la traductrice.)*

à deux nouvelles reprises, mais ils ont encore eu des filles : Carey, deux ans plus tard, puis Sarah, douze ans après. La lignée était interrompue, et mon père a dû sentir peser sur sa conscience le poids de près de quatre siècles de désapprobation.

Ma mère avait infligé le même sort à son père Lord Hardwicke, huitième du nom, et c'est peut-être par solidarité – et parce qu'elle savait qu'il me faudrait un caractère bien trempé – qu'elle m'a prénommée Anne Veronica, comme l'héroïne féministe et endurante du roman éponyme de H. G. Wells. Ma mère, née Elizabeth Yorke, était le genre de jeune femme habile et charismatique que mon grand-père voulait voir son fils épouser. Elle était elle-même la fille d'un comte, dont le fief ancestral, Wimpole Hall, se trouvait dans le Cambridgeshire.

En plus de son physique avantageux, mon père avait pour lui une solide réputation, une passion pour les activités de plein air et la perspective d'hériter du titre de comte de Leicester. Ils s'étaient rencontrés lors d'un séjour de ski à Saint-Moritz et s'étaient aussitôt fiancés dans le secret. Elle avait quinze ans, lui, dix-sept, et il lui aurait dit : « Je sais déjà que je veux t'épouser. » Il faut dire qu'il avait très peur d'une fille du Norfolk qui s'était prise d'affection pour lui – il était ravi de pouvoir repousser ses avances en lui annonçant cet engagement.

Ma mère jouissait d'une grande beauté et d'une assurance équivalente, et je crois que c'est ce qui a attiré mon père. Il était plus timide, et elle le faisait sortir de sa réserve, le poussait à s'amuser. À eux deux, ils parvenaient à un équilibre parfait.

Ils formaient l'un des couples chéris de la haute société et étaient très amis avec le duc et la duchesse d'York qui, plus tard, suite à l'abdication du frère du duc, le roi Edward VIII, sont devenus contre toute attente roi et reine. Ils étaient aussi liés avec les sœurs du prince Philip, les princesses Theodora, Margarita, Cecilie et Sophie, qui venaient à Holkham pour les vacances. Fait plutôt étrange, le prince Philip, qui n'était encore qu'un petit garçon, logeait avec sa nourrice au Victoria, un pub à côté de la plage, plutôt que chez nous. Je lui en ai récemment demandé la raison, et il ne le savait pas très bien lui-même, nous en avons donc conclu, en plaisantant, qu'il voulait être le plus près possible de la mer.

Mes parents se sont unis en octobre 1931 et je suis le fruit de leur lune de miel. Je suis arrivée pour leur premier anniversaire de mariage.

Jusqu'à mes neuf ans, mon arrière-grand-père était le comte de Leicester et vivait à Holkham avec mon grand-père, qui occupait l'une des quatre ailes. La maison me semblait gigantesque avec mon regard d'enfant. Si immense que lorsque les valets de pied quittaient la cuisine pour se rendre à la nursery et qu'ils plongeaient des œufs frais dans un bain-marie, ceux-ci nous arrivaient cuits à la perfection. Nous voyions régulièrement mon grand-père, que j'adorais, et qui s'efforçait de passer du temps avec moi. Nous nous installions dans une vaste galerie et nous écoutions de la musique classique sur le gramophone. Quand je suis devenue un peu plus grande, il a entrepris de partager avec moi sa passion de la photographie, qu'il a réussi à me transmettre.

Mon père étant membre des Scots Guards, nous nous déplacions dans tout le pays, et j'ai été élevée par des gouvernantes, chargées des tenants et aboutissants du quotidien. Ma mère ne s'occupait pas de nous laver ou de nous habiller, ma sœur Carey et moi. Elle ne nous donnait pas davantage à manger ni ne nous couchait. Son rôle était de ponctuer la routine de surprises et d'excursions exceptionnelles.

La paternité était pour mon père une chose difficile : c'était un homme guindé et maniaque, qui insistait pour que nous laissions les fenêtres de notre chambre ouvertes et qui vérifiait toujours notre bon usage des commodités. Petite, je faisais des pieds et des mains pour m'asseoir sur ses genoux, mais j'étais trop grande et il me repoussait toujours au profit de Carey, qu'il surnommait « ma petite poupée de rêve ».

Ayant grandi à l'époque victorienne, il avait eu l'enfance typique d'un garçon de sa position. Élevé par des nurses et des gouvernantes, il avait été envoyé à Eton puis à Sandhurst, et son père avait toujours veillé à ce qu'il sache ce que l'on attendait de lui, un héritier. Il se montrait aimant, mais de loin : il n'était ni affectueux ni sentimental, il ne partageait pas ses émotions. Personne ne le faisait d'ailleurs, pas même ma mère, qui nous prenait dans ses bras et nous donnait des marques de tendresse sans pour autant, la plupart du temps, parler de ses sentiments ou des miens – nous n'avions jamais de conversations à cœur ouvert. J'avais plutôt droit, en grandissant, à des laïus d'encouragement. Cette génération, particulièrement dans ce milieu, n'avait pas appris à exprimer ses émotions.

À bien d'autres égards, ma mère était l'exact opposé de mon père. N'ayant que dix-neuf ans de plus que moi, elle s'apparentait davantage à une grande sœur, pleine d'espièglerie et de joie. Carey et moi adorions grimper aux arbres avec elle. Grâce à un instrument de notre fabrication – une louche attachée à une canne –, nous attrapions des œufs de choucas des tours, aussi délicieux que ceux des pluviers. Mes souvenirs d'enfance regorgent de sorties à la plage où nous nous fabriquions un campement avec son aide et de virées dans sa petite Austin. Notre excitation était à son comble quand nous croisions des vendeurs de glaces à bicyclette. « Arrête-toi ! On en veut ! »

Incarnation parfaite de la grâce et de l'élégance lorsqu'il le fallait, elle avait le bon sens de continuer à se consacrer à ses passe-temps préférés, souvent exigeants physiquement. C'était une cavalière intrépide qui possédait aussi une Harley Davidson. Elle m'a transmis son amour de la voile. J'avais cinq ans quand j'ai commencé à naviguer dans l'estuaire voisin et magique de Burnham Overy Staithe, et quatre-vingts lorsque j'y ai renoncé. J'ai souvent participé à des régates locales, même si j'arrivais souvent bonne dernière pour constater que les autres concurrents étaient déjà rentrés chez eux.

Holkham était un domaine d'hommes, régi par des règles résolument rétrogrades. Mon arrière-arrière-grand-père, deuxième comte de la lignée, qui avait hérité du titre en 1842 à l'époque où mon père était encore enfant, était un ours mal léché qui tenait à ses petites habitudes : même son épouse devait l'appeler « Leicester ». On racontait que, plus jeune, il avait croisé, dans un couloir, une nourrice avec un bébé et lui avait demandé : « À qui est cet enfant ?

— À vous, Monsieur le comte ! », lui aurait-elle répondu.

Devenu un vieillard bourru, il avait passé ses dernières années allongé dans un lit gigogne au milieu d'un salon d'apparat. Il portait des lunettes à monture en étain et, quand il sortait, il faisait le tour du parc dans une voiture à chevaux, avec sa seconde épouse, d'une patience à toute épreuve, assise sur un garde-boue auquel était fixé un coussin.

Influencé par une lignée traditionnelle de comtes, Holkham rechignait à la modernisation et imposait des rôles parfaitement distincts aux hommes et aux femmes. En été, celles-ci s'installaient à Meales House, un vieux manoir près de la plage pour y prendre quelques jours de vacances qu'elles appelaient la « semaine sans corset ». Elles s'en passaient d'ailleurs littéralement et portaient leurs cheveux lâchés.

Dès mon plus jeune âge, mon grand-père s'est employé à m'instruire sur mes ancêtres : Thomas Coke, premier comte de Leicester lors de la cinquième création de la lignée au XVIIIe siècle (celle-ci ayant été rompue à de nombreuses reprises, ce qui expliquait l'immense déception de mon père de n'avoir que des filles), avait fait un grand tour d'Europe – que l'on pourrait définir comme une année de césure particulièrement extravagante –, dont il avait rapporté, en bateau, des douzaines de tableaux et statues en marbre d'Italie, emballés dans des feuilles de *quercus ilex* et de glands – le papier bulle de l'époque.

Il m'a expliqué que les glands avaient été plantés pour donner naissance à la première allée d'*ilex* (communément appelé « chêne vert », espèce méditerranéenne à feuilles persistantes) en Angleterre. Le père de mon grand-père avait façonné le paysage, repoussant les marécages loin de la maison en plantant les forêts de pins qui bordent désormais la plage de Holkham. Avant lui, le premier comte de la septième création de la lignée était connu sous le sobriquet de « Coke de Norfolk », célèbre pour avoir joué un rôle capital dans le développement local à travers son influence sur l'agriculture. Il est d'ailleurs considéré comme étant à l'origine de la réforme agraire britannique.

La vie à Holkham continuait à tourner autour de la culture de la terre, prise très au sérieux. En plus des dizaines de métayers, il y avait une multitude de jardiniers pour veiller sur le gigantesque potager. Les murs de briques du verger étaient chauffés, sur toute leur longueur, par des feux, entretenus durant la nuit par des petites mains, afin que les nectarines et les pêches mûrissent plus vite. Par les chaudes journées d'été, j'adorais me rendre au verger à bicyclette. On m'y offrait une pêche et je pédalais de toutes mes forces jusqu'à la fontaine devant la maison avant de sauter dans l'eau pour me rafraîchir.

La chasse occupait aussi une place importante dans la vie à Holkham ; mon père et ses amis ne vivaient que pour elle en réalité. C'était le principal lien entre les Coke et la famille royale – d'autant que la résidence royale de Sandringham se trouvait à une quinzaine de kilomètres, soit trente minutes de route. La reine Mary avait un jour téléphoné à mon arrière-grand-mère pour s'inviter avec le roi, ce qui lui avait valu d'entendre mon arrière-grand-père hurler : « Ils veulent venir ? Doux Jésus, c'est hors de question ! Nous ne devons pas les encourager sur cette pente ! »

Mon père chassait avec le père de l'actuelle reine, le roi George VI – mon arrière-grand-père et mon grand-père l'avaient fait avec le roi George V, à Holkham et à Sandringham – mais la réputation de notre domaine était inégalée : il détenait en effet le record de perdrix sauvages depuis des années et c'est là que la technique de l'abri a été inventée (on plante un bosquet d'arbres en rond pour abriter le gibier, que les chiens débusquent peu à peu, permettant de contrôler au mieux l'envol des oiseaux et de tirer le meilleur parti de chaque coup de fusil).

C'est aussi à Holkham que le chapeau melon a été inventé : l'un de mes ancêtres était tellement agacé par les hauts-de-forme, si peu commodes, qu'il s'était rendu chez un chapelier de Londres pour lui commander un nouveau type de couvre-chef. Il avait testé sa résistance en le piétinant et en sautant dessus jusqu'à s'estimer satisfait. À compter de ce jour, les gardes-chasses ont toujours porté un *billy coke*, ainsi qu'on l'appelait à l'époque.

Nous avions d'autres liens avec la famille royale. Il est de notoriété publique qu'Edward, prince de Galles devenu le roi Edward VIII, a eu de nombreuses aventures avec d'élégantes aristocrates, mariées et souvent plus âgées, la première étant ma grand-mère paternelle, Marion.

Mon père avait acquis la dignité de grand écuyer du duc d'York et sa sœur, ma tante Lady Mary Harvey, était la dame d'honneur de la duchesse d'York lorsque celle-ci prit le titre de reine. Quand le duc d'York accéda au trône en 1937, sous le nom de George VI, mon père devint l'un de ses écuyers « de réserve ». Et en 1953, ma mère accéda à la fonction de Lady of the Bedchamber – « dame de la chambre » – qui incombe à une dame de compagnie de haut rang – de la reine Elizabeth II pour son couronnement.

Mon père, en particulier, était un grand admirateur de la famille royale, et il se montrait toujours très empressé lorsque celle-ci nous rendait visite. Mes premiers souvenirs des princesses Elizabeth et Margaret remontent à l'époque où j'avais deux ou trois ans. La première avait cinq ans de plus, ce qui constituait un écart important, d'autant plus qu'elle était très mature, mais sa cadette n'avait que trois ans de plus que moi, et nous avions noué une amitié solide. Elle était drôle, inventive et malicieuse – le meilleur genre d'amie qui soit. Nous courions à travers Holkham, sous le regard des immenses tableaux, tourbillonnant dans le labyrinthe de couloirs sur nos tricycles ou sautant sur les valets de pied quand ils apportaient à la nursery d'immenses plateaux en argent de la cuisine. La princesse Elizabeth se tenait beaucoup mieux que nous. « S'il te plaît, arrête, Margaret… », « Tu ne devrais pas faire cela, Anne », nous sermonnait-elle.

Sur une photographie, on nous voit toutes les trois côte à côte. La princesse Elizabeth considère sa petite sœur sourcils froncés, la soupçonnant de mijoter un mauvais coup, alors que celle-ci a les yeux rivés sur mes chaussures. Des années plus tard, j'ai montré le cliché à la princesse Margaret et je lui ai demandé pourquoi elle regardait mes pieds. « Eh bien, m'a-t-elle répondu, j'étais jalouse parce que vous aviez des chaussures argentées alors que les miennes étaient marron. »

L'été, les princesses venaient à la plage de Holkham, où nous passions des journées entières à construire des châteaux de sable, vêtues en noir de la tête aux pieds, avec les costumes de bain les moins seyants du monde et qui grattaient, des bonnets de bain en caoutchouc et des chaussures. Nos bonnes nous entassaient toutes dans le bus qui nous conduisait au bord de l'eau, munies de paniers de pique-nique en osier, remplis de sandwichs. Elles s'installaient systématiquement dans la cabine de plage, peu importait le temps – les adultes de la famille en avaient une autre au milieu des arbres, plus haut. Nous avons partagé des moments merveilleux, à creuser des trous dans le sable dans l'espoir que des gens y tomberaient.

Chaque année à Noël, ma famille assistait à une fête à Buckingham Palace. Nous portions, Carey et moi, des robes à volants et les fameuses chaussures argentées. À la fin de la soirée, les enfants avaient droit chacun à un cadeau sur l'immense table dans l'entrée, près du sapin de Noël. La redoutable reine Mary se tenait derrière cette table et elle nous terrifiait. Elle était grande, imposante, et la princesse Margaret n'avait aucune affection pour elle parce que chaque fois qu'elle la voyait, celle-ci lui disait : « Je remarque que tu n'as pas grandi. » Toute sa vie, la princesse a souffert de sa petite taille et elle n'a jamais aimé sa grand-mère.

La reine Mary m'a enseigné une leçon précieuse, néanmoins. Une année, Carey s'est précipitée vers la table pour s'emparer d'un gigantesque ours en peluche, assis bien droit au milieu des autres cadeaux. Avant que je ne choisisse le mien, la reine s'est penchée vers moi. « Anne, m'a-t-elle glissé tout bas, souvent, les jolies choses précieuses se cachent dans les petites boîtes. » Je me suis figée. J'avais un autre ours en peluche en ligne de mire, mais j'étais bien trop terrifiée pour ne pas jeter mon dévolu sur un petit paquet. Il contenait un magnifique collier de perles et de corail. La reine Mary avait raison. À ce jour, je chéris encore ce cadeau.

Nous entretenions un lien étroit avec la famille royale. Quand j'ai approché de la vingtaine, le prince Charles est devenu une sorte de petit frère pour moi. Il passait des semaines à Holkham. Il venait dès qu'il avait contracté une maladie infectieuse infantile, comme la varicelle, parce que la reine, qui n'avait jamais été à l'école, n'y avait pas été exposée. De seize ans mon cadet, le prince Charles était plus proche, en âge, de ma sœur benjamine, Sarah, ce qui ne nous empêchait pas d'aller tous ensemble à la plage.

Mon père lui a appris à pêcher l'anguille dans le lac, et lorsqu'il a été un peu plus grand, ma mère l'a laissé conduire la Jaguar et la Mini dans le parc – chose qu'il adorait faire et dont il s'ouvrait dans de longues lettres de remerciement, concluant qu'il était impatient de revenir. C'était un petit garçon gentil et affectueux, je l'ai toujours aimé – notre famille a pour lui une grande tendresse.

Dès que j'ai eu l'âge de monter à cheval, j'ai fait du parc de Holkham mon domaine, longeant l'immense grange, poussant mon poney, Kitty, à exécuter de petits sauts. Un peu plus tard, Carey et moi suivions Gary

Maufe, l'un des métayers, très joli garçon, sur nos montures. Des années plus tard, je suis devenue très amie avec son épouse, Marit. Il aimait traverser le parc au galop, sur son grand étalon noir, et nous poussions nos pauvres petits poneys derrière lui, leur criant « hue ! » dans le vain espoir de le rattraper.

Holkham ne se résumait pas à ma famille, le domaine était aussi fait de tous ceux qui y travaillaient. Parmi eux se trouvaient certaines fortes personnalités. M. Patterson, le jardinier en chef, jouait avec enthousiasme de la cornemuse, le matin, chaque fois que mes parents recevaient des amis. Si bien que ma mère était obligée de lui crier : « Cela ira comme cela, monsieur Patterson, merci bien ! »

Si ma prime enfance a été idyllique, l'arrivée de la guerre, en 1939, a tout changé. J'avais sept ans, Carey, cinq. Mon père fut envoyé en Égypte avec les Scots Guards et ma mère le suivit – de nombreuses épouses le faisaient en signe de soutien. Holkham Hall fut en partie occupé par l'armée, et le temple dans le parc fut transformé en hébergement pour la Home Guard[1], alors que les jardiniers et les valets de pied étaient appelés à servir sous le drapeau, que les domestiques et cuisinières partaient travailler dans des usines pour participer à l'effort de guerre.

Tout le monde pensait que les Allemands envahiraient la Grande-Bretagne en passant par la côte du Norfolk, si bien qu'avant son départ pour l'Égypte, ma mère nous a emmenées, Carey et moi, en Écosse,

---

1. Garde nationale britannique recrutée parmi la population non mobilisable.

chez notre grand-tante Bridget, loin des sous-marins de M. Hitler.

Au moment des adieux, elle m'a dit : « Anne, c'est toi la responsable, maintenant. Tu dois veiller sur Carey. » Si nous avions su combien de temps elle partirait, la séparation aurait été plus difficile, mais personne ne se doutait que la guerre se prolongerait aussi longtemps et qu'ils seraient, mon père et elle, absents pendant trois ans.

Chapitre 2

L'empoisonnement de Hitler

Nous sommes allées vivre chez nos cousins Ogilvy à Angus, dans l'un de leurs pavillons de chasse, Downie Park – leur résidence principale, Cortacy Castle, avait été réquisitionnée pour servir d'hôpital à des officiers polonais.

Même si nous étions perturbées, Carey et moi, par cette séparation avec nos parents, ce départ pour l'Écosse tenait de l'aventure. J'adorais mes cousins Ogilvy. Au nombre de six, les trois plus jeunes – David, Angus et James – étaient dans nos âges. Nous les connaissions bien, car ils venaient à Holkham tous les étés et nous nous amusions comme des petits fous ensemble, explorant la propriété et inventant des jeux. Nous regardions les garçons enchaîner d'interminables parties de cricket avec leurs kilts en lin que nous leur enviions. Notre gouvernante les appréciait nettement moins parce que les meilleurs fruits – une véritable gâterie à l'époque – leur étaient réservés. Elle considérait ainsi qu'ils venaient nous « envahir ».

Tous se sont montrés très accueillants à Downie Park. J'avais une tendresse particulière pour David, que je suivais partout. J'adorais leur mère, ma grand-tante Bridget, née Lady Alexandra Coke, qui était la sœur de mon grand-père.

Bridget était une adepte de la Science chrétienne, une Église fondée au XIXe siècle par Mary Baker Eddy, qui a laissé, au cours de la Première Guerre mondiale, une empreinte importante dans l'aristocratie, conduisant à des conversions massives. Cette Église repose sur la conviction que la maladie est une illusion qui peut être dissipée grâce à la prière. Cette idée fut une grande source de réconfort pour grand-tante Bridget et son époux, mon grand-oncle Joe, comte d'Airlie, car il souffrait, à l'instar de bien des hommes, des conséquences de la guerre. Bridget mettait sa foi en pratique et m'a transmis de nombreux conseils précieux. Celui qui m'a peut-être le plus marquée est le suivant : « Les choses ont une tendance naturelle à se résoudre, pas nécessairement de la façon à laquelle on s'attend, et il ne faut jamais leur forcer la main. » Son approche cartésienne nous a été précieuse, à Carey et à moi, tant nous étions déconcertées par la séparation soudaine avec nos parents.

Le 3 septembre 1939, elle nous a fait descendre dans le salon de Downie Park, où nous avons écouté, sur la vieille TSF, la déclaration de guerre de Neville Chamberlain. La voix du Premier ministre trahissait une gravité et une solennité qui reflétait l'atmosphère dans la pièce. Tout en l'écoutant, je fixais la moquette, je ne comprenais pas très bien ce qui se passait et je me demandais quand nous pourrions enfin rentrer.

L'atmosphère changea en 1940, lorsque la princesse Elizabeth s'adressa directement aux enfants de Grande-Bretagne. Nous étions, à nouveau assis sur la moquette du salon, agglutinés autour du poste de TSF, le visage tendu vers la voix de la princesse, exaltés par le fait de la connaître. Nous avions l'impression qu'elle s'adressait spécifiquement à nous. Pour conclure, elle dit : « Avec ma sœur, qui est à mes côtés, nous allons vous souhaiter une bonne nuit. Approche, Margaret. » Celle-ci ajouta alors : « Bonne nuit, les enfants. » Nous leur avons tous répondu, convaincus qu'elles pouvaient nous entendre, imaginant qu'elles étaient, quelque part, dans le poste. Les princesses étaient nos héroïnes. Il y avait un si grand nombre d'amis de nos parents qui avaient envoyé leurs enfants en Amérique pour échapper à la guerre et nos deux princesses, elles, étaient là, toujours en Angleterre, courant le même danger que nous.

Avec la guerre, nous nous étions éloignées d'elles géographiquement, Carey et moi, et nous ne les avons vues qu'une seule fois, lorsque nous avons accompagné les Ogilvy à Glamis Castle – le domaine familial de la reine mère, où la princesse Margaret a vu le jour.

Glamis a la réputation d'être le château le plus hanté de toute l'Écosse, et la princesse Margaret en connaissait le moindre recoin… et le moindre fantôme. Pendant que nous explorions les lieux, elle nous racontait des histoires de revenants, celle de la dame grise censée habiter la chapelle ou celle de la femme sans langue qui traversait la pelouse en courant. Les Ogilvy se délectaient de ces histoires et racontaient les leurs, prétendant qu'il y avait un fantôme à Cortachy qui jouait du tambour chaque fois qu'un membre de la famille mourait – je me félicitais en secret que Cortachy ait été réquisitionné. Juste avant notre départ, la princesse Margaret nous a emmenés voir le train, qui passait avec son beau panache blanc à la lisière du domaine. Nous nous sommes postés sur le pont au-dessus des rails et la vapeur nous a enveloppés.

À cette exception près, nous ne les avons pas vues pendant la guerre. La vie était, de toute façon, pleine de restrictions. Privés d'essence et résidant dans une grande demeure isolée, nous restions dans l'enceinte de Downie Park. Nous ne sommes allées qu'une seule fois à Dundee, au théâtre avec oncle Joe.

En hiver, nous faisions du patin sur le lac gelé, et lorsque nous n'avions pas de leçons avec notre gouvernante, nous nous acquittions de notre « effort de guerre » : nous allions ramasser des sphaignes pour la Croix Rouge, qui se servait de cette variété de mousse pour panser les blessures, nous tricotions des gants pour les marins sur les dragueurs de mines et nous divertissions les officiers polonais de Cortachy Castle en jouant au jeu de l'échelle sur leurs lits ou en leur interprétant des saynètes de notre invention.

L'après-midi, nous allions prendre l'air et faire de l'exercice, nous descendions la longue allée menant à l'entrée de la propriété, puis nous rentrions au pavillon de chasse, où un homme de Kirriemuir, la ville voisine, venait nous apprendre des danses folkloriques. Carey et moi revêtions nos chaussures de bal noires et, dans l'immense salle à manger, avec notre cousin James qui avait le même âge que Carey et ne quittait jamais son kilt, nous apprenions le *Highland Fling* et la *Sword Dance*[1].

James ne se montrait pas toujours aussi charmant. Carey et lui se liguaient souvent contre moi. Peut-être parce que je passais beaucoup de temps, ce qui était assez ridicule, à étreindre les arbres, à les escalader et à imaginer qu'ils étaient mes amis. Une fois perchée dans leurs branches, toutefois, j'avais peur de redescendre, si bien que Carey et James venaient se poster au pied pour se moquer de moi en chantonnant : « Ouh la froussarde, quelle pleurnicharde ! » À mon arrivée à Downie Park, j'étais une enfant plutôt timide ; je suis peu à peu sortie de ma coquille. À force de côtoyer la meute d'Ogilvy, je me suis endurcie pour intégrer leur bande turbulente.

Nos parents nous avaient envoyées à Downie avec notre gouvernante. Avant son départ pour l'Égypte, ma mère m'avait dit : « Vous êtes trop grandes pour avoir une nurse, alors nous vous avons choisi, papa et moi,

1. Danses traditionnelles écossaises.

une gouvernante. Mlle Bonner est très gentille, vous serez heureuses avec elle. » En réalité, Mlle Bonner n'était pas très gentille. Elle ménageait à peu près Carey, mais faisait preuve d'une grande cruauté avec moi. Tous les soirs, peu importait ce qui s'était passé dans la journée, y compris si j'avais eu une conduite irréprochable, elle me punissait en attachant mes mains à la tête de lit pour la nuit. J'avais trop peur d'elle pour demander à Carey de me détacher, et Carey aurait eu trop peur d'affronter son ire de toute façon. Nous avons toutes deux grandement souffert de la situation. Je voulais protéger Carey, de crainte que Mlle Bonner lui fasse subir le même sort, si bien qu'aucune de nous n'en a jamais parlé à personne. La gouvernante ne s'en est pas prise à Carey, ce qui n'a pas empêché ma petite sœur d'être témoin de son comportement inexplicable à mon encontre et de se sentir impuissante. Son désarroi prenait la forme de fortes fièvres qui n'étaient la manifestation d'aucune maladie en particulier.

Mlle Bonner ayant été sélectionnée par ma mère, j'étais convaincue que cette dernière savait les sévices qui m'étaient infligés et qu'elle n'en prenait pas ombrage – voire qu'elle les approuvait. Cela semait la confusion dans mon esprit, parce que je ne parvenais pas à m'expliquer pourquoi mes parents acceptaient que je sois traitée de la sorte.

Heureusement, la Science chrétienne de grand-tante Bridget m'a sauvée. Mlle Bonner a fini par être renvoyée, pas parce qu'elle me maltraitait (je suis sûre que grand-tante Bridget l'ignorait) mais parce qu'elle était catholique et qu'elle m'avait emmenée à la messe. Il n'y avait pas pire crime, aux yeux de ma grand-tante, que le catholicisme. Lorsque Mlle Bonner est partie, j'ai fait des tas d'histoires, feignant d'être très contrariée par son départ, de peur qu'elle puisse me reprocher son renvoi et m'infliger un traitement encore plus cruel.

Cette gouvernante m'a laissé une cicatrice invisible. Aujourd'hui encore, j'ai bien du mal à penser à ce qu'elle m'a fait. Des années plus tard, elle m'a adressé une carte de félicitations pour mes fiançailles qui a déclenché un flot de souvenirs particulièrement déplaisants ; je m'en suis rendue malade.

Par chance, Mlle Bonner a été remplacée par Mlle Billy Williams, une jeune femme merveilleuse, bien qu'intimidante avec son nez qui coulait constamment et sa boiterie – elle avait une jambe plus longue que l'autre. En dehors de ces détails, elle pétillait de gentillesse.

À l'instant où elle est entrée dans nos vies, à Carey et à moi, tout a changé, et il a suffi de quelques jours pour que nous lui soyons dévouées. Je crois qu'elle a compris que j'avais connu des moments difficiles avec la gouvernante précédente, parce qu'elle me donnait souvent des friandises et me proposait des excursions. L'un de mes endroits préférés était un pavillon de chasse des Ogilvy, à flanc de colline, entouré de bruyère. Elle nous emmenait tous, nous longions un joli cours d'eau qui passait au pied du jardin, prenions le temps de pique-niquer et faisions semblant de fumer de la bruyère roulée dans un morceau de papier journal. Nous trouvions cela extrêmement chic.

À mesure que les mois se transformaient en années, nous avons pris progressivement conscience des horreurs de la guerre, surprenant des conversations au sujet des attaques de plus en plus nombreuses contre la Grande-Bretagne. Nous avions certes été envoyées en Écosse pour échapper au danger, mais nous n'étions pas loin de Dundee, cible régulière d'attaques allemandes. En réalité, l'Écosse connut plus de cinq cents raids aériens, et nous aurions sans doute été plus en sécurité dans le Norfolk. Il y a même un avion allemand qui a été abattu tout près de Tulchan Lodge, et pour me faire « un grand plaisir », Billy Williams m'a emmenée jeter un œil aux débris de l'avion. Ils étaient encore fumants. Nous n'avons vu personne, et j'ai encore un fragment de la carte que j'ai récupérée dans la bruyère voisine.

Plus nous emmagasinions d'informations, Carey et moi, surtout grâce à la TSF que la nurse de James écoutait inlassablement, plus nous étions convaincues que Hitler et tous ses partisans débarqueraient en Angleterre et annexeraient les belles demeures du pays. Nous avions dans l'idée que le chancelier allemand choisirait de s'établir à Windsor et imaginions, avec un soupçon de vanité que Himmler ou Goering jetteraient leur dévolu sur Holkham. Nous n'étions pas complètement dans le faux. Nous avons en effet appris, plus tard, que les nazis avaient l'intention d'accaparer les plus vastes propriétés, même si Hitler avait en réalité des vues sur Blenheim.

Comme, je suppose, de nombreux enfants débordant d'imagination, nous nous sentions, avec ma sœur, impuissantes face à la guerre. Tricoter des gants et jouer avec des officiers polonais ne nous semblait pas suffisant. Notre père se battait et notre mère, on nous l'avait appris, contribuait à l'effort de guerre. De notre côté, nous ne faisions rien pour arrêter Hitler.

En discutant de la situation désespérée, nous étions arrivées à nous convaincre, toutes deux, que le chancelier finirait forcément par venir à Holkham, et nous avions donc décidé de trouver le moyen d'y retourner pour le tuer. En vue de son assassinat, nous avions créé un poison que nous avions nommé le *Hitler's mess*[1], à partir de pots de confiture vides que nous remplissions avec tout ce que nous pouvions trouver de plus répugnant – restes de nourriture et de médicaments, eau boueuse et peluches de la moquette. Nous l'avions caché sous nos lits jusqu'à ce que l'odeur nauséabonde attire Mlle Billy Williams et qu'elle nous force à tout jeter. Elle n'avait cependant pas réussi à entamer notre détermination, et nous avions recommencé.

Nous avions finalement décidé qu'il serait plus simple que Hitler tombât amoureux de l'une de nous – ce qui, avec le recul, m'évoque la stratégie des Mitford. Une fois envoûté, nous l'aurions tué – ce qui, en revanche, ne faisait pas partie de la stratégie des Mitford. Bien sûr, nous ne prenions pas la mesure de la situation et nous n'avions aucun contrôle sur nos propres existences. Nous avions conçu notre plan en conséquence. Nous avions entendu dire qu'il aimait les Aryennes et nous avions toutes deux les cheveux clairs, surtout Carey, adorable petite chose blonde comme les blés avec de grands yeux bleus. Nous pensions qu'il était de notre devoir de tirer avantage de cette réalité pour sauver la Grande-Bretagne.

1. Jeu de mots sur un célèbre dessert britannique, le *Eton mess*, mélange de fraises, de meringue et de crème – sachant que *mess* signifie « désordre » en anglais.

Nous nous entraînions avec notre ours en peluche – imaginant qu'il s'agissait de Hitler. Nous nous approchions en lui disant des choses telles que : « Quel plaisir de vous voir ici, nous sommes si heureuses de votre visite à Holkham… » Ou : « Vous plaisez-vous ici ? Nous avons un délicieux breuvage pour vous, monsieur Hitler, nous l'avons gardé spécialement pour vous. » Nous n'avions pas imaginé ce qui se passerait si nous réussissions à tuer Hitler – nous ne poussions pas la réflexion aussi loin. Nous étions absolument convaincues, quoi qu'il en soit, que nous en étions capables et que nous le ferions.

En 1943, l'année de mes dix ans et celle des huit ans de Carey, nos parents ont quitté l'Égypte et nous sommes rentrées dans le Norfolk. Nos retrouvailles ont été décevantes – ils étaient devenus des étrangers pour nous et, au lieu de nous jeter dans leurs bras après toutes ces années de séparation, nous nous sommes toutes deux accrochées à Billy Williams, nous cachant derrière elle pour nous rendre invisibles. Notre mère a mis plus d'une journée à regagner notre affection et il a fallu bien davantage pour reconstruire notre relation avec notre père, qui n'avait jamais été aussi accessible et chaleureux que notre mère, et ne nous prenait pas dans ses bras.

À cette époque, mon arrière-grand-père nous avait quittés et mon grand-père était devenu comte de Leicester. Pendant un temps, nous nous sommes installés au village de Holkham, dans la Red House, avec une vieille domestique surnommée « Vélocité » parce qu'elle se déplaçait avec une lenteur remarquable. Nous aimions vivre là avec Carey, jouer avec les garçons du village dans le bois voisin que nous appelions « le bois de l'âne ».

Puis nous avons emménagé dans une aile de Holkham. C'était, à l'exception des vacances, la première fois que je logeais dans cette grande demeure et savoir qu'elle devenait désormais notre résidence principale me rendait folle de joie.

Mon grand-père aimait éveiller ma curiosité. Désireux de me transmettre tout son savoir sur les trésors de Holkham, il m'a chargée d'aérer le Codex Leicester de Léonard de Vinci, un manuscrit de soixante-douze pages consacré à l'étude de l'eau et des étoiles. Toutes les deux semaines, j'allais le chercher dans le cellier, où il était conservé dans un coffre avec les joyaux de la famille Coke et une bible illustrée.

Je me léchais le doigt pour tourner les pages, fronçant les sourcils quand je découvrais l'écriture en miroir de Léonard de Vinci, scrutant avec intérêt ses petits dessins et diagrammes. Acquis par le premier comte à l'occasion de son grand tour, ce manuscrit était dans ma famille depuis au moins deux cent cinquante ans lorsque mon père a été contraint, malheureusement, de le vendre, ayant besoin d'argent pour l'entretien du domaine. C'est un homme d'affaires américain, Armand Hammer, qui l'a acheté chez Christie's dans les années 1980, avant de le revendre à Bill Gates en 1994 pour 30,8 millions de dollars, une somme record, en faisant le livre le plus précieux au monde – et couvert de mon ADN.

La vie a rapidement trouvé un cours tranquille à Holkham. Mon père a continué à servir au sein des Scots Guards, et ma mère a pris la tête des Land Girls du Norfolk nord[1]. Nous passions, Carey et moi, énormément de temps dans la maison, à jouer. Nous fabriquions des cabanes dans le grenier avec la collection de tableaux de maîtres aux thèmes jugés trop dissolus pour les murs des salles de réception, sans conscience de leur valeur ou de leur sujet.

Le domaine n'était toutefois pas le même qu'avant la guerre. Il y avait un camp de prisonniers de guerre dans le parc, d'abord pour les Italiens, puis pour les Allemands, et les gardes-chasses apportaient leur soutien aux surveillants. Notre curiosité, à Carey et à moi, était piquée évidemment, et nous tournions autour du camp sur nos poneys pour espionner les prisonniers. Les Italiens étaient charmants, ils nous faisaient toujours un signe de la main en souriant, et ils se sont liés d'amitié avec ma mère qui, après la guerre, a employé les sœurs de certains d'entre eux à Holkham – beaucoup avaient décidé de s'installer en Angleterre.

Les Allemands étaient nettement moins amicaux, et ils nous terrifiaient. Des cibles avaient été cousues sur leurs jambes et leurs bras – pour le cas où ils s'enfuiraient, ce que les gardes-chasses espéraient, afin de pouvoir inscrire dans leur registre de battues : « 14 faisans, 6 perdrix, 1 Allemand. » À ce que j'en sais, aucun prisonnier n'a jamais tenté de s'évader – les Allemands avaient bien plus peur des gardes-chasses que des surveillants officiels.

La plage avait changé également. Nous ne pouvions plus pique-niquer sur les dunes parce qu'elles servaient

---

1. Association de jeunes femmes qui s'occupaient des travaux des champs pendant la Seconde Guerre mondiale.

de terrain d'entraînement militaire – elle était envahie de bus et de taxis londoniens qui faisaient office de cibles pour la Royal Air Force. À la fin de la guerre, les bus et taxis furent abandonnés sur place. Une énorme dune se trouve désormais à cet endroit, et je suppose que la plupart des gens ignorent la présence de ces véhicules, rongés par la rouille dans leur tombeau de sable.

Les militaires faisaient aussi des manœuvres tout le long des bois, près des dunes, et dans les marais. Il y avait, à la lisière de ceux-ci, un étang près duquel un mur avait été construit. Les soldats devaient s'entraîner à lancer des grenades fumigènes devant eux puis à escalader, à l'aveugle, le mur, pour rejoindre l'étendue d'eau. Nous adorions les regarder, Carey et moi, et, emportées par notre enthousiasme, nous criions parfois : « Allez, sautez les froussards, vous êtes des pleurnichards ! Ce n'est pas profond, c'est un petit étang de rien du tout ! » Quelques instants plus tard, un sergent-major furibond surgissait, le visage écarlate, et nous criait : « Qu'est-ce que vous faites, les filles ? Ouste ! Vous sabordez mon entraînement ! » Nous montions aussitôt sur nos bicyclettes et filions en gloussant.

Mon enfance a été un étrange mélange d'aventures insouciantes dans des cadres magnifiques et de peur prégnante due à la guerre. Lorsque j'ai fêté mes onze ans, j'ai dû renoncer à mes longues journées de jeux avec Carey pour partir en pension. À l'automne 1943, pourvue d'une seule malle en cuir avec mon nom dessus, j'ai pris le train pour Downham, une petite école de filles dans l'Essex. À cause de la guerre, la plupart des enseignants avaient été appelés sous les drapeaux ou mobilisés ailleurs pour contribuer à l'effort de guerre.

Livrée aux aveugles et aux boiteux, si je puis dire, mes chances d'apprendre étaient minces.

La pension se trouvait dans une grande et vieille maison. Nous avons toutes dû dormir dans les caves durant les premiers trimestres à cause des bombes volantes qui, quand elles dépassaient Londres, atterrissaient très près de l'endroit où nous nous trouvions : du plâtre tombait du plafond sur nos lits de camp. C'était terrifiant, et après chaque attaque je vérifiais que j'étais toujours entière. Nos parents, eux, ne semblaient pas très inquiets.

Je me sentais seule et manquais d'assurance. Après avoir été privée de mes parents pendant trois ans, j'étais à nouveau séparée d'eux, sans ma gouvernante, Billy Williams, ni Carey – je les adorais autant l'une que l'autre. Je me suis, néanmoins, peu à peu intégrée, me faisant des amies, notamment une fille du nom de Caroline Blackwood, qui, plus tard, écrirait des livres et épouserait Lucian Freud. Elle allait en cours avec moi et passait ses journées à rêvasser. Plus je grandissais, bien sûr, et plus la vie à la pension – où je passerais cinq ans – me semblait simple. Il faut reconnaître que la présence de Carey, qui m'y a rejointe deux ans plus tard, a contribué à rendre mon existence plus douce.

La directrice Mme Crawford était une femme tout feu tout flamme qui, bien qu'étant mariée, vivait avec une enseignante, Mlle Graham. Comme elle avait joué au cricket dans l'équipe d'Écosse, Mme Crawford tentait de nous apprendre ce sport. Je le détestais – je me postais toujours le plus loin possible en priant pour que la balle ne s'approche pas de moi, je redoutais d'entendre cet appel : « Vite, Anne ! Attrape-la ! » (puisque je la manquais inévitablement). La balle était si dure qu'elle faisait mal quand elle vous touchait. J'adorais, en revanche, la crosse. Un jeu très agressif pourtant, qui donnait l'impression que nous nous jetions toutes les unes sur les autres pour nous donner des coups de ce long bâton dans les dents.

Notre professeure d'éducation physique se faisait appeler Maman P., même si j'étais convaincue qu'elle était à moitié homme. Elle donnait sans arrêt des coups de sifflet, et nous ne savions jamais s'ils s'adressaient à son chien ou à nous. Elle nous forçait à entrer dans la piscine. Celle-ci était toujours glaciale, mais à compter du 1er juin, que cela nous plaise ou non, nous devions y aller « et que ça saute ! ». J'aimais nager et j'ai décroché quelques médailles, dont une de sauvetage – Carey s'était portée volontaire pour jouer la victime, tout habillée, et je l'avais remorquée sous l'eau, sur la moitié de la longueur de la piscine. J'avais réussi l'examen et elle, elle avait survécu.

Juste avant la fin de la guerre, l'année de mes douze ans, ma sœur Sarah a vu le jour. Nous étions au courant, Carey et moi, pour la grossesse de notre mère, et pourtant quand la sœur de mon père, tante Silvia, nous a appelées à l'école pour nous annoncer la nouvelle, nous avons fondu en larmes. Nous connaissions le désespoir de notre père, qui rêvait d'un fils et d'un héritier : ma mère ayant failli perdre la vie en couches, ils ne pourraient plus avoir d'autre enfant, ce qui signait le glas de cette lignée des Coke.

En dépit de cette immense déception pour notre famille, nous étions tous fous de Sarah, que nous dorlotions, la traitant comme une poupée. J'étais enchantée d'avoir une autre sœur, même si l'enfance de Sarah serait distincte de la nôtre, à Carey et à moi, tant l'écart entre nous était grand. À la fin du trimestre, nous étions pressées de rentrer faire sa connaissance. Notre mère nous a montré avec fierté le manteau en peau de lapin qu'elle lui avait confectionné. Elle n'avait pas suffisamment travaillé le cuir : le vêtement était si raide que Sarah ne pouvait pas bouger dans son landau – on aurait presque dit qu'elle portait une camisole de force.

Lorsque nous étions à la maison, notre mère prenait la direction des opérations, prévoyant chaque jour une activité amusante à laquelle elle prenait part avec nous, ce qui n'était pas commun à l'époque. Mes amies la trouvaient toutes incroyable. « J'aimerais bien avoir une mère pareille, me disaient-elles. La mienne ne joue jamais avec moi. » À la fin des vacances, nous reprenions le train, Carey et moi, bien conscientes, en disant au revoir à notre mère, que plusieurs mois s'écouleraient avant que nous ne la revoyions.

En ce temps, les parents ne venaient à l'école qu'une fois par an, l'été. Il y avait des événements, comme un « match de cricket des pères » et un « match de tennis des mères ». À l'issue de l'une de ces journées ouvertes, la directrice avait convoqué toutes les filles dans son bureau. Elle semblait très fâchée. « Il s'est passé quelque chose de très grave ce matin, lorsque nous recevions les parents, et à moins que la responsable ne se dénonce, vous serez toutes punies. Un des parents, Sir Thomas Cook – le fondateur de la première agence de voyages soit dit en passant – a eu la nuque aspergée par un pistolet à eau. »

Il y a eu un silence alors que nous échangions toutes des regards, nous interrogeant sur la suite des événements. Caroline Blackwood a levé la main lentement. « Madame, c'est ma mère qui l'a fait. »

Maureen, marquise de Dufferin et Ava, portait un chapeau surmonté d'un canard dans une mare contenant de l'eau. Chaque fois qu'elle baissait la tête, le canard plongeait son bec dans la mare. Ainsi, c'était à cause d'un malencontreux mouvement que le pauvre Sir Thomas avait été aspergé. Ce chapeau n'était pas le seul élément exceptionnel de sa tenue : les talons de ses chaussures, transparents, contenaient des poissons. Des faux, Dieu merci, néanmoins cela expliquait l'excentricité de Caroline.

J'ai passé deux années dans cette école avant que la guerre ne s'achève enfin, l'année de mes treize ans. J'ai alors ressenti un soulagement infini, même si l'atmosphère restait tendue. La nation avait perdu une autre génération d'hommes et notre économie avait subi un terrible coup d'arrêt, si bien que l'humeur n'était pas à l'allégresse. Nous avions tous conscience que la vie continuerait à être difficile.

La plupart des employés de Holkham ne sont pas rentrés en 1945 et mes parents ont été conduits à se demander soudain comment ils pourraient payer l'entretien du domaine. Mon père était un homme très compétent, mais la guerre l'avait changé. Il avait participé à la bataille d'El-Alamein, et il avait aussi survécu à la malaria puis réchappé à la mort à Londres : le matin du 18 juin 1944, une migraine l'avait empêché de se rendre à l'office du dimanche dans la Guards' Chapel auquel il assistait souvent avec ses amis des Scots Guards.

La chapelle a été touchée en plein office, et 121 personnes ont trouvé la mort, dont un grand nombre de ses amis. Ce fut la plus grave attaque de V1 sur Londres, et cette tragédie a accru le poids des pertes qui accablaient déjà mon père. Son frère, David, qui avait survécu à la bataille d'Angleterre, était ensuite mort de soif en Afrique du Nord, son avion avait été abattu en plein désert.

Après la guerre, mon père était encore plus nerveux et facilement angoissé. À la fin de sa vie, il était assailli de visions traumatisantes remontant à son séjour en Égypte.

Bien que les combats soient terminés, il fut posté à Vienne pour travailler main dans la main avec les forces alliées. Pendant les vacances scolaires, le Women's Institute[1] nous mettait, Carey et moi, dans un train à destination de Vienne, une étiquette autour du cou. Forcées de traverser la zone russe, nous avions reçu pour instruction de ne pas regarder les soldats soviétiques dans les yeux lorsqu'ils inspecteraient les voitures. Ces hommes me tétanisaient, et je fixais l'ourlet de leurs pardessus mangés par les mites ainsi que leurs chaussures noires en retenant mon souffle, tremblant de les voir se dresser au-dessus de nous et de les entendre discuter en russe.

Nous logions dans une maison du quartier britannique, réquisitionnée par les forces alliées. Par une coïncidence des plus étranges, celle-ci appartenait à des amis autrichiens de mes parents, ce qui avait permis à

1. Organisation britannique qui permet à des groupes de femmes de se réunir pour des activités socio-culturelles.

mon père de les autoriser à rester chez eux, même s'ils avaient été contraints de s'installer au sous-sol.

Le rationnement était strict et certains coins de Vienne étaient livrés à l'anarchie. Les soldats soviétiques patrouillaient dans les rues, dévalaient les larges avenues dans des voitures à chevaux où s'amoncelait le fruit de leurs pillages. Nous devions la seule note positive de ces séjours à ma mère : elle avait réussi à charmer des officiers américains, qui l'avaient autorisée à acheter des produits laitiers et du sucre – autant de choses dont les Anglais n'avaient quasiment pas vu la couleur pendant des années – dans les magasins militaires de leur quartier.

L'atmosphère troublée n'empêchait pas la nourrice de Sarah de nous emmener, mes deux sœurs et moi, avec l'officier d'ordonnance de notre père, à l'hôtel Sacher, célèbre pour ses pâtisseries, et plus spécifiquement sa *Sacher Torte*, un gâteau au chocolat fourré à l'abricot. Nous cachions nos produits frais dans le landau de Sarah, et à notre arrivée à l'hôtel, je remettais le beurre et les œufs au chef pâtissier – il nous préparait des gâteaux que nous récupérions plus tard pour les remettre dans le landau. Le goût sucré de ces pâtisseries fraîches, à une époque où ce type d'aliments était particulièrement rare et convoité, était merveilleux surtout pour une enfant. Pendant ces expéditions, j'oubliais les soldats soviétiques terrifiants, il ne restait plus que la saveur inégalée de ces délices si rares.

À notre retour en Angleterre, je repris le chemin de l'école pour quelques années encore. Années particulièrement difficiles tant l'hiver 1946-1947 fut rude : les températures atteignirent jusqu'à -21 °C. Sans chauffage à la pension ou à Holkham, nous avons eu de terribles engelures qui gonflaient et éclataient. La douleur était telle que nous avions du mal à dormir.

En 1948, j'ai terminé mes études secondaires. J'avais seize ans. La possibilité d'études à l'université n'a même pas été envisagée. Pas plus que celle d'un séjour à l'étranger, car nous manquions d'argent. Ainsi, comme toutes mes amies, j'ai été envoyée à Powerdham Castle pour y apprendre les bonnes manières et l'étiquette. Cette école appartenait au comte et à la comtesse du Devon, qui avaient imaginé ce stratagème : chaque année ils formaient vingt-cinq jeunes filles pour tenir une grande demeure – la leur – au prétexte de leur enseigner « l'économie domestique ».

Par roulements de quinze jours, nous suivions différents membres de la maisonnée. Nous avions rapidement appris à les classer en deux catégories : ceux qui étaient supportables et les autres. Nous adorions passer du temps avec le maître d'hôtel, parce qu'il nous laissait boire les restes des bouteilles de vin servies aux convives, qui étaient souvent des amis de nos parents. Ils nous observaient avec étonnement, émerveillés de nous voir remplir leurs verres. Plus nous les servions, plus ils buvaient, et plus ils buvaient, plus il y avait de bouteilles à terminer. Le maître d'hôtel nous a aussi appris à nettoyer l'argenterie, ce qui n'était pas une tâche aisée : il fallait appliquer une pâte de vinaigre rose et frotter sans relâche avec le pouce. Nos doigts étaient terriblement irrités après, mais l'argenterie avait fière allure.

Je ne voyais aucun inconvénient à servir dans l'arrière-cuisine, pour aider la cuisinière. Nous avions parfois le droit de préparer des pancakes à l'écossaise ou un gâteau au chocolat. J'ai aussi beaucoup aimé seconder le jardinier, car j'adorais composer des bouquets. En revanche, je ne goûtais guère la compagnie de la gouvernante, terriblement maniaque, qui tenait à ce que nous fassions les lits parfaitement au carré. Mon amie Mary Birkbeck, qui préférait de loin la présence des chiens et des chevaux à celle des humains, était à Powerdham Castle avec moi. Les bonnes manières ne nous intéressaient pas particulièrement. Pas plus que la recherche de maris ni – encore moins – la tenue d'une grande demeure. Nous n'avons d'ailleurs pas tardé à conclure un pacte : je me chargeais de la couture et des travaux dans la maison pour elle, et elle s'acquittait de mes tâches dans le jardin (à l'exception des compositions florales) et du curetage des pieds du cheval dont j'étais chargée. Nous passions le moindre instant de notre temps libre sur le quai de la gare de Dawlish à fumer des cigarettes. C'était le seul endroit où nous pouvions en acheter – tout en gardant l'œil bien ouvert, pour le cas où Lord et Lady Devon arriveraient à l'improviste par le train de Londres.

Après des mois de roulement, notre formation s'est achevée et, en 1949, je suis rentrée à Holkham. Mon grand-père est mort cette année-là, et j'ai été très triste de ne plus pouvoir m'asseoir avec lui dans la galerie à écouter le gramophone. Avec sa disparition, mon père héritait de son titre et devenait le cinquième comte de Leicester.

J'avais dix-sept ans, Carey, quinze, et nous avons passé cet été à nous rendre à bicyclette, deux fois par semaine, au cinéma de Wells-next-the-Sea avec notre mère. Mon père m'emmenait faire la tournée des métairies, me traitant comme un fils, voulant m'apprendre les ficelles du domaine. J'en étais ravie et me passionnais pour les rouages de Holkham.

Le soir, nous allions, avec Carey, dans les aérodromes américains, où des *big bands* se produisaient. Nous portions les jupes que nous avions taillées dans du feutre, sans doute le seul tissu qui n'était pas rationné. Les pilotes américains nous apprenaient à danser le *jive*. Nous nous amusions tant que nous dansions jusqu'au bout de la nuit. Seul petit hic, notre père insistait pour fermer la maison à 11 h 30 tous les soirs, si bien que nous trouvions porte close à notre retour.

Nous avons tenté de le raisonner en lui demandant de laisser la grille ouverte – nous devions entrer par effraction chez nous, ce qui nous semblait un peu étrange –, mais il n'a jamais voulu transiger. Nous avons donc imaginé une solution : nous garions la voiture au village, passions par un petit portail, traversions le parc avec une lampe torche, qui éclairait les yeux des biches, pour rejoindre la maison. Une fois là-bas, je retirais la grille menant à la cave à charbon et je remettais à Carey l'imperméable que nous réservions à cet exercice particulier. Une fois qu'elle s'était équipée, je l'aidais à descendre dans la cave. Elle allait alors chercher un vieil homme du nom de Chris, surnommé « la Taupe » parce qu'il passait sa vie dans les caves, à alimenter les chaudières et couper du bois – la maison n'avait pas le chauffage central, trop coûteux, et chaque pièce possédait sa cheminée. La Taupe était très serviable et venait nous ouvrir.

Ce même été, le duc d'Édimbourg, qui avait épousé la princesse Elizabeth en 1947 et venait souvent chasser à Holkham avec mon père, a un jour appelé ma mère pour lui présenter une requête inhabituelle. Il lui a expliqué qu'il avait inventé un nouveau jeu, inspiré de la bataille navale, et qu'il avait besoin de photographies de Carey et moi en tenues de domestiques. Ma mère ne s'en est pas formalisée. Quant à mon père, qui était amoureux de la famille royale, il aurait dit amen à tout.

Carey et moi étions impressionnées par le beau duc, plus âgé que nous, sûr de lui et plutôt intimidant. Il a pourtant été charmant. Je me suis déguisée en gouvernante avec un plumeau, et Carey en cuisinière avec un tablier. Nous avons adopté toutes sortes de poses comiques sous le regard de notre mère. Le duc a pris des photos avec un enthousiasme débordant. Je ne sais pas très bien ce qu'est devenu ce projet de jeu, il n'en a plus jamais reparlé.

À la fin de l'été, je suis partie quelques mois à Londres, pour ma seconde formation en étiquette, où j'ai complété l'apprentissage que j'avais reçu à Downham. Il s'agissait de la House of Citizenship, tenue par Dorothy Neville-Rolfe, qui se trouvait être une descendante de Pocahontas et qui est à l'origine de ce fameux précepte : « Le véritable art de la conversation ne consiste pas seulement à dire ce qu'il faut au bon moment, mais à se taire au moment où l'on est tenté de dire ce qu'il ne faut pas. »

L'objectif de cette école très réputée était de nous permettre de perfectionner notre art de la discussion et de nous familiariser avec les rôles publics que nous devrions tenir un jour en tant qu'épouses d'hommes convoités. Nous avons visité des tribunaux, des usines, des hôpitaux, des écoles – tout ce qui avait un lien avec le fonctionnement de notre pays. Nous avons aussi étudié l'histoire de l'art pour accroître nos connaissances et nous permettre d'initier des échanges en toutes circonstances. Nous nous installions toutes dans une pièce et Mlle Neville-Rolfe choisissait l'une de nous. « Anne, disait-elle, cinq minutes sur l'un des ponts du célèbre Isambard Kingdom Bruel ! » Je devais me lever et disserter pendant cette durée sur le sujet, sans préparation, puisque nous ne connaissions jamais les sujets d'avance. Acquérir l'assurance d'incarner la figure de proue d'une communauté, savoir délivrer des discours et remettre des prix constituaient des compétences utiles à des jeunes femmes de mon acabit – j'en ferais l'expérience, quelques années plus tard, lorsque ma mère se partagerait entre Holkham et Londres, et que je prendrais parfois sa place.

Quand je suis rentrée chez moi après avoir terminé ma formation, j'étais presque une adulte. La vie du « jeune » comte de Leicester battait son plein ; la saison de la chasse touchait à sa fin et il était au milieu des festivités prévues pour l'occasion et organisées à la perfection par ma mère – qui n'y assistait néanmoins jamais car elles étaient réservées aux hommes. Tous les amis Scots Guards de mon père ayant survécu débarquaient dans les salons de réception de Holkham.

Quant à mes sœurs et moi, nous étions livrées à nous-mêmes. Ce qui ne nous dérangeait pas : nous en profitions pour dîner devant la télévision. Celle-ci était encore une innovation, à peine plus grande qu'un timbre-poste, elle diffusait une seule chaîne en noir et blanc, la BBC, et il n'y avait qu'une émission par soirée.

Aucune de nous n'a jamais remis en question cette répartition caractéristique des rôles masculins et féminins. Nous les acceptions. Je me contentais de comprendre ce que l'on attendait de moi. J'avais été préparée à toutes les choses que je devrais être capable d'accomplir dans ma vie de lady. Je ne comparais pas mon rôle à celui d'un homme, je ne m'attardais pas sur les détails. Je suivais l'exemple de ma mère et j'imaginais, je suppose, que j'aurais un mari qui ressemblerait à mon père, que mon existence serait semblable à celle de ma mère. Comme je me trompais…

Chapitre 3

La représentante de commerce

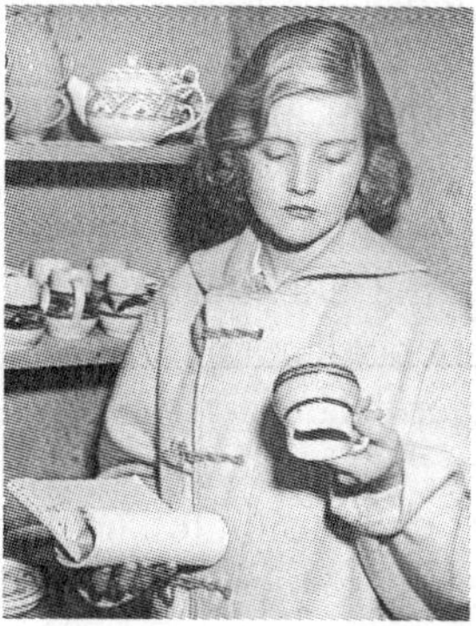

En 1950, alors que je me trouvais au seuil de l'âge adulte, je n'avais, pour ainsi dire, pas vu la princesse Margaret depuis des années, la guerre ayant donné un coup d'arrêt à notre amitié d'enfance. Ils étaient loin les jours où nous nous amusions ensemble à surprendre les valets de pied dans la nursery, où elle admirait mes chaussures argentées. Tant d'événements s'étaient produits depuis… Une vie entière en à peine une décennie, me semblait-il. Nous nous étions, inévitablement, éloignées : une différence de trois ans à cette époque était suffisante pour nous placer sur des chemins différents.

Nos pères restaient très proches et, en tant qu'écuyer de réserve du roi, le mien assistait Sa Majesté dans ses devoirs publics. Il s'occupait aussi des nobles et dignitaires étrangers lorsqu'ils venaient en visite au Royaume-Uni. Ils passaient souvent leur temps libre ensemble à Holkham ou Sandringham, et quand la présence de mon père était requise à Londres, il logeait au Guards Club, ce qu'il adorait parce qu'il y était entouré de ses amis des Scots Guards. Lorsque mon père n'était pas avec le roi, on le trouvait dans son bureau à Holkham ou avec les gardes-chasses et les métayers sur le domaine.

De son côté, ma mère avait installé un atelier de poterie à Holkham. Cette idée lui avait été inspirée par l'un des prisonniers allemands, qui avait fabriqué son propre four à poterie dans notre parc. Elle était déterminée à ce que cette entreprise soit un succès : elle avait conscience que, comme toutes les grandes demeures d'Angleterre après la guerre, l'entretien de Holkham coûtait de plus en plus cher.

Les gens étaient impressionnés : il n'était pas habituel pour une femme de son rang de se lancer dans les affaires, encore moins de son propre chef. Ma mère était non seulement compétente et dotée d'un sens pratique, mais elle faisait aussi montre d'une grande ouverture d'esprit. Elle nous a permis, à Carey et à moi, de participer à cette aventure, et elle nous y a même encouragées activement, voulant nous occuper. Mon père, lui, regardait toute cette opération avec cynisme. « Et comment se passent les choses dans ton petit cabanon ? » lui demandait-il avec une condescendance exaspérante.

Nous nous appliquions, Carey et moi, à fabriquer de beaux objets, cependant nous n'avions, ni l'une ni l'autre, le tour de main. Carey s'est donc mise, plutôt, à peindre et concevoir des modèles avec ma mère, dont le talent artistique, perfectionné à la Slade School of Art, trouvait enfin son moyen d'expression. À deux, elles ont conçu de magnifiques ensembles de vaisselle peints à la main, l'un d'un magnifique céladon avec des perce-neige et l'autre d'un très joli bleu avec des chevrons blancs. Nous avons décliné ces motifs sur toute une gamme de pièces, des tasses aux beurriers, et nous avons réservé quelques exclusivités à Sandringham.

J'ai essayé de peindre, moi aussi, mais je n'avais aucun talent artistique. Résolue à entretenir mon goût pour les affaires, ma mère m'a demandé quel rôle j'aimerais jouer dans l'entreprise. « Et si je me chargeais de la vente ? » ai-je demandé, sentant d'instinct que j'avais bien plus de talent dans ce domaine-là. Elle a accepté et, presque aussitôt, je suis partie dans sa Mini, le coffre rempli de valises contenant des échantillons emballés dans du papier journal, pour une tournée du pays.

Quand des amis vivaient à proximité de l'endroit où je me trouvais, je dormais chez eux, pourtant la plupart du temps je n'avais d'autre choix que prendre une chambre dans un hôtel pour commis voyageurs. Le choc a été immense. Ces établissements sentaient le chou et, le matin, je devais, ma trousse de toilette sous le bras, faire la queue devant la salle de bains avec des représentants de commerce. Ils ne me proposaient jamais de passer en premier – j'étais contrainte d'attendre mon tour comme tout le monde, et ils mettaient tous une éternité à se raser.

J'étais non seulement la seule aristocrate sur la route, mais aussi la seule femme. Tous les hommes que je croisais se ressemblaient et adoptaient la même attitude : vêtus de costumes mal coupés, ils se réunissaient dans la seule pièce chauffée de l'hôtel, appelée le *lounge*. Elle possédait inévitablement un éclairage tamisé produit par une seule ampoule de 60 watts et était constamment envahie de fumée de cigarette. Le soir, je m'y installais pour lire un livre, mal à l'aise. Les hommes qui m'abordaient pour me poser des questions n'en croyaient pas leurs oreilles. Quand ils découvraient que j'étais la fille d'un comte, la surprise arrondissait leurs bouches. Je me suis habituée à leurs expressions d'étonnement perplexe. À 21 heures, l'hôtelier apportait une table roulante, accompagnée parfois d'un petit bar. Les hommes me demandaient, penauds : « Vous voulez bien assurer le service ? »

Même si j'étais une intruse, j'appréciais ces séjours, peut-être parce qu'ils m'apportaient une forme de liberté – l'indépendance, la responsabilité, la satisfaction de conclure un marché et, surtout, le sentiment d'être prise au sérieux pour la première fois de ma vie. Cette expérience m'a aussi enseigné l'importance de savoir garder les pieds sur terre et s'adapter à toutes les situations. Ma mère était particulièrement douée dans ce domaine – elle était aussi à l'aise avec les représentants de commerce qu'avec la reine.

Elle nous a d'ailleurs emmenées, Carey et moi, dans des foires professionnelles à Blackpool, où de grosses sociétés, comme Wedgwood, exposaient leurs produits dans l'endroit le plus passant du lobby de l'hôtel. Nous n'avions pas les moyens de nous offrir un stand correct et avions donc dû nous résoudre à nous installer dans le grenier, ou un autre lieu aussi isolé. Déterminée à surmonter ce désavantage, ma mère nous encourageait, ma sœur et moi, à lui amener des acheteurs. Elle nous disait : « Usez de vos ruses féminines. » Carey était une championne dans ce domaine, et nous descendions toutes deux dans le hall pour entraîner, sous le regard furieux des vendeurs de Wedgwood, des clients dans l'escalier.

Holkham Pottery est peu à peu monté en puissance, au point d'employer une centaine de personnes et de devenir la plus grande entreprise d'industrie de transformation du nord du Norfolk. Au printemps 1950 néanmoins, je devais faire mon entrée dans le monde, ce qui ne me laissait que peu de temps pour la poterie. Je fêterais mes dix-huit ans en juillet, ce qui signifiait que j'avais l'âge d'être présentée à la société – en d'autres termes, on me jugeait officiellement prête pour le mariage. La pression était tacite mais non moins évidente – toute mon existence semblait avoir été dirigée vers ce but.

Mon père voulait que j'épouse l'un de ses meilleurs amis, Lord Stair, qui avait son âge. Il représentait, avec trois autres sportifs, la Grande-Bretagne aux épreuves de bobsleigh des Jeux olympiques d'hiver de 1928 – quatre années avant ma naissance. Mon père le vénérait parce qu'il était un excellent chasseur, toutefois je n'étais pas intéressée. J'étais une adolescente, il avait déjà la quarantaine. « Papa, il n'y a absolument pas la moindre étincelle entre nous. Il est très gentil, mais non.

— S'il ne te plaît pas, m'a répondu mon père, que dirais-tu de son jeune frère, Colin Dalrymple ? »

J'ai accepté, à contrecœur, un rendez-vous avec Colin. Mon père nous a pris des billets pour la régate royale de Henley, et nous avons passé la journée ensemble : cependant, je n'avais pas plus d'atomes crochus avec lui. Ce rendez-vous a donc été un non-événement du début à la fin. Déçu, mon père conservait cependant l'espoir que je changerais d'avis.

Déclinant toutes les propositions qu'il me faisait, j'ai dû m'imposer des mois de mondanités. Pour une débutante, une première saison était l'occasion d'être présentée à une génération de beaux partis, dans le but d'en épouser un le plus vite possible. Les filles de mon milieu n'avaient pas la liberté de s'essayer au couple avant de choisir un futur mari, et ça n'allait pas plus loin que quelques contacts rapprochés avec leurs éventuels petits-amis. Je n'aurais jamais pris le risque de tomber enceinte et à l'époque, sans la pilule, il était plus sage de garder ses distances.

La saison, comme on l'appelait, était la réponse apportée à ce problème de la sélection du « bon » mari : une succession de soirées dansantes et de week-ends tout au long de l'année pour permettre aux jeunes hommes et jeunes femmes de l'aristocratie de faire connaissance. Au printemps et en été, les soirées se déroulaient en Angleterre. À l'arrivée de l'hiver, tout le monde se rendait en Écosse pour une série de bals dans les Highlands.

Chaque jeune fille donnait sa propre réception « d'introduction », soirée dansante ou cocktail, chez elle ou dans un hôtel londonien. À Londres, il y avait souvent deux ou trois fêtes le même soir, si bien que je devais soit en choisir une, surtout si elle était organisée par une de mes amies, soit me partager entre plusieurs événements.

L'ennui, lorsque l'on faisait son entrée dans la société au début des années 1950, c'est qu'il n'y avait pas beaucoup de maris potentiels, les hommes manquant à l'appel. Quand ils n'avaient pas trouvé la mort au combat, ils étaient au service militaire. Si l'on n'était pas mariée à vingt et un ans, on était cataloguée vieille fille. Ma mère en avait dix-neuf lorsqu'elle avait épousé mon père, alors, même si je n'en avais que dix-huit, j'avais parfaitement conscience que l'heure tournait. Le fait de vivre à la campagne était un handicap supplémentaire, j'ai donc été envoyée à Londres, plus précisément à Knightsbridge, chez ma grand-mère maternelle, Ga. Je l'adorais. Ellen Russell, de son nom de jeune fille, venait de Nouvelle-Zélande et, comme grand-tante Bridget, elle était une adepte farouche de la Science chrétienne. Elle et ses sœurs, toutes d'une grande beauté, étaient venues en Angleterre trouver un bon mari. Elle avait rapidement épousé Charlie, huitième comte de Hardwicke. À l'instar du vicomte Royston, il s'intéressait au sport et plus spécifiquement aux montgolfières. Après avoir été explorateur en Australie occidentale, il avait travaillé en tant que simple mineur aux États-Unis, pendant deux ans. Ma grand-mère était à l'initiative, avec Sir Thomas MacKenzie, le haut-commissaire de la Nouvelle-Zélande posté au Royaume-Uni, de l'ouverture d'un nouvel hôpital militaire pour soigner les soldats néo-zélandais blessés durant la Première Guerre mondiale. Il fut inauguré en 1915, à Walton-on-Thames, et elle reçut une distinction honorifique pour avoir contribué à aider les nombreux soldats blessés qui y étaient soignés. Malheureusement, leur mariage n'a pas duré longtemps, et ma grand-mère a demandé le divorce.

Ga m'a trouvé un travail dans une boutique de vaisselle sur Sloane Street, tenue par un homme qui était lui aussi un disciple de la Science chrétienne. Je redoutais d'y aller et passais la plupart de mon temps à l'éviter parce qu'il m'effleurait dès qu'il le pouvait, me touchait sans raison. Quand je m'en suis ouverte à ma mère, elle m'a fait une réponse cinglante : « Bonté divine, Anne, tu as l'âge de te défendre toute seule ! Ne peux-tu pas lui appliquer une bonne tape sur la main ? »

En fin de journée, je me rendais à des soirées dansantes. Ayant pris goût aux petits déjeuners copieux sur la route, j'étais devenue plutôt grassouillette, et ma mère a fait pression sur moi pour que je maigrisse : c'était la première impression qui comptait dans ce genre de soirées. Il fallait mettre toutes les chances de son côté, et surtout éviter de faire tapisserie.

Les salles de bal de tous les hôtels de Londres étaient remplies de jeunes femmes en robe de soirée, qui tourbillonnaient sur toute la largeur des parquets cirés. Avant la guerre, ces robes étaient en soie ou en satin, cependant, avec les rationnements, nombre d'entre elles étaient taillées dans d'anciens rideaux ou d'autres tissus tout aussi étonnants. Pour ma propre soirée, je portais une toile de parachute plissée et teinte en vert pâle, que ma mère tenait des officiers américains postés sur l'aérodrome près de Holkham.

À première vue, ces soirées tenaient du domaine du rêve, version animée d'une image féerique de Cecil Beaton. Mais un examen plus attentif permettait de déceler des vibrations de nervosité et des bouffées d'inquiétude émanant des filles et des garçons qui avaient vécu à l'écart les uns des autres, dans des pensions, avant d'être, tout à fait littéralement, poussés dans les bras les uns des autres.

La saison était un moyen pour l'aristocratie de maintenir son unité en exploitant les poussées hormonales. Si, de l'extérieur, tout cela semblait innocent et romantique, cette façade ne servait qu'à masquer le besoin pressant pour chaque famille titrée d'Angleterre de s'assurer l'arrivée d'un héritier.

L'objectif était le suivant : toute jeune fille devait accorder les danses de la soirée à différents prétendants, afin qu'à l'issue de celle-ci, et a fortiori à la fin de la saison, elle soit tombée amoureuse et prête à plonger dans la vie maritale. Tout reposait néanmoins sur un calcul de probabilités, et l'on se retrouvait face à un dilemme dès que l'on n'avait pas de cavalier. Lors de ces soirées, les filles seules se réunissaient dans les toilettes au prétexte d'aller se repoudrer le nez. Nous engagions de longues conversations entre nous ou avec le personnel en charge de l'entretien, oubliant à moitié la raison de notre présence.

J'étais encore timide. N'ayant pas de frères et un père vieux jeu, j'avais bien du mal à m'aventurer sur cette frontière hasardeuse entre les deux sexes – et dont pourtant toutes les filles devaient s'approcher si elles espéraient nouer une relation. D'un côté, il fallait attirer les hommes, mais de l'autre il ne fallait pas trop leur plaire. Si une fille ne flirtait pas assez, elle risquait d'être délaissée pour une autre, plus exaltante ; si une fille flirtait trop, elle écopait d'une mauvaise réputation. Les chaperons étaient d'ailleurs là pour s'assurer que nous n'avions pas des mœurs trop légères. Mère, tante, grande sœur ou toute personne jugée assez responsable pour éviter un scandale prenaient place sur la rangée de chaises dorées qui entouraient la piste de danse. Elles étaient là pour nous rappeler sévèrement à l'ordre, pour dissuader les jeunes hommes (et parfois les jeunes femmes) de se livrer à des comportements indignes. Il y avait même un acronyme, PFDT – pas fiable dans les taxis –, que l'on appliquait à certains garçons pour rappeler aux filles qu'elles ne devaient pas laisser leurs cavaliers dépasser les limites.

Au printemps 1950, comme toutes les débutantes, j'ai été présentée au roi et à la reine. Le jour de sa présentation, ma mère portait une belle robe blanche de soirée, toutefois les temps avaient changé. La tradition s'était modernisée et j'ai été invitée à la cour dans l'après-midi. Je portais une robe courte.

Juste avant mes dix-huit ans, en juin 1950, j'ai organisé ma fête à Holkham. La première réception avait eu lieu en juin 1740 : Thomas Coke avait installé cent trente convives dans l'orangerie, éclairée de milliers de bougies suspendues. Plus de deux cents ans plus tard, Holkham était à nouveau illuminé, cette fois au moyen de projecteurs – vestiges de la guerre. La totalité de la longue allée était quadrillée de lumières colorées, et la maison était inondée de lumière. Même l'obélisque et les bois étaient éclairés. On se serait cru dans un film de Walt Disney, la musique se déversait de la salle de bal dans le parc.

Le magazine *Tatler* venait de me décerner le titre de « débutante de l'année », ce qui me réjouissait, même si cela ajoutait à la pression que je ressentais déjà. La saison n'avait commencé qu'en mai, et je ne connaissais encore presque personne.

Alors que je m'apprêtais à revêtir la robe qui faisait la joie de ma mère, mon père m'a asséné : « Espérons que tu n'auras pas trop l'air d'un parachute », ce qui n'a pas contribué à me tranquilliser. Il avait un don pour les saillies maladroites qui ne m'aidaient pas à avoir confiance en moi. Quelques années plus tard, le jour de mon mariage, il n'a rien trouvé d'autre à me dire que : « Je suppose que tu t'en sortiras. »

Les invités, qui avaient rempli de nombreuses maisons de la région, avaient organisé des dîners ensemble avant d'arriver pour danser jusqu'au petit matin. Ces soirées commençaient à 10 ou 11 heures et duraient toute la nuit. La princesse Elizabeth se trouvait à Malte, mais la princesse Margaret, le roi et la reine sont arrivés aux environs de onze heures. Mon père les a accueillis à la grille sud et les a escortés le long de l'interminable allée.

Au moment de descendre l'escalier en marbre, je me suis arrêtée pour embrasser la scène du regard : rien n'aurait été plus romantique que faire la connaissance d'un jeune homme ce soir-là, à ma propre fête. Pourtant les chances n'étaient pas de mon côté. Mon père se méfiait tellement des hommes qu'il ne m'avait autorisée à inviter que des cousins et des amies de pension.

Il avait aussi reçu une liste, établie par des amis et qui contenait les noms de « gens bien ». Autant dire que j'étais entourée d'inconnus, de cousins et d'amis de mon père.

La soirée se déroulait dans les salons de réception, qui s'animaient aux notes de Tommy Kinsman et son orchestre, le groupe le plus recherché pour ces soirées, surnommé le *Debs' Delight* – « le délice des débutantes ». Je l'avais déjà vu jouer dans plusieurs fêtes, et je savais qu'il acceptait volontiers des demandes de chansons, si bien que nous avions préparé, avec mes amies, des listes. La reine, souriante et étincelante, adulait ce groupe et sa présence la réjouissait.

Nous avons servi un souper, sous forme de buffet, entre le dîner et le petit déjeuner, avec des œufs, du gibier et des légumes du domaine, arrosé de champagne de notre cave. Les jours précédant cette réception, j'avais passé beaucoup de temps dans la cuisine, à suivre les préparatifs de ces mets succulents. Avec le rationnement, qui avait toujours cours, ce souper était un luxe. L'un dans l'autre, la soirée fut une débauche incroyable de légèreté et de gaieté.

Bien que magique, ce spectacle me terrifiait, et j'ai passé une bonne partie du temps en retrait, dans un coin de la salle de bal ou dans le parc, pour remettre des coupes de champagne au personnel chargé des projecteurs. J'étais si timide que j'évitais la plupart des hommes. Je préférais regarder la princesse Margaret danser avec Mark Bonham Carter – l'oncle d'Helena Bonham Carter –, Billy Wallace, un ami de la famille qu'elle envisagerait plus tard d'épouser et mon cousin

David Ogilvy. Elle s'amusait énormément, tourbillonnant dans sa robe bleue vaporeuse.

Cette fête m'a rendue heureuse pour une raison : mes retrouvailles avec la princesse Margaret. Au lever du soleil, nous étions ensemble sous le portique d'Holkham et nous discutions en regardant les oies passer au-dessus de nos têtes dans l'aube. J'ai compris ce jour-là que, même si nous étions devenues des adultes, avec les amies d'enfance, on peut reprendre les choses là où on les a laissées. Son existence avait été mouvementée. La mienne aussi. Et nous étions là, ensemble, toutes deux au seuil de nos vies d'adultes.

Pendant cette nuit qui restera à mes yeux la plus belle, il s'est produit un événement terrible, ce que je n'ai appris que des années plus tard. Les invités étaient partis se coucher au petit matin. À son réveil, David Ogilvy est passé près de la fontaine qui avait coulé toute la nuit, et il a remarqué un manteau dans l'eau. Ne pouvant pas l'attraper tout seul, il est retourné à la maison pour chercher de l'aide. Ils ont découvert, à leur grand effroi, qu'il s'agissait d'un jeune jardinier qui s'était noyé pendant que des centaines de gens dansaient et riaient, buvant du champagne à quelques mètres de lui. On m'a caché cette tragédie. Mon père en était dévasté, tout comme les autres jardiniers, et aucun d'eux ne voulait me bouleverser, si bien que cet été-là, et les années qui ont suivi, j'ai tout ignoré de ce terrible drame et j'ai continué à repenser à ma belle fête avec nostalgie. Ce souvenir sombre lui est désormais associé.

Si je n'ai pas fait la connaissance d'un fringant prétendant à ma réception, la saison m'a valu quelques relations. Il y a d'abord eu Nigel Leigh-Pemberton, un garçon très gentil, sans doute un peu trop. Il chantait et a fini par partir à l'étranger pour se produire sous le nom de Nigel Douglas. Ses sentiments étaient plus forts que les miens. Et il arrivait toujours un imprévu malencontreux quand il organisait une sortie.

Un jour, il m'a invitée à l'opéra. J'ai accepté, et il a bien insisté sur un point précis : je devais absolument être prête à l'heure dite. Évidemment, j'étais en retard. Alors que je rentrais en courant chez Ga pour me changer, j'ai aperçu, à mon horreur, un immense fiacre, tiré par un cheval qui piaffait. Oh non, ai-je pensé, Nigel a voulu me faire une surprise !

Il était, bien sûr, très contrarié, parce que nous n'avions pas le temps de nous rendre à Covent Garden dans ce fiacre. Nous avons pris un taxi pour l'aller, et le fiacre est venu nous chercher à la sortie de l'opéra. J'ai été terriblement embarrassée, parce qu'avec le fracas des sabots tous les regards se tournaient vers nous sur St James's Street. Soudain, nous avons entendu un grincement effroyable, qui n'a fait qu'attirer un peu plus l'attention sur nous. L'une des roues s'était prise dans un pare-chocs et nous étions coincés. Tous les conducteurs ont commencé à nous klaxonner parce que nous bloquions la circulation. J'étais mortifiée, et j'avais tant de peine pour Nigel qui avait voulu me surprendre.

Une autre fois, alors qu'il se produisait dans une boîte de nuit, il a sollicité mon aide. Il y avait une cage dorée au milieu de la salle. « Tu dois t'asseoir sur le perchoir, à l'intérieur, et te balancer pendant que je chanterai "A Bird In A Gilded Cage", m'a-t-il dit. « Ça sera merveilleux. » Je me suis perchée sur la barre en bois et ça a surtout été très inconfortable.

Nous nous sommes éloignés l'un de l'autre.

Puis j'ai fréquenté Roger Manners ; nous étions mieux assortis. Beau et intelligent, il était néanmoins un peu trop irascible à mon goût. Ce qui est ironique si l'on songe que mon futur époux serait l'être le plus irascible que la terre ait porté.

Enfin, il y a eu Johnnie Althorp. Il rentrait d'Australie, où il avait servi comme aide de camp auprès du gouverneur d'Australie du Sud. À l'instant où il a posé le pied à Holkham – mon père l'avait invité –, je suis tombée follement amoureuse de lui. Je le trouvais formidable : drôle, beau et charmant. Nous nous sommes vus à Londres et un soir il m'a emmenée dans le jardin pour me demander ma main. Une vague d'euphorie m'a balayée et pendant des jours et des jours j'ai vraiment eu l'impression d'être sur un petit nuage. Nous avons annoncé la nouvelle à nos parents mais n'avons prévenu personne d'autre.

J'étais dans un état d'hébétement. S'il m'arrivait de danser avec quelqu'un d'autre, sans doute un jeune homme très bien, je ne lui prêtais pas la moindre attention. Je n'avais d'yeux que pour Johnnie. À cette époque, j'avais quitté Ga pour devenir pensionnaire chez Lady Fermoy, une amie de la reine, dont la famille vivait aussi dans le Norfolk et possédait une maison dans la propriété de Sandringham.

Lady Fermoy était très sociable. « Si vous avez un rendez-vous avec un jeune homme, me disait-elle, invitez-le à prendre un verre dans le salon avant de sortir. »

Je l'ai fait. Et cela a été mon erreur. Lorsque je lui ai présenté Johnnie, son regard s'est éclairé et, la fois suivante, sa fille était aussi présente. Lady Fermoy l'avait fait revenir exprès de pension. Frances n'avait que quinze ans à l'époque, mais après sa rencontre avec Johnnie, elle lui a envoyé une lettre contenant une paire de chaussettes pour la chasse qu'elle lui avait tricotée.

Peu de temps après, nous devions nous retrouver, lui et moi, à Ascot. Il était écuyer du roi, et j'avais été invitée à Windsor pour me rendre à l'hippodrome avec la famille royale. J'étais plus impatiente que jamais de voir Johnnie, et je m'attendais à passer un week-end de rêve.

J'avais emprunté la femme de chambre de ma mère, et à notre arrivée au château, nous sommes montées nous installer dans une chambre tout en haut de la tour. La fenêtre offrait une vue sur la fameuse *Long Walk* – « Longue Promenade » –, jusqu'à la statue équestre en bronze, le Copper Horse. Nous avons défait nos bagages et étalé sur le lit mes quatre robes, une pour chaque jour aux courses. Elles étaient magnifiques. J'aurais dû être excitée, pourtant je n'avais aucune nouvelle de Johnnie, pas un message, et je n'arrivais pas à me tranquilliser. Cette première nuit, je n'ai pas fermé l'œil, écoutant le pas rythmé des soldats sous ma fenêtre, qui sortaient de leurs abris, y entraient, ou présentaient leurs armes.

Le lendemain matin, j'ai pris mon petit déjeuner au lit – une tradition pour toutes les dames bien nées dans les résidences de la famille royale. Je me suis demandé si Johnnie était arrivé. Il n'avait peut-être pas pu me faire passer de message. Durant la visite des jardins avant le déjeuner, j'ai réfléchi aux raisons qui auraient pu expliquer son silence. Il ne s'est pas davantage montré pour le déjeuner avec la princesse Margaret.

Après le repas, nous nous sommes rendus à l'entrée de l'hippodrome et nous sommes montés dans des voitures tirées par des chevaux. C'était formidable. J'avais l'impression d'être dans un grand landau, protégée par une épaisse couverture. Le public s'est réjoui en découvrant la famille royale, et le bruissement d'excitation de la foule nous a fait, à nous autres, beaucoup d'effet. Nous sommes arrivés à la loge royale, où j'ai appris que Johnnie ne se joindrait pas à nous parce qu'il était souffrant. Mon cœur s'est serré, et ma bonne humeur est retombée. Je sentais bien qu'il y avait un problème.

J'ai réussi, toute la journée, à feindre de partager le bonheur de tout le monde, jusqu'à ce que nous rentrions tous à Windsor nous reposer avant de nous retrouver pour un verre et le dîner. La reine était si pétillante, elle portait à merveille les robes de soirée à crinoline qui avaient sa faveur. Elle nous a accueillis avec sa grâce habituelle. Je regrette de ne pas avoir été en état d'en profiter. J'ai parlé avec le duc et la duchesse de Northumberland, avec Billy Wallace et mon oncle Joe, qui étaient tous présents ce soir-là. Quelqu'un a dit en passant qu'il avait récemment vu Johnnie, lequel semblait se porter comme un charme, et j'ai alors compris qu'il m'évitait. Je me suis sentie terriblement mal. J'ai dû redoubler d'efforts pour ne pas trahir mon abattement. J'ai dégluti plusieurs fois afin de ne pas pleurer. Il m'était difficile de me montrer polie et joyeuse, d'en profiter. Je n'y arrivais pas. Je ne comprenais pas ce que j'avais fait de mal. Johnnie ne m'a jamais expliqué pourquoi il avait rompu nos fiançailles.

Plus tard, toutefois, j'ai découvert que son père, Jack, le comte Spencer, lui avait défendu de m'épouser parce que j'avais du sang Trefusis. Ce sang était qualifié de « sang fou » ou de « mauvais sang », parce que Nerissa et Katherine Bowes-Lyon (les cousines des princesses Elizabeth et Margaret) avaient été enfermées dans un asile et ne recevaient presque aucune visite de la famille royale, à laquelle elles étaient pourtant liées. Mon lien avec cette famille était très alambiqué et lointain : ma grand-mère maternelle était Marion Trefusis. Je suppose cependant qu'aucun comte ou futur comte ne voudrait courir le risque de compromettre sa lignée en le contaminant avec du « sang fou ».

Johnnie a non seulement épousé Frances, mais leur plus jeune fille serait Lady Diana Spencer, et deviendrait plus tard la princesse de Galles.

Le divorce de Johnnie et de Frances aurait un immense retentissement et, contrairement à ce qui se faisait usuellement, Lady Fermoy témoignerait contre sa propre fille pour que Johnnie puisse obtenir la garde de Diana. Johnnie épouserait ensuite mon amie Raine, comtesse de Dartmouth, qui avant leurs fiançailles m'appellerait souvent pour me demander des conseils sur la façon d'obtenir un engagement de sa part. Je ne sais pas très bien pourquoi elle pensait que j'étais la plus à même de lui répondre, n'y étant jamais parvenue moi-même.

Aurions-nous été heureux ensemble, Johnnie et moi ? Je n'aurai jamais la réponse à cette question, je sais seulement que toute cette affaire m'a profondément affectée. J'ai été, tout le reste de l'été, d'humeur très maussade. Je tentais de me distraire avec les poteries, mon père m'associait à la gestion du domaine, m'emmenant voir les métayers, cependant je ne parvenais pas à chasser totalement de mon esprit Johnnie et nos fiançailles rompues.

Lorsque l'été a cédé le pas à l'automne, les amis de mon père sont revenus à Holkham pour la saison de la chasse. Noël est arrivé, puis passé. Pendant tout le mois de janvier, mon père et le roi ont tiré des lièvres sur leurs deux domaines, occupés par ailleurs à organiser les derniers week-ends de la saison. Le 6 février 1952, le roi s'éteignit subitement dans son sommeil à Sandringham. Il avait subi une opération, l'année précédente, pour se faire retirer une partie d'un poumon, qui avait été qualifiée de succès à l'époque, si bien que sa mort nous a fait l'effet d'un choc. Mon père, qui n'avait pas conscience du réel état de santé du roi, en a été dévasté. Comme nous tous. J'étais habituée à le voir partir chasser avec mon père, lui si jeune – cinquante-six ans… Cela rendait sa mort encore plus triste.

Ma mère a écrit une lettre de condoléances dès qu'elle a appris la nouvelle. Dans sa réponse, la princesse Margaret a évoqué leur tristesse infinie et le fait qu'elles puisaient du réconfort dans l'assurance que les derniers jours de son existence avaient été consacrés à ce qu'il aimait le plus. Elle concluait sa lettre par une description de l'aube, le matin de février où son père avait trouvé la mort, et se disait convaincue qu'il l'aurait aimée.

La Grande-Bretagne sombra dans le deuil : des gens se postèrent le long de la voie de chemin de fer pour regarder passer, dans un silence solennel, le train funéraire qui transportait le cercueil du roi de Sandringham à Londres. L'humeur dans le Norfolk demeurait sombre. Un silence particulier, sinistre, s'était établi entre les murs de Holkham. Le roi était si présent dans la région et dans notre domaine que nous avions l'impression d'avoir perdu l'un des nôtres. Les gardes-chasses du domaine étaient tout particulièrement affectés.

Le roi George VI fut exposé publiquement dans la Grande Salle de Westminster. Trois cent mille personnes firent la queue pour présenter leurs derniers hommages à l'homme qui avait endossé le rôle de souverain après l'abdication de son frère et, par conséquent, dirigé le pays pendant une guerre mondiale.

Ma mère, Carey et moi sommes entrées dans la salle par une porte latérale afin de voir mon père, qui montait la garde près du cercueil en tant que membre des Scots Guards. Je garde un souvenir très vif de ce jour : il se tenait là, tête baissée en signe de respect, avec son bonnet à poils et son épée.

Le 17 février, mes parents ont assisté à l'enterrement. Je l'ai suivi à la télévision et ai été particulièrement émue par les cloches de Big Ben, qui ont sonné cinquante-six fois dans la brume grise matinale, chaque coup célébrant une année de la vie du défunt roi.

Le couronnement de la reine Elizabeth II fut délibérément repoussé. Le rationnement avait toujours cours et Winston Churchill craignait qu'un spectacle aussi luxueux en pleine crise économique de l'après-guerre ne représente une menace pour la popularité de la monarchie.

La vie à Holkham a repris peu à peu son cours normal, pourtant je continuais à m'apitoyer sur mon sort. Plusieurs mois se sont écoulés. Irritée par mon attitude, ma mère a décidé de m'envoyer aux États-Unis vendre de la vaisselle, dans l'espoir qu'un changement de décor me remonterait le moral. Cette perspective m'a aussitôt rendue joyeuse et j'ai été impatiente de partir ; je n'étais allée qu'une seule fois à l'étranger, dans le sud de la France que j'avais adoré. Je rêvais de vivre d'autres aventures.

En novembre 1952, j'ai donc embarqué à bord du *Queen Mary* avec ma valise d'échantillons pour traverser l'Atlantique. Je logeais à l'entrepont car ma famille n'avait pas beaucoup d'argent, surtout après la guerre. Mes parents n'étaient pas dépensiers, et tous deux avaient une approche pragmatique du voyage, en conséquence de quoi je partageais ma cabine avec quatre autres femmes. Dès que nous avons atteint la haute mer, les vagues ont malmené le bateau et elles ont toutes été très malades. J'avais un estomac plus solide et j'ai fini par dormir dans le couloir, où se trouvait un canapé.

Par chance, mon parrain, John Marriott, qui s'était lié d'amitié avec mon père à l'époque des Scots Guards, voyageait en première classe. Il m'a invitée à dîner avec lui tous les soirs. Il avait épousé une femme extrêmement riche, Momo Kahn, et elle avait entreposé ses bagages Louis Vuitton dans le couloir, le transformant en dressing. En fin de journée, j'abandonnais mes pauvres compagnes de voyage qui vomissaient pour retrouver John et Momo au Veranda Grill, où l'on nous servait des quantités généreuses de caviar dans d'immenses seaux en argent. À la fin du dîner, je retournais en troisième classe pour me coucher dans le couloir. Cette expérience a constitué une sorte d'augure pour le reste de mon existence : aux instants les plus éblouissants de ma vie en succéderaient d'autres si sombres que j'en viendrais souvent à me demander si je n'avais pas simplement rêvé des premiers.

À mon arrivée à New York, j'ai fait la connaissance de la sœur de Momo, Mme Ryan, qui était amie avec ma mère et dont la fille, Ginny, épouserait plus tard David Airlie, mon cousin Ogilvy préféré. Mme Ryan était la seule personne que je connaissais dans tous les États-Unis. Elle vivait dans un magnifique duplex au dernier étage d'un immeuble de l'Upper East Side qui donnait sur l'Hudson, en face du River Club, dans le même bloc que Greta Garbo.

Quand j'ai annoncé à Mme Ryan mon intention d'aller présenter mes échantillons chez Saks, le célèbre grand magasin, elle s'est retenue, par politesse, de dire quoi que ce soit. Elle n'a pourtant pas été surprise de me voir rentrer bredouille. Saks ne recevait personne sans rendez-vous. La vaisselle d'Holkham avait peut-être acquis une certaine réputation en Angleterre, mais ici je me retrouvais soudain noyée dans la masse. Une réceptionniste sévère m'a ainsi informée qu'il n'y avait pas de rendez-vous disponible avant six mois. Mme Ryan, qui était une cliente régulière du grand magasin, a passé un rapide coup de fil et m'a obtenu un rendez-vous pour le lendemain. À ma grande joie, les acheteurs de Saks ont sélectionné quelques pièces. Grâce à d'autres appels de Mme Ryan, j'ai pu les présenter ailleurs. Les articles qui avaient le plus de succès étaient les chopes à l'effigie de la reine et du duc d'Édimbourg ainsi que les tirelires en forme de cochons. Les goûts et les couleurs…

Mme Ryan m'a présentée à son cercle de relations et son amie Mme Carlson n'a pas tardé à me prendre sous son aile. Je suis rapidement entrée dans le tourbillon de la société américaine, et j'ai été embarquée à bord du train *Super Chief*. À Albuquerque, des Indiens sont montés nous vendre leurs bijoux en turquoise. À Los Angeles, j'ai rencontré C. J. Latta, le directeur de Warner Brothers à Londres, un autre adepte de la Science chrétienne, qui m'a présenté des stars de cinéma à Hollywood, notamment Bob Hope, David Niven, Bette Davis et Danny Kaye. J'ai poursuivi mon périple en me rendant à La Nouvelle-Orléans, pour mardi gras, et j'ai dansé avec les fondateurs de la ville. Je me suis bien divertie. J'avais un véritable sentiment de découverte et d'aventure. J'ai fini par me rendre aux quatre coins des États-Unis à bord des bus peu coûteux et fiables de la compagnie Greyhound – de la Floride au Kentucky, puis retour à New York. Cette expérience m'a donné le goût du voyage et m'a permis d'élargir mon point de vue naïf sur l'existence.

Un matin de février 1953, après une énième soirée à danser jusque tard dans la nuit, j'étais assise à la table du petit déjeuner avec Mme Ryan et d'autres invités, les yeux encore brouillés par le sommeil, lorsque la bonne est venue me remettre un télégramme. J'ai aussitôt pensé qu'un événement grave avait eu lieu chez moi, et j'ai donc découvert avec ébahissement les mots suivants : ANNE TU DOIS RENTRER STOP TU AS ÉTÉ CHOISIE POUR ÊTRE DEMOISELLE D'HONNEUR AU COURONNEMENT DE LA REINE STOP.

Le télégramme a circulé autour de la table, ils étaient tous fous de joie pour moi et voulaient lire le message. J'étais ravie, même s'il m'est bientôt apparu que cette distinction s'accompagnerait d'une conséquence pénible pour moi : je serais au centre de l'attention. Les nouvelles allaient vite, et Mme Ryan m'a aussitôt exhibée. La presse américaine n'a pas tardé à être informée, déclenchant une nouvelle vague d'effervescence. Soudain, tout le monde me traitait comme si j'appartenais à la famille royale, les gens voulaient que je leur apprenne à faire la révérence et à agiter la main à la façon de la reine. Lors de l'un des derniers bals auxquels j'ai assisté, on m'a présenté un faux trône. C'était embarrassant, tout comme les articles consécutifs dans la presse accompagnés de photographies de moi – je semblais aussi effarouchée qu'une biche dans les phares d'une voiture. Le *Washington Post* a ainsi écrit un article intitulé « Les filles de bonne famille peuvent aussi être jolies ».

Le destin me jouait encore un tour ironique : quelques instants plus tôt je m'entassais dans un bus Greyhound, et maintenant j'étais convoquée au pays pour m'acquitter de mois de répétitions en vue de la cérémonie qui serait, aux yeux de toute une génération d'Anglais, d'une importance inégalée.

Bien que triste d'avoir à écourter mon périple américain, j'étais absolument enchantée d'avoir été choisie. Tant de membres de ma famille avaient été écuyers ou dames de compagnie au fil des siècles… Enfin, j'avais un rôle à tenir, moi aussi. Je me sentais immensément chanceuse : j'avais été retenue parce qu'il se trouvait que j'avais exactement la bonne taille et la bonne corpulence, tout en étant la fille célibataire d'un comte, d'un duc ou d'un marquis – autant de critères requis pour remplir cette fonction. C'est amusant de voir qu'avec le recul, j'ai réussi à trouver un avantage à ne pas avoir épousé Johnnie.

La pauvre Carey était terriblement jalouse, comme beaucoup de gens de notre entourage. Et ce d'autant plus que ma mère participerait elle aussi à la procession : la reine lui avait demandé de devenir Lady of the Bedchamber.

Cette nouvelle a eu une conséquence immédiate sur mes ventes de vaisselle, qui se sont brusquement envolées. Les chopes ont connu encore plus de succès. Lorsque ma mère est venue m'attendre à la descente du *Queen Mary*, à Southampton, elle était accompagnée d'une foule de journalistes et de photographes. Et moi, j'agitais mon carnet de commandes, bien plus exaltée par mes ventes que par mon statut de demoiselle d'honneur. J'avais à peine retrouvé la terre ferme que j'ai été entraînée dans un tourbillon d'interviews et propulsée sous le feu des projecteurs.

Chapitre 4

Le couronnement

En mai, nous sommes parties nous installer chez Ga à Londres, ma mère et moi, afin de pouvoir assister aux douze répétitions qui auraient lieu, durant la seconde moitié du mois, à l'abbaye de Westminster. Si Carey était abattue, mon père, lui, ne cachait pas sa fierté et il agitait gaiement la main le jour de notre départ.

Nous étions six demoiselles d'honneur et j'en connaissais certaines : Rosie Spencer-Churchill était fiancée à un cousin germain de ma mère et les parents de Mary Baillie-Hamilton, le comte et la comtesse d'Haddington, étaient de grands amis des miens. Je ne connaissais toutefois personne aussi bien que Jane Vane-Tempest-Stewart : non seulement ma tante Silvia était mariée à son oncle, mais la sœur de Jane, Annabel, était la meilleure amie de Carey. Elles étaient si proches que lorsque la mère de Jane et Annabel était tombée malade, ma mère avait organisé une réception commune pour Carey et Annabel à la Londonderry House, à Londres. Non qu'Annabel et ma sœur aient vu grand-chose de cette soirée… Quand le duc de Gloucester a demandé à leur être présenté, ma mère a constaté avec effroi que ma rebelle de sœur et son amie s'étaient échappées en douce pour aller en boîte de nuit. Je n'aurais jamais ne serait-ce qu'envisagé une telle chose, moi… Carey a toujours été plus désobéissante.

Les deux autres demoiselles d'honneur, Jane Heathcote-Drummond-Willoughby et Moyra Hamilton, étaient des inconnues pour moi et il m'a fallu un certain temps pour me familiariser avec elles, car les répétitions – menées par le duc de Norfolk et auxquelles nous venions en tailleur noir, chapeautées et gantées comme nos mères – étaient prises très au sérieux et nous n'avions pas le temps de discuter.

En tant qu'*Earl Marshal*[1], le duc de Norfolk avait déjà été chargé d'organiser le couronnement du roi George VI et, bien qu'expérimenté, il ne voulait rien

1. Fonction héréditaire, au service du roi ou de la reine.

laisser au hasard. Il avait quatre-vingt-quatorze schémas, représentant chacun une partie de la cérémonie, au cours de laquelle la moindre minute était comptabilisée et le moindre mouvement, défini. Il avait même eu la prévoyance d'intégrer au planning la nécessité de repoudrer son crâne chauve à plusieurs reprises à cause des vues aériennes qui seraient réalisées par la télévision. Il y avait tant de détails à régler que ces répétitions impliquaient beaucoup de monde, notamment Richard Dimbleby, le commentateur de la BBC, qui s'adresserait à la nation en direct. Il s'est tant impliqué dans la dernière ligne droite qu'il a quitté sa maison pour s'installer sur son bateau, amarré au quai de Westminster pour être le plus près possible de l'abbaye.

Notre rôle, en tant que demoiselles d'honneur, était de porter la traîne de plus de six mètres en velours pourpre bordée d'hermine pendant la procession, ce qui impliquait pour nous six de marcher derrière la reine.

La *Mistress of the Robes*[1], la duchesse douairière de Devonshire, arriverait ensuite, suivie du *Groom of the Robes*, puis des deux dames de la chambre – ma mère et la comtesse d'Euston –, avant, enfin, les quatre dames d'honneur. Si ma mère était essentiellement là pour l'apparat, la duchesse douairière de Devonshire jouait un rôle actif. En tant que maîtresse de la garde-robe, elle devait assister le marquis de Cholmondeley, le lord-grand-chambellan, qui intervenait lors des changements de tenue de la reine.

---

1. Titre prestigieux réservé à une dame de compagnie qui n'apparaît que lors des grands événements. Le *Groom of the Robes* est le dignitaire en charge des tenues de cérémonie.

Le marquis était un fort bel homme et il semblait d'ailleurs très fier de son physique – il s'asseyait toujours très droit, la tête légèrement inclinée d'un côté. L'ennui était qu'il démontrait une absence totale d'agilité pour fermer les agrafes, n'ayant sans doute jamais eu à s'habiller tout seul. En dépit des efforts réitérés du duc de Norfolk, les essais n'aboutissaient qu'à des manipulations maladroites. Exaspéré, le duc a donc fini par faire remplacer les agrafes par des boutons-pressions.

Après la cérémonie, j'ai demandé à la reine comment s'était passé l'habillage, et elle m'a répondu que cela avait été assez éprouvant parce que, pour fermer chaque bouton, il avait exercé une pression violente dans son dos.

J'avais l'impression que ma vie de représentante en commerce n'avait pas existé : au lieu de déballer de la vaisselle sur le sol des boutiques américaines, on m'apprenait à marcher, à me tenir debout, à me déplacer derrière la reine et déployer la traîne au sol durant la cérémonie. La reine était présente à des dizaines de répétitions mais, comme elle devait se familiariser avec différents aspects de la journée, elle n'a participé qu'à une seule des répétitions finales avec nous. En son absence, nous marchions derrière la duchesse de Norfolk. Le prince Charles m'a raconté, plus tard, qu'il avait un jour trouvé sa mère assise à son bureau, sa couronne sur la tête. Il s'en était étonné et elle lui avait expliqué que celle-ci était si lourde qu'elle voulait s'entraîner à la porter.

La répétition à laquelle elle assista s'est tenue au palais de Buckingham. Elle prenait tout très au sérieux, posait beaucoup de questions pertinentes au duc de Norfolk, toujours désireuse d'avoir des réponses. Elle arpentait le salon blanc avec nous toutes à sa suite, portant en guise de traîne un rideau.

À ce stade, nous avions eu une répétition quotidienne depuis dix jours, en tailleur noir, j'étais donc folle de joie quand ma robe est arrivée. Les six demoiselles d'honneur portaient la même, dessinée par Norman Hartnell, en soie ivoire avec des broderies dorées. Les robes n'étaient pas doublées et l'envers des broderies était terriblement inconfortable. Elles se sont aussi révélées très serrées. Malgré tout, elles étaient magnifiques, et nous étions toutes enchantées. Je n'oublie pas nos belles coiffes : en or et en perles, identiques à celles que les demoiselles d'honneur portaient au mariage de la reine cinq ans auparavant.

Malgré mes nombreux essayages, je n'ai réellement porté la robe que lors de la dernière répétition, dans l'abbaye de Westminster. Le duc de Norfolk nous avait demandé de les cacher, pour que personne ne les voie. Malheureusement, à la fin de la répétition, au moment de descendre les marches, la brise a soulevé mon châle, dévoilant ma robe. Je n'avais pas conscience que des photographes rôdaient dans les parages jusqu'à ce que, le lendemain, j'apparaisse en première page de plusieurs journaux, avec ce genre de titre : « Elle ne savait pas que c'était un secret ! » J'étais horrifiée, convaincue que le duc de Norfolk allait m'appeler pour me congédier. À mon soulagement, je n'ai pas reçu d'appel, et le duc n'a jamais mentionné l'incident.

Quelques jours avant le couronnement, mes sœurs sont venues chez Ga, qui s'est efforcée d'apaiser leur sentiment d'exclusion. L'appartement n'était pas assez grand pour nous toutes. Ma mère était si accaparée par les répétitions qu'elle avait trop tardé à réserver une chambre d'hôtel – tous ceux de Londres affichaient complets. Nous nous sommes donc installées chez mon arrière-grand-oncle, dont l'appartement était idéalement situé près de Berkeley Square, à un jet de pierre du palais de Buckingham. Il ne possédait cependant qu'une seule chambre, que ma mère a occupée. J'ai dû dormir sur un matelas par terre et le pauvre oncle Jack a été chassé de chez lui. Il était habitué à faire contre mauvaise fortune bon cœur : en tant que membre de la suite de la reine Mary, il avait dû la suivre dans ses diverses résidences à la campagne et avait été parfois contraint, bien malgré lui, d'abattre des arbres et d'arracher du lierre à la demande enthousiaste de sa souveraine.

Pendant que je dormais par terre, la mère de Moyra Hamilton transformait, à la toute dernière minute, des chaussures de jardinage marron en sandales dorées, car elle n'avait pas pu en trouver pour les grands pieds de sa fille.

La veille du couronnement, un page de Buckingham est venu m'apporter une broche en diamants représentant les lettres *ER* de la main de la reine en personne, avec un petit mot dans lequel elle m'invitait à la porter le jour J. J'ai ressenti un frisson d'excitation, parfaitement consciente de la chance que j'avais de participer à ce moment historique.

Cette nuit-là, j'ai à peine fermé l'œil – j'étais bien trop fébrile et nerveuse, et mon lit de fortune n'aidait pas. J'ai regardé la lumière de l'aube s'infiltrer dans l'appartement puis éclairer ma robe, suspendue dans un coin. Après des heures de solitude à imaginer la journée à venir, à retourner les instructions dans ma tête, à m'inquiéter de commettre une erreur, le matin est arrivé, et avec lui un déferlement d'activité.

Dès 5 heures, le petit appartement a été envahi de monde, et nous avons eu, ma mère et moi, le visage recouvert de quantités grotesques de maquillage – afin d'avoir l'air normales sous l'éclairage puissant de la télévision. À la lumière du jour, nous étions toutes deux très étranges, avec notre blush aussi vif que notre rouge à lèvres et nos sourcils accentués, un peu comme le comédien de music-hall George Robey, qui avait l'habitude de se déguiser en femme. À son arrivée, la coiffeuse a insisté pour me friser les cheveux, ce qui a pris une éternité, et quand je me suis vue dans le miroir, j'ai été consternée : « Oh mon Dieu, je ressemble à un mouton ! », ai-je pensé.

Dehors il faisait gris. La pluie était tombée toute la nuit et les températures étaient fraîches – la météo prévoyait la plus froide journée de juin depuis un siècle, avec douze petits degrés. La TSF diffusait une émission sur les préparatifs et le commentateur, John Snagge, a attisé notre effervescence en expliquant que des milliers de personnes avaient passé la nuit dans les rues et prenaient déjà place le long du trajet qu'emprunterait la procession.

Pendant que nous revêtions nos robes, John Snagge invitait ses auditeurs à rester à l'écoute, tout en précisant l'heure du début de la retransmission en direct sur la BBC.

Savoir que des millions de personnes suivraient ce spectacle était tout bonnement terrifiant. J'étais trop nerveuse pour avaler quoi que ce soit. Quant à ma mère, elle est partie pour Buckingham, où elle devait petit-déjeuner avant de monter avec la comtesse d'Euston dans le carrosse qui la conduirait à l'abbaye.

Quelques minutes après son départ, une voiture est venue me chercher pour m'emmener à Westminster. Le trajet n'a duré qu'une quinzaine de minutes, qui restent parmi les plus irréelles de ma vie. Londres offrait un spectacle incroyable, les rues débordaient de gens enthousiastes sous la pluie, assis ou debout. C'était d'autant plus incroyable à voir que nous venions de vivre des années d'après-guerre fort moroses. La nouvelle qu'Edmund Hillary avait atteint le sommet du mont Everest plus tôt dans la matinée rendait cette journée encore plus exceptionnelle et amplifiait l'exaltation générale. « Hillary est arrivé en haut de l'Everest ! » criait la foule. Lorsque la voiture s'est garée devant Westminster, j'ai entendu des acclamations. J'étais très nerveuse, et on m'a rapidement poussée vers l'extension construite pour l'occasion.

L'abbaye était relativement vide à mon arrivée. Le duc de Norfolk était accaparé par les derniers préparatifs. Les tapis bleus avaient été brossés et les milliers de sièges sur les gradins qui montaient jusqu'au plafond ne se rempliraient pas avant une heure environ.

Le commentateur de la BBC, était là depuis l'aube, veillant sur les lieux depuis la galerie, tout comme les garçons du chœur. J'ai aussitôt perçu leur nervosité, due à l'imminence de cette journée historique qui paraissait toujours aussi lointaine et irréelle.

Rosie Spencer-Churchill et Jane Vane-Tempest-Stewart, qui avaient été choisies pour être les principales demoiselles d'honneur, s'étaient rendues à Buckingham afin d'accompagner la reine dès le début. Et les quatre autres, moins remarquables, dont je faisais partie, ont regardé ensemble l'abbaye se remplir. Des sièges nous avaient été réservés, mais il y avait tant d'hommes très âgés si lourdement vêtus – pour certains quasiment en armure –, que nous nous sommes senties obligées de leur céder nos places.

Cinq processions devaient rejoindre l'abbaye pour se fondre en une seule à l'issue de la cérémonie, composée des Premiers ministres du Commonwealth, des membres de la famille royale et des pairs du royaume, qui avaient tous mis leur uniforme ou leur robe colorée. L'abbaye était magnifiquement éclairée, elle semblait baignée de soleil grâce aux spots de la télévision en dépit du ciel morne, si bien que les vitraux brillaient, que la lumière dansait sur les broderies et les bijoux.

Les gens parlaient tout bas, et nous les regardions arriver, de plus en plus nombreux – des milliers de personnes franchissaient les portes de Westminster. On se serait cru dans une scène d'une tapisserie médiévale. Tant de choses se déroulaient simultanément : certains ajustaient leurs tenues ou celles de leurs voisins, les couronnes se transformaient en sac de fortune, toutes sortes d'objets, des sandwichs aux petits kits de couture, en sortaient ou y disparaissaient. Celles-ci ne devaient pas être placées sur les têtes avant que la reine ne fût couronnée.

Cecil Beaton se trouvait tout en haut des gradins, il dessinait et prenait des photographies. Juste avant 10 heures, le chœur entonna des chants. À une heure du début de la cérémonie, la tension s'accentua, l'effervescence était palpable.

Puis le doyen de Westminster, à la mine si sépulcrale, les chanoines et autres membres du clergé quittèrent l'autel pour se diriger vers la Grande Porte de l'Ouest, emportant les attributs du pouvoir royal, les régalia, dans l'extension. Chacun d'eux fut placé sur une table : le calice, le sceptre, l'orbe, la couronne du roi Edward, le tout sous l'œil attentif du lord-grand-chambellan, au profil si remarquable, et de son page de neuf ans, le comte Ullswater, qui fixait sans ciller les régalia.

À cette heure, la procession royale était en route. La reine, dans le Gold State Coach, son carrosse doré, tiré par huit chevaux gris, devait arriver à 11 heures très exactement, après avoir quitté Buckingham Palace avec le duc d'Édimbourg à 10 h 26 très précises, entourée d'un millier de gardes, dont les soldats de la cavalerie des Household Divisions, chargés de veiller sur la sécurité de la famille royale. Parmi eux se trouvait Johnnie Althorp, à cheval, en tant qu'écuyer de la reine.

Ma mère arriva, ainsi que la maîtresse de la garde-robe, la duchesse douairière de Devonshire. Sa belle-fille, « Debo », portait une robe du XVIIIe siècle en velours écarlate et soie ivoire, décolletée. Ma mère m'a expliqué que la duchesse l'avait trouvée dans un coffre au château de Chatsworth et que celle-ci appartenait à Georgiana Cavendish, cinquième duchesse du nom, célèbre pour avoir été une « impératrice de la mode » à son époque. La robe avait beau dater de deux siècles, elle semblait parfaitement à sa place dans ce cadre, pour cette cérémonie intemporelle.

Dehors, la foule réunie dans les gradins construits pour l'occasion applaudissait un peu plus fort à chaque nouvelle arrivée. Plus il s'agissait d'invités prestigieux, plus le public était fasciné. Quand vint le tour de Winston Churchill, dans sa tenue de chevalier de l'ordre de la Jarretière, les gens se déchaînèrent. Nous entendîmes aussi une clameur à l'arrivée de la reine mère et de la princesse Margaret dans leur carrosse, le Irish State Coach. Cette dernière portait une robe brodée d'or pâle. Elles semblaient tout droit sorties d'un conte de fées. Les membres des Grenadier Guards prirent place dans le narthex de l'abbaye, et le duc de Gloucester passa devant eux avec sa famille, aussi sérieux que son embonpoint le lui permettait.

Rosie et Jane nous ont rejointes, et nous avons attendu toutes les six, sur les marches de l'extension, prêtes à accueillir la reine. On nous avait remis des fioles de sels, que nous avions glissées à l'intérieur de nos longs gants blancs. Malheureusement, lorsque l'archevêque de Canterbury est venu nous saluer, Rosie lui a secoué la main si fort qu'elle a brisé la sienne. Une odeur épouvantable s'est aussitôt diffusée.

— Bonté divine ! s'est exclamé l'archevêque. Qu'avez-vous donc fait ?

Nous avons toutes été prises d'un fou rire nerveux. Il n'a pas trouvé la situation amusante, s'est essuyé les mains avec un mouchoir, puis a tourné les talons.

La clameur de la foule est soudain devenue continue, un déferlement sonore en provenance de Victoria Embankment, et nous avons compris que la reine approchait. J'avais beau connaître la famille royale depuis mon plus jeune âge, en voyant le carrosse doré apparaître au détour de la rue j'avais l'impression d'être dans un rêve. L'enthousiasme de la foule ne faisait qu'accroître ce sentiment d'irréalité et les acclamations ont atteint leur apogée lorsque le carrosse s'est arrêté. À cet instant précis, j'ai eu l'impression que la nation tout entière laissait éclater sa passion.

Les pages se sont avancés pour ouvrir les portes du carrosse. Le duc d'Édimbourg s'est précipité vers nous afin de vérifier que tout était en ordre. Il s'est montré très méticuleux. Il voulait sans doute que cette journée soit absolument parfaite pour la reine et pensait aider, alors que nous connaissions déjà nos rôles par cœur et que sa nervosité ne parvenait qu'à amplifier la fébrilité.

La reine était absolument éblouissante. Elle avait un teint merveilleux et les yeux brillants. Enfin, nous avons pu, avec toute la nation, découvrir sa robe de couronnement sous le manteau parlementaire de velours rouge avec sa traîne, que nous connaissions intimement à ce stade. Cette robe était un ravissement : dessinée par Norman Hartnell, en soie ivoire, couverte de broderies représentant la rose, le chardon et l'ensemble des emblèmes des îles britanniques et du Commonwealth.

On m'a souvent demandé si elle semblait nerveuse. La réponse est non. Elle était aussi calme que jamais. Elle savait très bien ce que l'on attendait d'elle. Elle avait assisté au couronnement de son père et, même si elle était très jeune, je suis convaincue qu'elle se souvenait du moindre détail.

Elle est descendue de son carrosse et nous avons soulevé sa traîne écarlate à l'aide de poignées en soie, cachées sous les ondulations du velours. Le duc de Norfolk se trouvait sur les marches de l'abbaye dans sa tenue de cérémonie, ainsi qu'il l'avait déjà fait en mai 1937, lors du couronnement du défunt roi. Ce jour-là, il avait salué une jeune princesse, et à présent, seize ans plus tard, il accueillait la reine Elizabeth II. Il s'est ensuite effacé, et nous avons patienté toutes les six derrière la reine, le temps que le duc d'Édimbourg entre revêtir un manteau royal. Les pairs chargés d'apporter les régalia se sont préparés. Le duc de Norfolk avait calculé qu'il faudrait cinquante-cinq secondes à la reine pour marcher de cet endroit jusqu'au portail gothique de l'abbaye – les trompettes de la fanfare se mettraient alors à jouer. Le trajet était signalé par un simple fil rouge cousu dans le tapis bleu.

Quinze minutes se sont écoulées entre l'arrivée de la reine et son entrée dans l'abbaye, qui marquait le début à proprement parler de la cérémonie. J'ai ressenti alors la chance infinie que j'avais de me trouver là. Par un concours de circonstances, j'étais la bonne personne, au bon endroit, au bon moment, littéralement liée à la reine. Le silence s'est fait autour d'elle alors qu'elle se trouvait devant nous, à une dizaine de mètres de la Grande Porte de l'Ouest. Elle s'est tournée vers nous pour nous demander : « Vous êtes prêtes, les filles ? »

Après avoir répondu d'un hochement de tête, nous lui avons emboîté le pas et nous sommes engouffrées dans l'abbaye. Nous étions toutes très fébriles, car nous avions remarqué que la reine marchait légèrement plus lentement que la duchesse de Norfolk, avec laquelle nous nous étions entraînées toutes ces semaines. Nous devions ajuster notre cadence sur-le-champ, mais nous étions si parfaitement en phase, après ces innombrables répétitions, que nous nous sommes adaptées sans mal.

Cinquante-cinq secondes plus tard, lorsque la reine a pénétré dans l'abbaye, les trompettes ont résonné et l'assemblée s'est levée comme un seul homme. Nous avons remonté l'allée à la suite de la reine, alors que le chœur entonnait l'hymne de Hubert Parry, « I Was Glad », d'une durée de près de sept minutes. Les choristes étaient parfaitement concentrés, et leurs voix retentissantes faisaient entendre la gloire de cet événement.

Au fil des ans, j'ai revécu ce jour historique grâce aux images filmées, et chaque fois que je les revois je remarque souvent de nouveaux détails. Je me surprends inévitablement à retenir mon souffle, dans l'espoir que personne ne commettra d'erreur, ni moi ni les autres. Même si je sais, bien sûr, qu'il ne s'est pas produit une seule catastrophe, je conserve ce sentiment de soulagement à la fin de chaque visionnage, et je respire à nouveau plus librement, un peu comme sur le moment.

Il y a toutefois eu, pendant la cérémonie, un incident qui aurait pu conduire au désastre. Tout avait bien commencé, l'archevêque avait demandé à l'assemblée d'accepter la reine – celle-ci s'était inclinée en direction des quatre côtés de l'abbaye, un geste de soumission à ses sujets, aussi beau que rare (même si elle incline la tête deux fois devant les pairs lors de la cérémonie d'ouverture du Parlement). Puis la reine a prêté serment avant de se voir présenter la Bible. Ensuite est venu le moment le plus solennel de la cérémonie : l'onction. Ce geste rituel est considéré comme essentiel à tout couronnement ; sans lui, le nouveau roi, ou la nouvelle reine, ne peut pas être couronné. Il est si crucial et sacré que, en dépit du dais placé au-dessus d'elle et tenu par quatre chevaliers de l'ordre de la Jarretière, les caméras n'ont pas pu la filmer. Seule une poignée de gens, dont moi, ont pu être témoin de l'onction.

Le dais a disparu, les caméras ont été autorisées à revenir. Pendant que le chœur chantait, la reine a été dépouillée de son manteau par le lord-grand-chambellan, avec l'aide de la maîtresse de la garde-robe. Une chemise blanche toute simple est venue recouvrir sa superbe robe brodée. Avec les autres demoiselles d'honneur, nous avons reculé pour former deux rangées près des colonnes de l'abbaye, tandis que la reine se dirigeait vers l'autel et le trône. J'ai été prise d'un vertige.

Heureusement, j'étais au deuxième rang, légèrement cachée. À côté de moi se trouvait le *Gentleman Usher of the Black Rod*[1] vêtu de la tête aux pieds de velours noir et muni d'une baguette qui ressemblait à une queue de billard. À l'instar des autres demoiselles d'honneur, il observait attentivement la reine, tandis que je m'efforçais, moi, d'ignorer le malaise qui brouillait ma vision.

Au moment où le sacre allait débuter, je me suis mise à vaciller. Consciente que je risquais de gâcher le cérémonial, j'ai cassé ma petite fiole de sels. À mon grand désespoir, cela n'a pas eu l'effet escompté. Pas plus que le fait de remuer frénétiquement mes orteils. Une seule pensée m'obnubilait : je ne devais pas m'évanouir, je ne devais pas m'évanouir… Je savais que des millions, des milliards même, de gens suivaient cet événement. Je me suis raccrochée de toutes mes forces à cette idée, il était hors de question que je m'évanouisse devant le royaume britannique tout entier.

1. Représentant de la Couronne au Parlement.

Jane Vane-Tempest-Stewart a remarqué que je chancelais, tout comme le *Gentleman Usher of the Black Rod*, qui a, très calmement et discrètement, glissé un bras autour de ma taille, m'invitant sans un mot à prendre appui sur la colonne la plus proche. Dieu sait ce qui se passait dans la tête de ce pauvre homme, Sir Brian Horrocks. Ce général de corps d'armée, héros de guerre distingué à plusieurs reprises, dont Eisenhower disait qu'il était le « général britannique le plus exceptionnel ayant servi sous les ordres de Montgomery », se retrouvait sans doute à prier pour que je ne fasse pas un malaise, ce qui aurait provoqué un scandale. J'ignore à quelles batailles victorieuses il a participé dans le désert, durant la Seconde Guerre mondiale, mais je sais qu'il m'a sauvée ce jour-là. Il m'a soutenue jusqu'à ce que je reprenne mes esprits, à notre immense soulagement.

L'adrénaline a dû faire son œuvre, parce que je n'ai pas eu d'autre alerte jusqu'à la fin de la cérémonie. Le temps a filé : la reine a été enveloppée d'un drap d'or, avant de recevoir les éperons qu'elle ne porterait jamais en tant que femme. Nous n'avons pas bougé pendant qu'elle recevait les insignes, puis le lord-grand-chambellan a fermé les boutons-pressions de sa chape royale brodée – avant de se redresser de toute sa hauteur, nous montrant une fois de plus son élégant profil.

Après avoir reçu les attributs royaux, la reine allait enfin être couronnée. D'un seul mouvement, les huit mille six personnes de l'assemblée se levèrent. C'est le moment que le monde entier attendait. Je suis sûre que tous les poils étaient dressés, que chaque invité retenait son souffle tandis que l'archevêque tenait la couronne du roi Edward au-dessus de la tête de la reine, bras tendus. Dès que la couronne trouva sa place, le silence recueilli qui avait envahi l'abbaye fut remplacé par une vague de « *God save the Queen !* », provenant du public en liesse. Tous les pairs du royaume s'agitèrent alors pour chausser à leur tour, d'un geste ample, leurs couronnes.

La fanfare des trompettes se mêla aux acclamations ininterrompues. Dehors, la foule criait, et l'on entendait les saluts militaires, les tirs d'artillerie et les coups de feu au loin.

Le reste de la cérémonie est confus dans ma mémoire. Après l'intronisation et les hommages, l'Eucharistie a commencé. Je me souviens d'avoir chanté avec un enthousiasme exceptionnel avant que nous ne nous retirions, avec la reine, dans la chapelle St Edward, où elle a ôté la couronne, qui pesait plus de deux kilos. Quel soulagement cela a dû être. Elle y a échangé la robe royale contre le manteau de pourpre et la couronne impériale d'apparat, plus légère – qu'elle revêt lors de la cérémonie d'ouverture du Parlement.

Durant cette brève interruption, l'archevêque de Canterbury a sorti une petite flasque d'eau-de-vie et l'a proposée aux personnes les plus proches. La reine et les autres demoiselles d'honneur ont décliné, mais j'en ai pris une gorgée. Je n'avais pas avalé de petit déjeuner et je ne me sentais toujours pas tout à fait dans mon assiette, j'espérais que cela me donnerait un petit coup de fouet.

La fin de la cérémonie approchant, une vague de joie a accompagné la sensation de soulagement. Nous avons suivi la reine vers la sortie sur une marche d'Elgar – « Pomp and Circumstance » – qui retranscrivait à la perfection la gaieté de cette journée. Si descendre l'allée a été exaltant, le moment où nous avons été accueillies par le monde extérieur à la sortie de l'abbaye l'a été encore plus. La frénésie de la foule a atteint son paroxysme, au point qu'on aurait dit que la nation tout entière acclamait sa nouvelle reine en chœur.

En dépit des nombreux efforts que j'avais dû fournir pour retenir cette chorégraphie complexe sans faire de faux pas, je me rappelle avec vivacité la joie que j'ai ressentie à participer à cette page d'histoire. La reine se déplaçait avec facilité, et par chance aucune de nous n'est tombée. Nous sommes entrées dans l'extension, où attendaient les premières assiettes de « poulet du couronnement » – une recette froide inventée pour l'occasion. J'aurais dû être affamée à ce stade, mais je m'inquiétais trop de suivre le moindre mouvement de la reine et de tenir correctement sa traîne pour cela.

Une pluie drue s'était mise à tomber sur Londres, cependant le public ne bougeait pas, guettant la réapparition de la reine. Il n'a pas eu à patienter longtemps. Alors que nous aidions notre souveraine à monter dans le carrosse, il a hurlé son approbation. Et tandis qu'elle s'éloignait, des rangées de spectateurs extatiques agitaient la main sous la pluie.

Pendant que Elizabeth II traversait la moitié de Londres, accompagnée de Rosie Spencer-Churchill et de Jane Vane-Tempest-Stewart dans un autre carrosse, je suis retournée avec les trois autres demoiselles d'honneur à Buckingham Palace pour attendre le retour de la reine après cette longue procession.

À notre arrivée au palais, nous sommes restées dans le vestibule et nous avons vu défiler tout le monde.

La reine Salote de Tonga, qui portait une jupe en tapa – une étoffe d'écorce – et, dans les cheveux, des plumes rouges provenant d'un kula, un oiseau sacré, était trempée. Elle avait fait baisser la capote de sa calèche pour pouvoir être vue dans les rues de Londres – décision inédite qui l'avait rendue très populaire. Elle nous a adressé un large sourire, aussi généreux que sa silhouette.

D'autres personnes ont défilé devant nos yeux avant que la reine, enfin, n'arrive. Peu après être descendue de son carrosse, elle s'est tournée vers nous avec son sourire magique et nous a toutes remerciées pour notre collaboration, ajoutant que nous avions été parfaites. J'étais infiniment soulagée – comme mes camarades –, et les derniers vestiges d'angoisse ont aussitôt cédé le pas à l'euphorie.

Il régnait dans le palais une frénésie comparable à celle qui avait électrisé l'abbaye de Westminster, bien qu'elle fût nettement plus détendue. Si le protocole était bien sûr au centre des préoccupations, nous n'avions plus le sentiment qu'une nation tout entière retenait son souffle. En l'absence de caméras de télévision, il nous était plus facile de profiter de cette journée. Mon rôle de demoiselle d'honneur restait synonyme d'immense privilège, car en demeurant près de la reine, nous n'en rations pas une miette.

Le prince Charles et la princesse Anne ont été discrètement introduits pour voir la reine. Ils ont aussitôt couru se réfugier sous sa robe, ce qui ne l'a guère dérangée. Elle était sur un petit nuage. Lorsqu'elle a retiré sa couronne pour la déposer sur la table conçue à cet effet, le prince Charles s'est précipité vers elle avec un enthousiasme débordant. Quelqu'un – peut-être bien ma mère – a tiré l'objet des griffes de l'héritier présomptif pour la remettre à sa place.

Comme à l'abbaye, le temps a filé. Bientôt, j'ai dû, avec les autres demoiselles d'honneur, suivre la reine dans l'un des longs et larges couloirs du palais pour la séance photo. La reine était si impatiente qu'elle s'est mise à courir, et nous l'avons toutes imitée. Tout aussi spontanément, elle s'est assise sur une banquette rouge dans la galerie, sa robe se déployait autour d'elle dans des tourbillons de satin. Nous avons pris place à côté d'elle, et quand elle a levé les jambes en l'air dans un élan de pure allégresse, nous avons fait de même. C'était un moment si joyeux…

Pendant que nous vivions ces instants inoubliables, un réalisateur, engagé par la reine, tournait des images de la princesse Margaret très mélancolique. Des années plus tard, je l'ai entreprise sur le sujet. « Bien sûr que j'avais l'air triste, Anne, m'a-t-elle répondu. Je venais de perdre mon père adoré, et aussi, en un sens, ma sœur, car je savais qu'elle allait être très occupée. Elle s'était déjà installée à Buckingham Palace, je restais seule avec la reine mère. »

La princesse Margaret ignorait alors, comme tout le monde, que moins de quinze jours après le couronnement, ses rêves les plus secrets seraient réduits en miettes lorsque la presse déciderait d'exposer son amour pour l'écuyer de son défunt père, le colonel d'aviation Peter Townsend. Un fringant héros de guerre, de seize ans son aîné. Plus tôt dans la journée, Margaret avait été surprise en train de retirer une peluche sur son uniforme devant l'abbaye, et la presse se jetterait sur ce scoop. Le scandale qui en découlerait ferait trembler la monarchie et diviserait la nation.

Le jour du couronnement, toutefois, je ne me suis pas du tout rendu compte de la tristesse de la princesse Margaret. J'ai accompagné la reine dans le salon blanc, m'inquiétant d'être prête pour les photographies officielles. Cecil Beaton était venu directement de l'abbaye et avait déjà installé deux toiles de fond, pour que l'on puisse disposer les membres d'un groupe pendant qu'il immortalisait l'autre. La reine, qui avait remis sa couronne, se tenait au milieu de nous tous, et nous attendions les instructions.

Le duc d'Édimbourg aurait voulu que son ami Baron se charge des photographies, mais la reine mère avait une tendresse infinie pour Cecil Beaton et elle l'avait emporté sur le duc. Celui-ci a fait beaucoup de tapage, se montrant terriblement directif, nous disant où nous mettre et quand sourire. Cecil Beaton était lui-même très autoritaire derrière son appareil. Il avait la réputation de ne pas apprécier que l'on interfère avec son travail, et plus le duc d'Édimbourg cherchait à s'immiscer dans la séance, plus il se montrait irritable.

Le duc a persévéré, soit parce qu'il ne se rendait pas compte qu'il perturbait Cecil Beaton, soit parce qu'il s'en moquait, et ce dernier a fini par le tancer d'un ton sec. Il a posé son appareil pour foudroyer le duc du regard. « Monsieur, si vous voulez prendre les photographies, je vous en prie. » Il a alors désigné son appareil d'un geste et a tourné les talons. La reine a paru horrifiée, tout comme sa mère. Comprenant qu'il était allé trop loin, le duc d'Édimbourg s'est effacé.

Lorsque la séance s'est enfin terminée, la reine est sortie sur le balcon et nous l'avons accompagnée. Ce fut l'un des moments les plus importants de toute la journée. La foule était gigantesque – il n'y aurait pas eu la place de glisser une aiguille entre deux personnes –, elle s'étirait jusqu'à l'arche de l'Amirauté et occupait tout St James's Park. Dès sa sortie sur le balcon, la reine fut acclamée si vivement que je pouvais ressentir physiquement les vibrations sonores des cris.

J'ai soudain été frappée par le fait que ces acclamations marquaient le début d'une nouvelle ère élisabéthaine. Nous avions traversé la guerre, et ses séquelles continuaient à se faire ressentir, mais cette journée méritait d'être célébrée.

J'ai eu la chance de voir une foule aussi fournie pour le soixantième anniversaire du couronnement. Ce qui m'a permis d'être frappée par les différences entre les deux époques. Il m'a fallu ce recul pour mesurer que la foule de 1953 était dépourvue de couleurs, ce qui était une conséquence directe de la guerre : le rationnement avait toujours cours et beaucoup de gens portaient encore l'uniforme. Pendant des années, nous avions, Carey et moi, comme tout le monde, taillé nos jupes dans du feutre, parce que ce tissu n'était pas rationné et qu'il était facile à coudre. Et c'est pourquoi ma présence sur ce balcon, dans une robe en soie de Norman Hartnell, entourée de tous ces symboles du pouvoir, semblait encore plus surréaliste.

La reine était manifestement émue par l'accueil qui lui était réservé, son regard brillait sous l'ovation de la nation. Comme la foule à nos pieds, nous avons levé les yeux vers les avions qui survolaient le palais et inclinaient leurs ailes en direction de la reine. Les pilotes avaient survécu à la guerre. Et ils nous avaient aussi sauvés du danger. Nous le savions tous. Ce jour ne pouvait avoir lieu que grâce à leur bravoure, et ce survol du palais était un magnifique hommage, une façon de se tourner vers l'avenir tout en nous rappelant ce à quoi nous avions échappé. Enfin, nous étions libres et en paix. C'était une confirmation que nous pouvions tous, en tant que nation, laisser la guerre derrière nous. J'ai perçu la fierté de la reine. Nous partagions tous un sentiment puissant d'unité et d'espoir.

Après le départ des avions, les spectateurs ont reporté leur attention sur la reine : chaque fois qu'elle semblait sur le point de rentrer, ils la retenaient. Et même lorsqu'elle a fini par disparaître à l'intérieur du palais, ils ont continué à l'acclamer.

Nous entendions encore les applaudissements alors que nous évoluions dans Buckingham Palace. L'après-midi touchait à sa fin quand j'ai quitté le palais, et je n'ai pas pu m'empêcher d'y retourner plus tard. Je savais que la reine ressortirait saluer la foule sur le balcon une dernière fois après le dîner, et j'ai persuadé une amie de se joindre à moi pour assister au spectacle. Quelques heures plus tôt, je me trouvais sur le balcon à côté de la reine, et c'était si étrange d'appartenir au public à présent, dans ma jupe en feutre… J'agitais la main, je participais à l'ovation générale. L'effervescence était communicative. La reine ne savait pas que j'étais là, bien sûr – je crois le lui avoir dit après coup. Nous avons crié en la voyant apparaître dans sa robe de soirée, portées par les voix qui nous entouraient et nous traversaient.

Ma journée ne s'est pas terminée là. Elle a connu un rebondissement encore plus étrange. Tous les membres de la cour royale avaient été chargés de s'occuper des dignitaires étrangers : mon père s'était vu assigner la reine Frederica de Grèce, qu'il a sur-le-champ trouvée merveilleuse, et mon oncle, le commandant Tom Harvey, qui avait à l'époque le titre d'*Extra Gentleman Usher*[1] auprès de la reine mère, le souverain du Bahreïn, Salman ben Hamad Al Khalifa, et l'émir du Koweït, Abdallah al-Salim al-Sabah.

Mon oncle a décidé de les emmener au 400 – une boîte de nuit enfumée, à l'éclairage tamisé, sur Leicester Square. Des groupes s'y produisaient toute la nuit et, à l'aube, le petit déjeuner est offert. Il y avait, sur les bouteilles d'alcool, une étiquette avec le nom des clients qui les avaient achetées, afin qu'ils les retrouvent lors d'une prochaine visite, s'ils ne les avaient pas terminées. C'était un endroit très prisé, les aristocrates anglais aimaient s'installer confortablement dans ses fauteuils en velours et boire jusqu'à l'aube.

Oncle Tom avait pensé que cela plairait aux deux souverains arabes, et il m'a demandé de l'aider à les divertir. Pendant les préparatifs du couronnement, j'avais imaginé toutes sortes de scènes féeriques, mais je n'aurais jamais imaginé conclure cette journée dans un club sombre et enfumé avec deux cheikhs, à tenter de faire la conversation.

Impossible de savoir ce qu'ils pensaient, tant ils étaient pour ainsi dire inexpressifs. Ils n'ont ni dansé ni bu, alors que mon oncle avait espéré que cela finirait par

1. Titre et fonction honorifiques au sein de la Maison royale.

arriver. Nous nous sommes rapidement retrouvés à court d'idées pour les divertir. Dans leur grande générosité, ils nous ont offert des montres en or hors de prix. Je n'étais pas habituée à recevoir des cadeaux aussi somptueux, et j'ai accepté la mienne timidement, de plus en plus nerveuse à l'idée que nous ne leur avions pas offert en retour une soirée distrayante digne de ce nom.

Lorsque je suis allée me coucher ce soir-là, sur mon matelas dans l'appartement d'oncle Jack, j'avais du mal à croire que cette journée avait réellement eu lieu. Je savais que je chérirais son souvenir jusqu'à la fin de mes jours.

Aujourd'hui encore, après toutes ces années, on m'interroge souvent sur cet événement, et j'ai toujours fait de mon mieux pour lui rendre justice, même si mon récit ne me semble jamais à la hauteur. Il s'est passé tant de choses… J'ai toujours eu l'impression que nous en avions gardé des souvenirs différents, les autres demoiselles d'honneur et moi. C'est l'engagement solennel que la reine a pris ce jour-là qui continue à trouver le plus d'écho en moi, celui de consacrer sa vie à la nation. Elle a tenu ce serment avec constance. Elle n'a pas commis un seul impair. Elle a été une reine absolument merveilleuse, qui a littéralement dédié sa vie à la nation.

Chapitre 5

Pour le meilleur et pour le pire

Après le couronnement, j'ai fait la couverture de magazines et j'ai même reçu des lettres d'amour bizarres d'inconnus me demandant ma main. Je suis pourtant restée célibataire : je n'avais pas encore rencontré la bonne personne.

Je n'avais que des sœurs, le sexe opposé restait, par essence, un mystère pour moi. Les hommes me semblaient démodés, traditionnels et prévisibles. Les centres d'intérêt de ces êtres se résumaient à des activités en plein air la journée, et des réunions militaires autour d'un bon dîner le soir – inutile de préciser que les femmes n'étaient conviées ni aux unes ni aux autres. La saison mondaine m'avait permis des dizaines de brèves interactions : Nigel Leigh-Pemberton m'avait appris que les hommes avaient une part de sensibilité que Johnnie Spencer avait démentie avec son rejet brutal. J'en étais réduite à me demander ce que je deviendrais et si mon père réussirait à me convaincre d'épouser l'un de ses amis vieillissants des Scots Guards.

L'été de mes vingt-deux ans, en 1955, j'ai fait la connaissance de Colin Tennant lors d'une soirée au Ritz, organisée par Lord et Lady Northbourne pour leur fille débutante, Sarah. J'attendais au bar avec un ami qui semblait connaître Colin. Il était avec sa belle-mère, Elizabeth Glenconner, qu'il adorait : elle a toujours été formidable avec lui, et si gentille avec moi. Il s'est, de toute évidence, pris d'affection pour moi, parce qu'il m'a rapidement appelée pour me revoir. J'étais soulagée et enthousiaste. Non seulement un homme s'intéressait à moi, sérieusement, mais l'homme en question ne ressemblait à aucun autre de ma connaissance.

Il était grand et terriblement beau. Je le trouvais très séduisant. Fils du deuxième baron Glenconner, il avait grandi entre l'Écosse (son domaine ancestral, Glen, se trouvait dans les Borders, juste à côté de la frontière avec l'Angleterre) et Londres – petit, il vivait dans une maison de Hampstead, Admiral House. Il avait suivi sa scolarité à Eton, où il faisait de l'aviron, puis au New College à Oxford, où il s'était taillé une solide réputation grâce aux grandes fêtes qu'il organisait, à l'heure du petit déjeuner, dans sa chambre.

Après Oxford, il avait été engagé dans les Irish Guards, avant de rejoindre les Scots Guards puis d'intégrer la banque d'affaires familiale, la C. Tennant & Sons. Sa famille était très riche, Colin pouvait donc se permettre d'être généreux, et il sautait sur le moindre prétexte pour recevoir du monde. Il invitait souvent ses amis au Gargoyle, le club privé de son oncle David, sur Dean Street, dans Soho, juste à côté du Mandrake, un autre lieu de prédilection de l'aristocratie. Colin appartenait à ce que les médias appelaient « le cercle de la princesse Margaret », composé presque exclusivement d'hommes, qui passaient des heures et des heures dans des boîtes de nuit comme le 400.

Il avait un autre cercle d'amis artistes, parmi lesquels se trouvaient Lucian Freud et Ian Fleming. Quelques années avant que je ne fasse sa connaissance, Colin habitait chez Ian, à Londres. À l'issue d'un dîner, un soir, Colin et les autres convives ont lu quelques pages du premier jet de son livre et se sont copieusement moqués de son intrigue, ne soupçonnant pas que celui-ci connaîtrait un tel succès et qu'il deviendrait culte. Il s'agissait du premier roman de la série des James Bond, *Casino Royale*.

Si son parcours ressemblait à celui de bien d'autres, Colin affichait un mélange de charme irrésistible, d'esprit vif et d'intelligence qui le rendait unique. Il buvait peu et ne touchait pas aux drogues : son énergie était complètement naturelle, et il possédait un esprit créatif, joueur, que je n'avais croisé chez aucun autre homme.

Il attirait l'attention dès qu'il posait le pied dans une pièce, et la princesse Margaret ne faisait pas exception. Leur amitié était platonique, mais Colin avait eu plusieurs aventures avant de me rencontrer, notamment avec Ivy Nicholson, un mannequin qui avait fini par tomber amoureuse d'Andy Warhol, Pandora Clifford, la grand-mère de Samantha Cameron et la fille du duc d'Argyll, ou Jeanne Campbell, qui a eu de nombreux amants célèbres, parmi lesquels le président Kennedy et Fidel Castro.

Avec son charme, Colin ne rencontrait presque jamais d'échec, même si un soir, au 400, il s'est mis tout seul dans une situation délicate alors qu'il discutait avec la princesse Marina, la veuve du duc de Kent. Colin a affirmé que pour vérifier l'authenticité d'un saphir, il suffisait de le plonger dans l'eau afin de voir s'il gardait ou non sa couleur. Pour les besoins de sa démonstration, il a invité la princesse Marina à mettre son imposante bague en saphir dans un verre d'eau. Ce qu'elle a fait. Et à l'effroi de Colin, la pierre a perdu sa couleur. Il s'est empressé de dire qu'il avait dû comprendre la théorie de travers, ce qui n'a pas amusé la princesse pour autant.

Et moi, presque du jour au lendemain, je me suis retrouvée au bras de cet homme charismatique. Tout l'été il m'a emmenée dans sa Ford Thunderbird, si basse que c'était un calvaire d'y monter. Et d'y rester, tant Colin avait une conduite rapide et hasardeuse. Nous descendions à Bray, dans le Berkshire, pour de longs déjeuners et passions beaucoup de temps allongés dans les prés. À Londres, il m'invitait à des dîners, me présentait à ses amis, puis nous rentrions à son appartement, où nous échangions des caresses.

Ma conception de l'amour reposait entièrement sur les grands films hollywoodiens en noir et blanc, avec des acteurs tels que Grace Kelly ou Cary Grant, que j'avais vus au cinéma de Wells-next-the-Sea avec ma mère et Carey. La réalité venait contredire cette vision idyllique : Colin n'avait rien d'un romantique. En dépit de son charme incroyable, il ne se montrait pas très affectueux et ne ressemblait en rien à Heathcliff, le personnage des *Hauts de Hurlevent*, d'Emily Brontë, qui avait nourri toutes mes rêveries amoureuses.

Colin avait aussi, par malheur, très mauvais caractère, ce que j'ai pu constater à quelques occasions au début de notre relation. Dans ces moments-là, il me disait toujours : « Oh, Anne, quand nous serons mariés, je ne perdrai plus mon calme de la sorte. » Folle de joie à l'idée qu'il envisage de me demander ma main, et ne voulant surtout pas repousser ses avances à cause de ce qui me semblait un petit défaut, je me suis convaincue qu'il tiendrait promesse. Après tout, il avait tant de qualités brillantes par ailleurs – notamment celle de ne pas ressembler aux amis trop guindés de mon père.

En dépit de ses bonnes intentions, Colin a continué à faire des scènes. Le soir où nous sommes sortis dîner pour rencontrer son père, il a trouvé, pour je ne sais quelle raison, que celui-ci ne m'avait pas prêté suffisamment attention. Sur le chemin du retour, il a explosé de façon dramatique, vociférant que son père l'avait trahi en n'étant pas gentil avec moi. De mon point de vue, son père avait été tout à fait aimable, mais cela ne semblait rien changer à ses yeux.

Ma mère l'avait aussi vu sortir de ses gonds. Ils séjournaient aux Bahamas en même temps et elle avait été témoin d'un emportement mémorable alors qu'ils se trouvaient sur le même bateau. Elle avait également entendu parler de crises qu'il aurait piquées à Balmoral l'été précédent, et elle savait qu'il n'était pas apprécié à la cour, jugé ingérable. Elle m'a évidemment mise en garde contre son tempérament, pourtant Colin ne cessait de me réitérer la même promesse : une fois que nous serions mariés, tout irait bien.

À la fin de l'été, je l'ai emmené à Holkham pour le présenter à mon père, qui l'a accueilli avec froideur et l'a considéré avec suspicion. Peu après, pour le meilleur et pour le pire, nous nous sommes fiancés. Je suis rentrée l'annoncer à mon père, qui s'attendait à la nouvelle. Il l'a ignorée superbement, et moi avec. Nous étions à Holkham, et j'ai dû le poursuivre dans les innombrables pièces de la maison, tandis qu'il ne cessait de me répéter : « Non, non, pas maintenant, Anne, non. » J'ai fini par l'acculer et je lui ai asséné la nouvelle de mes fiançailles. Il n'a pas vraiment eu de réaction, ne m'a pas félicitée. Non seulement il gardait en tête l'idée de me marier à l'un de ses amis, mais il considérait de surcroît que les Tennant étaient considérablement inférieurs aux Coke. Si notre famille avait été fondée au XVe siècle, si elle avait bâti sa fortune dans les domaines du droit et de l'agriculture, celle des Tennant tirait sa richesse – certes immense – de l'invention de la poudre blanchissante durant la révolution industrielle. Du point de vue de mon père, ils étaient donc des commerçants et, pire, des *nouveaux riches**.

Ce n'était pas la première fois qu'un jeune Coke présentait son fiancé ou sa fiancée à Holkham dans la désapprobation générale. Lorsque mon grand-père, futur comte de Leicester, était tombé amoureux de Marion Trefusis, ma grand-mère – une beauté et une femme merveilleuse dont je garde un souvenir tendre –, il avait voulu qu'elle fasse la connaissance de son grand-père, le deuxième comte. Prétendant qu'il ne pouvait plus ni entendre ni parler, celui-ci avait pris l'habitude d'écrire des messages dans son lit à roulettes. Il s'était contenté de jeter un coup d'œil à Marion avant de griffonner furieusement une note et de la remettre à mon grand-père. « Emmène-la hors d'ici », avait-il écrit.

Le 16 décembre 1955, nos fiançailles ont été annoncées dans *The Times.* Mon père n'a pas perdu une minute pour écrire à Colin et lui dire, sans détour, qu'il devrait continuer à s'adresser à eux, ma mère et lui, en tant que Lady et Lord Leicester. Colin en a été anéanti. Et moi, déçue. Je savais que ma mère n'aurait vu aucun inconvénient à ce que Colin l'appelle par son prénom.

Des années plus tard, j'ai appris que, en amont de l'annonce officielle, la princesse Margaret avait écrit à ma mère au sujet de Colin : elle comprenait parfaitement ses inquiétudes à son sujet, le décrivant comme un « type plutôt immoral », avant de la rassurer en ajoutant qu'il « avait fait preuve de bon goût en s'éprenant

* Tous les mots en italique suivis d'un astérisque sont en français dans le texte.

d'Anne », ce qui devait signifier selon elle « qu'il était en voie d'amélioration ».

Personne n'a mentionné cette lettre devant moi, et je ne l'ai découverte qu'à la mort de ma mère. Il est très révélateur que la princesse Margaret ait employé le terme d'« immoral » au sujet de Colin, et je ne suis guère surprise que ma mère et elle aient préféré la résignation à une intervention. Je comprends pourquoi ma mère n'a pas voulu me montrer cette lettre à l'époque, et il est impossible de savoir aujourd'hui si celle-ci m'aurait fait réfléchir à deux fois à ce mariage.

Trois mois seulement séparaient mes fiançailles du mariage, en avril, et je me suis donc mise au travail. J'ai fait des listes pour tout prévoir, des fleurs à la musique, pendant que Carey se chargeait de dessiner les robes des demoiselles d'honneur. Pour la mienne, j'ai feuilleté les catalogues de Norman Hartnell et de Victor Stiebel, un autre créateur de mode très en vogue à l'époque – il s'occuperait de la tenue avec laquelle la princesse Margaret partirait en voyage de noces. Finalement, c'est une magnifique robe en soie brodée de Norman Hartnell qui a eu ma faveur.

Mon père s'est préparé pour ce mariage comme si j'étais un fils, veillant à ce que tous les ouvriers agricoles et métayers que j'avais appris à connaître lors de nos visites du domaine soient associés. Il avait fait installer trois tentes dans le parc, chacune contenant un gâteau de mariage. Quant à la réception elle-même, elle se déroulait dans les salons de réception du manoir.

Les jours précédents, les environs ont été pris d'assaut par les convives, y compris un autocar entier d'employés et ouvriers en provenance du domaine de Colin en Écosse. Beaucoup d'entre eux n'avaient jamais vu la mer auparavant. La longue galerie s'est remplie de cadeaux de mariage, dont un encrier en argent de la part de la reine et du duc d'Édimbourg ainsi qu'un miroir de poche en or de la reine mère. Tous les gens du coin sont passés les admirer.

Le 21 avril 1956, nous nous sommes mariés à l'église St Withburga sur le domaine de Holkham. Comme pour ma soirée d'entrée dans le monde, je me suis tenue sur les marches en marbre, mais cette fois je portais ma robe de mariage Norman Hartnell à la place de celle en toile de parachute, et le sublime collier en diamant de la famille Coke. Et j'ai pris le temps de profiter du spectacle. Je ne me suis pas précipitée dehors pour offrir du champagne aux employés parce que personne ne m'avait invitée à danser. Cette fois, j'accompagnais Colin Tennant, la coqueluche de notre génération, et je m'apprêtais à devenir une femme mariée, indépendante.

La Rolls-Royce de mon père avait été lustrée, et notre chauffeur, Smith, nous a conduits à l'église à travers le parc. Mon père était nerveux, il se tracassait tout bas pour des broutilles. Ma mère était déjà à l'église, qu'elle avait joliment arrangée en disposant des fleurs autour des suspensions.

Je garde un souvenir flou de la cérémonie, mais je me rappelle que nous avons été acclamés par une foule gigantesque à notre sortie. Nombre de gens du village et de la région étaient venus nous voir, surtout dans l'espoir d'apercevoir la princesse Margaret et la reine mère – qui agitait la main et souriait dans sa fourrure. La reine n'était pas présente, car elle fêtait son anniversaire – mon père n'avait pas pensé à ce détail en choisissant la date.

J'étais heureuse que la princesse Margaret soit là, même si nous ne nous étions vues qu'à de rares occasions depuis ma fête à Holkham. Elle passait la plupart de son temps à Londres et elle sortait dans les boîtes de nuit contrairement à moi qui restais à Holkham pour m'occuper de notre vaisselle.

Colin allait nous rapprocher, grâce à lui nous redécouvririons une amitié qui serait éternelle. Le jour de notre mariage, pourtant, elle semblait fâchée. On racontait qu'elle détestait voir ses amis se marier, sans doute parce que cela réduisait le nombre de ses fréquentations masculines, susceptibles de l'emmener profiter de la vie nocturne, mais aussi parce que cela devait lui rappeler qu'elle était encore célibataire. On aurait dit une infirmière un peu mal fagotée avec son manteau bleu marine, son chapeau et ses gants ; elle ignorait alors qu'elle épouserait notre photographe, Tony Armstrong-Jones, quatre ans plus tard.

Tony avait beau être un pur produit d'Eton et Cambridge, mon père assimilait son métier à de l'artisanat. Il l'a d'ailleurs surnommé de façon assez grossière « Tony l'instantané » et ne lui a même pas proposé de déjeuner avec nous. Pendant qu'il mangeait tout seul au rez-de-chaussée, sa future épouse était l'invitée d'honneur de la noce. Tony était très talentueux, et c'est pour cette raison que nous l'avions engagé – il a d'ailleurs contribué au succès de cette journée, les gens ne tarissaient pas d'éloges à son sujet, à raison. Il s'est, cependant, pris d'une inimitié immédiate pour Colin, qui est devenue de plus en plus évidente au fil des ans. Je signale au passage que Cecil Beaton avait approché mon père : il aurait voulu être le photographe officiel de notre mariage et, quand il a appris que mon père avait déjà engagé Tony, Cecil a été très déçu. Mon père a alors décidé de l'inviter au mariage en tant que simple convive. Cecil a pris de très belles photos, puis il a, après coup, envoyé sa facture à mon père, qui n'a pas beaucoup apprécié.

Avec Colin, nous sommes retournés à la maison en Rolls-Royce. Comme l'exigeait la tradition, nous avons fait tout le tour du parc, ce qui nous a amenés à traverser le village, afin d'être vus de tous. Smith s'est arrêté au sommet de la rue la plus haute. La foule s'est approchée pour regarder à l'intérieur de la voiture. J'ai eu l'impression d'être terriblement exposée, et j'ai senti la nervosité me gagner. « Smith, dépêchez-vous, s'il vous plaît. Pourriez-vous redémarrer ? C'est si gênant de rester là, sans rien faire. » Ma requête l'a perturbé, mais il a fini par relancer le moteur et nous sommes partis.

Les invités ont été accueillis, les gâteaux découpés, les discours prononcés dans les trois tentes, puis les salons de réception. Ensuite il y a eu la séance photo, avec pour toile de fond une belle journée ensoleillée. Je me suis beaucoup amusée, même si j'ai commencé, à mesure que la journée avançait, à devenir distraite. Je suppose que toutes les mariées sont soudain saisies d'un sentiment d'irréalité durant leur mariage. J'étais obnubilée par mes appréhensions concernant ma nuit de noces. Ce qui ne s'est guère arrangé lorsque l'heure est arrivée pour Colin et moi de quitter Holkham. À cette époque, la plupart des mariées de mon milieu étaient vierges. Et à l'exception d'un cœur brisé, grâce à l'aimable participation de Johnnie Althorp, je n'avais aucune expérience en matière d'amour.

Ma mère avait abordé le sujet de la sexualité avec moi. J'avais onze ans et je m'apprêtais à quitter la maison pour la pension. Je n'avais pas encore mes règles, si bien qu'elle en a aussi profité pour régler cette question. Elle a d'abord évoqué notre chienne Biscuit. « Tu as remarqué qu'on l'enferme dès qu'elle a du sang qui coule de son derrière ? Eh bien, il t'arrivera bientôt la même chose. » Puis elle a ajouté : « Plus tard, quand tu seras grande et que tu te marieras… Tu te souviens d'avoir vu le labrador de papa monter sur Biscuit ? C'est ce qui se passe quand on se marie et qu'on a des rapports sexuels, sauf que tu seras sans doute allongée dans un lit. » Personne ne m'a jamais rien dit d'autre.

Alors que l'après-midi cédait le pas à la soirée, je suis montée dans la chambre de ma mère pour retirer ma robe de mariée. J'ai mis un manteau en soie bleu, un chapeau et des gants. C'est à ce moment précis qu'une vague de terreur m'a submergée : j'ai compris que je m'apprêtais à quitter non seulement cette maison mais mon existence telle que je la connaissais. Ma mère n'a pas été surprise de me voir fondre en larmes. « Je m'y attendais. Une vie nouvelle débute pour toi. » Elle m'a dit qu'elle comprenait le poids qui m'accablait et qu'elle s'était retrouvée dans la même position, à seulement dix-neuf ans, soit quatre ans de moins que moi. Lorsque j'ai fini par sortir de la chambre, Colin a remarqué que j'avais les yeux rouges. Je crois que cela l'a un peu inquiété, parce que le trajet de Holkham au terrain d'aviation a été tendu.

Un petit avion privé nous a emmenés à Croydon, au sud de Londres, pour que nous puissions présenter nos passeports, puis nous sommes partis pour Paris, le premier arrêt d'un voyage de noces censé durer six mois. Quand nous sommes arrivés à l'hôtel Lotti, juste à côté de l'Arc de Triomphe, c'était le milieu de la nuit et j'étais épuisée, prête à me coucher immédiatement. Pas Colin. En découvrant les deux lits jumeaux de notre chambre, il est entré dans une colère noire.

Il a foncé à la réception, où le minuscule gardien de nuit a eu une sacrée frayeur en voyant cet Anglais imposant agiter les bras et hausser le ton sans se soucier de réveiller les autres clients. Le gardien n'a pas tardé à comprendre qu'il n'y avait qu'un seul moyen d'arranger la situation : descendre chercher, avec Colin, un matelas double au sous-sol et le remonter de quatre ou cinq étages. Colin a hurlé pendant toute l'opération, et des clients sont sortis dans le couloir, intrigués par tout ce raffut. Enfin, le matelas sale et déformé a trouvé place sur les lits jumeaux. Le Français, éreinté, est parti s'allonger quelque part.

Quant à moi, j'attendais en silence, agrippant à deux mains mon sac à main en soie et me demandant ce qui allait se passer ensuite. À ma grande surprise, Colin s'est mis au lit et, quelques minutes plus tard, il ronflait. J'en suis restée ébahie. Colin avait déjà trahi sa promesse – quelques heures à peine après notre sortie de l'église, il s'était abandonné à sa première colère de notre vie maritale.

Même si je n'ai pas eu à proprement parler de nuit de noces, j'ai été rattrapée par la réalité le lendemain matin. Notre première tentative n'a pas été aussi plaisante que je l'avais espéré. Des ébats maladroits, douloureux et qui ne ressemblaient en rien à la nuit passionnée dont j'avais rêvé. Colin était, de toute évidence, insatisfait, ce qui m'a terriblement gênée. Je savais qu'il avait une longue expérience dans le domaine – il s'était souvent rendu chez Mme Fetherstonhaugh, qui tenait l'une des « maisons closes les plus chics » de Londres. Les « dames » qu'on y croisait étaient souvent des femmes de pasteur, qui y travaillaient à temps partiel pour gagner de l'argent de poche avant de retrouver le cours de leur vie civilisée le soir.

Je suppose qu'il n'avait jamais eu de relations avec une vierge auparavant et, au lieu de m'instruire, il n'a su que me critiquer. Plutôt que de me guider étape par étape sur le versant physique du mariage, il a opté pour une tout autre stratégie. « On sort ce soir, j'ai une surprise pour toi », m'a-t-il dit après une journée un peu embarrassée au Louvre. J'imaginais qu'il allait m'emmener au Ritz, au Palace ou au Grand Véfour, j'ai mis ma plus belle robe. J'étais folle de joie. Pourtant, quand j'ai vu que nous traversions tout Paris, j'ai senti monter la nervosité.

La veille, j'étais en robe de mariée et j'échangeais des vœux devant la reine mère, la princesse Margaret et des centaines d'autres personnes, et à présent je traversais en taxi une banlieue délabrée de la capitale française, m'éloignant de plus en plus de mes espoirs et attentes. Le plus déconcertant, c'est que pendant toute la durée du trajet Colin a refusé de me dire quoi que ce soit. « Je tiens à ce que ce soit une surprise », se contentait-il de répondre.

Je ne vois pas d'autre terme pour qualifier notre destination qu'épouvantable : un hôtel sale et décrépit imprégné d'une drôle d'odeur. Après avoir monté un escalier, nous sommes entrés dans une chambre et nous nous sommes assis sur deux bergères à oreilles en velours rouge. J'ai alors découvert la « surprise » de Colin : deux inconnus, nus, qui faisaient l'amour devant nous.

J'avais reçu une éducation conventionnelle. Je portais une robe en soie très sage. C'était le premier jour de ma lune de miel et voilà quelle surprise il avait imaginée. Aujourd'hui encore, je suis incapable de dire pourquoi il a pensé que c'était une bonne idée et qu'elle me plairait. Nous étions assis l'un à côté de l'autre et, Dieu merci, les oreilles des fauteuils nous empêchaient de nous voir. J'ai plaqué mon dos et l'arrière de mon crâne contre le dossier, et j'ai fermé les yeux en grimaçant, je ne voulais surtout pas penser à ce que Colin pourrait être en train de faire à côté de moi.

Les corps entrelacés du couple de Français livides qui s'étreignaient bruyamment sur le lit constituaient le spectacle le plus déplaisant qu'on eût pu imaginer. Je l'ai trouvé absolument répugnant. Régulièrement, ils nous proposaient de nous joindre à eux. Je me suis ainsi retrouvée à répondre poliment : « C'est très gentil à vous, mais sans façon. » Ils ont continué, sans se soucier de nous. Une fois que ça a été terminé, ils se sont levés et ont quitté la chambre. Nous étions toujours assis dans nos fauteuils, Colin et moi. Nous n'avions pas échangé un seul mot. J'ai pensé : cette lune miel va encore durer six mois. Six mois ! Comment vais-je m'en sortir ?

De Paris, nous avons embarqué à bord du *Queen Mary* pour New York. La première nuit à bord, Colin a, de nouveau, perdu son calme, hurlant et vitupérant – je finirais par m'y habituer mais, à l'époque, le choc était encore terrible, à chaque fois. J'étais, en plus, la cause de sa colère. Mon père, obsédé par les vertus de l'aération, avait toujours insisté pour que je dorme fenêtre ouverte, si bien que dès notre arrivée dans la cabine j'avais ouvert le petit hublot. Plus tard dans la nuit, alors que nous étions en haute mer, une immense vague a frappé le navire et l'eau est entrée par le hublot, nous trempant entièrement et inondant la cabine. Colin était hors de lui, il m'accusait d'avoir agi à dessein. Il a attrapé un rhume et m'a reparlé de cette vague jusqu'à sa guérison. Comme il était cloué au lit, je passais mes journées loin de lui, ce qui était, à l'époque, un véritable soulagement, explorant les trésors que recelait le *Queen Mary* : cinéma, boutiques et restaurants. J'appréciais aussi de m'asseoir pour observer les autres passagers. Des dizaines de très vieilles dames couvertes de bijoux étaient séduites par des gigolos.

À notre arrivée à New York, Colin était remis sur pied. Nous sommes aussitôt partis pour Cuba, qui bruissait de troubles politiques. Si la popularité de Fidel Castro grandissait, le président Batista était encore au pouvoir. L'hôtel où nous logions n'était pas encore entièrement construit et l'île était infestée de moustiques, pourtant notre lune de miel connaissait une amélioration. Finies les surprises désagréables. Et nous nous entendions bien, tous les deux. Il semblait s'apaiser un peu… Malheureusement, tout s'est effondré lorsqu'il m'a emmenée voir un combat de coqs.

Ces spectacles sont apparemment, ou du moins étaient à l'époque, une composante importante de la vie sociale cubaine. Nous nous sommes assis au milieu de la foule agglutinée autour d'une arène circulaire, dans une pièce sombre, faiblement éclairée par des ampoules nues. Au centre se trouvaient deux coqs et quelques hommes. Je n'étais ni à l'aise ni impatiente : un combat de coqs ne correspondait pas tout à fait à l'idée que je me faisais d'un divertissement, et l'atmosphère avait quelque chose d'inquiétant. Ayant toujours à l'esprit mes mésaventures parisiennes, je me demandais, avec une crainte croissante, si cette expérience ne viendrait pas s'ajouter à la liste. J'ai regardé, avec un sentiment de malaise, les hommes se mettre à provoquer cruellement les bêtes – ils leur tiraient les plumes, leur criaient dessus, les poussaient à gonfler la poitrine pour se défendre. Une fois qu'ils les ont jugés prêts, ils leur ont laissé le champ libre, les poussant l'un vers l'autre afin que le combat débute.

C'est en tout cas ce qui se passe normalement. Ce jour-là, l'un des coqs, au lieu de s'en prendre à son adversaire, s'est aussitôt envolé pour fondre sur moi. J'étais la seule personne de la pièce avec des cheveux blonds, et j'imagine qu'il les a pris pour de la paille. Le temps que je comprenne ce qui se passait, j'avais un coq assis sur ma tête, ses ergots plantés dans mon crâne. Du sang coulait sur le côté de mon visage. Colin a évidemment réagi avec fureur, me hurlant que j'avais gâché le combat pour les parieurs. Rapidement, le public tout entier m'a invectivée, me laissant aussi pantoise que le coq, solidement rivé sur ma tête.

Je suis restée sous le choc, l'atmosphère demeurait tendue entre nous, les situations pénibles s'accumulaient. Lors de l'interminable trajet en train pour Yellowstone, dans le Wyoming, Colin s'est mis en colère à cause d'une partie de cartes. Ce n'était pas l'un de ces trains grandioses comme l'Orient Express, il n'y avait pas grand-chose à faire à bord. Nous passions l'essentiel de notre temps dans notre cabine, où nous étions à l'étroit, même lorsqu'il s'installait sur la chaise et que je restais sur la couchette – qui pouvait être rabattue contre le mur grâce à un levier. Nous aimions tous deux jouer aux cartes, mais il y avait un problème de taille : Colin ne supportait pas de perdre. Or ce jour-là, j'avais de bonnes cartes, meilleures que les siennes. Je priais pour en piocher de plus mauvaises, sans être exaucée. Je gagnais et je sentais bien que l'humeur de Colin était en train de s'assombrir. Tout à coup il a perdu son calme et s'est levé pour actionner délibérément le levier. La couchette s'est refermée sur moi comme un piège. J'étais écrasée, mes bras et mes jambes dans le vide, la tête plaquée contre la paroi. Heureusement – et devrais-je dire étonnamment après tout ce qu'il m'avait déjà fait subir –, il s'est rendu compte qu'il m'avait blessée. Il m'a présenté ses excuses et s'est montré relativement compatissant avant de filer chercher de l'aide.

Par chance, notre visite de Yellowstone a marqué la fin de notre lune de miel et de mon baptême du feu. Celle-ci a été abrégée à cause de mes nausées : j'étais enceinte. C'était un soulagement. De mon point de vue, ce voyage avait déjà bien assez duré, et j'étais ravie de rentrer au pays. Le jour où nous avons quitté Yellowstone, j'ai été saisie d'un terrible pressentiment : j'allais maintenant devoir affronter le reste de ma vie de femme mariée, laquelle serait sans doute ponctuée de moments pénibles.

Tout avait commencé à Paris, ville où je n'ai jamais pu me sentir tout à fait à l'aise depuis. Lorsque nous y sommes retournés, Colin et moi, il m'a emmenée voir un spectacle : un homme y faisait l'amour à un âne.

Chapitre 6

Fou de rage

Homme des extrêmes, Colin était difficile à cerner, et encore plus difficile à comprendre. Une chose est certaine, néanmoins : avec lui, on ne s'ennuyait jamais. Il avait toujours une foule d'anecdotes à raconter, il adorait recevoir et, en matière vestimentaire, il aimait assortir les couleurs vives. L'un de ses costumes préférés était composé de différents tissus écossais, qu'il surnommait « la fête des clans ». Il changeait souvent de tenue plusieurs fois dans la même soirée, sans se soucier d'en perturber le déroulement. Un jour, nous déjeunions avec notre ami Patrick Plunket et Colin portait du PVC de la tête aux pieds. J'ai remarqué qu'il avait de plus en plus chaud, mais il a refusé de retirer sa veste. Quelques minutes plus tard, il a perdu connaissance. Ce qui, de son point de vue, n'a fait qu'ajouter à la théâtralité de la chose. Il aimait attirer l'attention, il voulait choquer. En avion, il se déshabillait devant tout le monde, dans l'allée, sans se soucier de pouvoir heurter la sensibilité des passagers autour de lui. De même, il n'avait aucun scrupule à faire une scène en public. Ainsi que le veut le mariage, j'avais épousé toutes les facettes de mon époux. Colin pouvait être charmant, colérique, attachant, hilarant, manipulateur, vulnérable, intelligent, capricieux, sagace et amusant. J'ai appris à connaître ses bons et ses mauvais côtés.

Au début de notre mariage, lorsque nous sommes rentrés après trois mois de lune de miel, au lieu de six, nous n'avions pas de toit. Puisque j'attendais notre premier enfant, Colin a proposé que nous nous installions chez sa mère, Pamela. J'avais beau l'apprécier, j'appréhendais un peu de débuter ma vie de femme mariée aux côtés de ma nouvelle belle-mère, qui avait un sacré tempérament.

Elle adorait faire des effets de toilette, elle aussi, raconter des histoires drôles et attirer l'attention. Dans ces deux domaines, ainsi que dans celui de la conduite, elle était encore plus effrayante que Colin. Elle sortait de chez elle à toute allure, en marche arrière, sans jeter un seul coup d'œil dans ses rétroviseurs. Peu lui importait de passer à quelques millimètres d'un éventuel piéton – de toute façon la plupart du temps elle ne les remarquait même pas. Un jour où nous nous trouvions, Colin et moi, dans la rue près de chez elle, une voiture est passée en trombe devant nous, arrachant tous les rétroviseurs des voitures garées le long du trottoir. « Ça alors, ce conducteur est aussi mauvais que ma mère ! » s'est exclamé Colin avant de comprendre qu'il s'agissait d'elle.

Pamela était, pour son fils, un modèle d'indiscipline qui ne connaissait pas de limites. J'avais la sensation que les extravagances de cette femme ainsi que celles des autres membres de la famille avaient réussi à imprégner l'ADN de Colin, aussi sûrement que le sens affûté des affaires qui coulait dans les veines des Tennant depuis la révolution industrielle. L'arrière-grand-père de Colin, Charles Tennant, premier baron Glenconner, avait fait la fortune de sa famille grâce à sa découverte de la poudre blanchissante en 1798. Par je ne sais quel miracle, cet immense patrimoine n'avait pas été dilapidé en dépit des penchants fantasques des générations suivantes.

L'excentricité coulait dans les veines des Tennant : on raconte que des tranches de lard auraient un jour servi de marque-pages, que l'on escaladait les toits de Glen la nuit et que l'on faisait du cheval dans la maison. La grand-mère paternelle de Colin, Pamela Wyndham, est l'une des sœurs Wyndham immortalisées dans le tableau de John Singer Sargent *Les Trois Grâces*, que l'on peut voir aujourd'hui au Metropolitan Museum of Art de New York. Les deux Pamela, bien que n'ayant pas de lien de sang, offraient des similitudes frappantes et, comme toutes les relations de Colin, possédaient un charme évident dont elles usaient pour séduire, sans le moindre effort, toute une assemblée. À l'instar de Pamela Wyndham, ils se conduisaient tous en enfants gâtés. Un trait de caractère qui résistait au passage des ans. On disait que Pamela Wyndham pouvait soudain tourner le dos à la table et se murer dans le silence si elle avait l'impression qu'on ne lui accordait pas assez d'attention – Colin expliquait aux gens qu'elle avait pour habitude de s'allonger et de mordre le tapis quand elle se mettait en colère. Et elle avait habillé son fils, Stephen Tennant, l'oncle de Colin, avec des vêtements féminins pendant les premières années de son enfance, parce qu'elle rêvait d'avoir une fille.

Lorsque Colin m'a emmenée voir son oncle Stephen, juste après notre mariage, j'ai eu un énorme choc. À notre arrivée à Wilsford Manor, sa demeure dans le Wiltshire, nous avons été accueillis par les intendants, M. et Mme Scull, qui parlaient de Stephen comme s'il était un enfant, bien qu'il fût déjà dans la soixantaine. « Monsieur Stephen est à l'étage, et il est impatient de vous voir ! » nous ont-ils annoncé.

Nous avons gravi l'escalier de la vieille maison très poussiéreuse, envahie de filets de pêche, de coquillages, de collections de plumes et de fausses fleurs, éclairés par d'immenses lustres. Dès que nous avons approché de sa chambre, oncle Stephen s'est écrié : « Entrez ! Entrez, mes chéris ! Quelle joie de vous voir ! »

Il était allongé sur le lit. S'il avait été bel homme dans sa jeunesse, ce n'était plus le cas. Il était bouffi et lourdement maquillé, il avait créé une sorte d'installation autour de lui pour être entouré de coquillages et de fleurs. M. Scull est entré derrière nous. Il avait péniblement monté les marches, chargé d'un plateau avec une théière en argent massif, une bouilloire, des tasses et des soucoupes. Oncle Stephen a levé vers moi un regard triste et m'a dit : « Anne chérie, je n'ai plus aucune force. Pourriez-vous vous charger du service ? »

J'ai eu bien du mal à soulever la théière moi aussi, et tandis que je remplissais péniblement les tasses, il a reporté son attention sur Colin. « Tu es bien pâlot, mon chéri. As-tu oublié ce que je t'ai appris ? Tu devrais toujours mettre un peu de fard à paupières et une touche de rose sur tes lèvres. » Oncle Stephen a sorti son maquillage et a fait signe à Colin d'approcher. J'ai regardé la scène se dérouler avec horreur. « Viens là, mon chéri ! » a-t-il dit en appliquant un peu de carmin sur les lèvres de Colin.

J'avais supposé qu'oncle Stephen était en trop mauvaise santé pour quitter son lit, mais il se trouve qu'il était au contraire dans une forme resplendissante ; simplement, il ne se levait plus jamais, sauf en juin pour aller admirer ses roses. « Il n'y a pas grand-chose à voir, en réalité, toutefois je ne peux pas résister à leur appel. » Moi qui avais toujours pensé que mon époux était un homme qui sortait de l'ordinaire, j'ai révisé en quelques minutes mon jugement.

Au moment de notre départ, oncle Stephen m'a serré les deux mains et m'a dit : « Anne, vous êtes une adorable petite créature. Je ne garde contact qu'avec les gens que j'aime sincèrement, et je crois que vous recevrez une ou deux lettres de ma part. »

À mon grand effroi, il m'en a adressé pléthore ; il se dégageait de certaines une odeur épouvantable

– il s'était donné beaucoup de mal, bien sûr, glissant dans les enveloppes un mouchoir en soie imprégné de parfum. Je me demande ce qu'a bien pu penser le facteur. Il me joignait des tas de dessins obscènes de marins vêtus de pantalons affreusement moulants. Peut-être pensait-il que cela me ferait du bien de regarder des images de pénis gigantesques. Je les ai cachées, de peur que ma femme de chambre puisse penser que j'encourageais un parent âgé de Colin à poursuivre cette correspondance déplacée avec moi.

La mère d'oncle Stephen, Pamela, avait appartenu à un groupe d'aristocrates très soudés, *The Souls* – « Les Âmes » –, séducteurs et intelligents, qui s'étaient fait une place à l'écart de la société collet monté. Dans sa jeunesse, oncle Stephen avait la réputation d'être le plus *bright* – « brillant » – de la bande qui s'était rendue célèbre sous le sobriquet des *Bright Young Things*. Colin, quant à lui, avait été au cœur du cercle de la princesse Margaret avant de se ranger et de m'épouser. Le schéma se répétait. Pas étonnant que Colin soit aussi excentrique.

Sans grande surprise, vivre avec sa mère et lui pendant les trois premiers mois de notre installation à Londres a été presque aussi éprouvant que notre lune de miel. J'ai un jour pris conseil auprès de Pamela, pour savoir comment réagir lorsque Colin perdait son calme. Elle m'a répondu qu'il était très simple de l'apaiser : « Il suffit de lui servir un bon petit chocolat chaud à l'heure du coucher. » Je n'ai jamais compris si elle se voilait la face ou si Colin me réservait ses accès de colère. Quoi qu'il en fût, je savais bien qu'un chocolat chaud ne résoudrait rien.

Par chance, nous n'avons pas eu à attendre très longtemps avant que notre ami Patrick Plunket, auquel la reine était très attachée et qui était, alors, son écuyer, nous propose de nous installer chez son frère, parti en Afrique. Laissant Pamela et Londres, nous avons déménagé dans le Kent. Quelques mois plus tard, en février 1957, Charles, notre fils aîné, a vu le jour.

Nous étions, Colin et moi, fous de joie. Charlie suscitait énormément d'admiration et puis, bien sûr, on me félicitait d'avoir eu un fils et d'avoir donc réussi à donner du premier coup un héritier à Colin. Le soulagement de notre entourage était palpable.

Après sa naissance, la routine s'est installée. Tous les matins Colin se rendait à Londres, plus précisément à la banque d'investissement que possédait son père. Il portait un chapeau melon et un parapluie – l'uniforme du quartier de la City à l'époque. Je restais à la maison pour m'occuper de Charlie et organisais des collectes de fonds pour diverses associations caritatives dans lesquelles je m'étais impliquée. Notre vie était sur les rails que j'avais imaginés.

Pourtant, derrière cette façade conventionnelle, Colin restait un homme perturbé à bien des égards – ce que je n'ai jamais tout à fait su comprendre. Personne ne m'avait dit avant notre mariage qu'il avait fait deux dépressions nerveuses et qu'il avait été emmené par sa chère tante Clare, tout aussi fantasque que lui, dans une clinique en Suisse. Un jour il avait traversé Londres en pyjama, pieds nus, pour se rendre à l'hôpital, convaincu que son cœur s'était arrêté. Les médecins ont dû se retenir de lui demander comment il avait réussi à venir alors…

Colin possédait aussi d'énormes qualités : il m'a appris toutes sortes de choses dont je ne savais rien, et personne ne faisait la conversation comme lui, ses anecdotes étaient toujours vivantes et impressionnantes. Quand il était de bonne humeur, il était le plus plaisant des compagnons. Le seul ennui était que, lorsqu'il se montrait amusant et captivant, je me demandais toujours à quel moment surviendrait un changement d'humeur. Colin pouvait se métamorphoser en un instant, la rage se lisait sur ses traits, on aurait dit un loup-garou déchaîné. Tout dans son entourage était alors touché par ce cataclysme, sa rage arrosait sans discernement. Un jour, dans les bureaux de C. Tennant & Sons, il s'est sectionné une artère de la jambe en donnant un coup de pied dans une vitrine tant il était nerveux – il essayait d'arrêter de fumer.

C'était souvent un détail sans importance qui déclenchait sa colère. Une fois qu'il avait basculé, il insistait pour que je ne bouge pas d'un iota tant qu'il ne se serait pas calmé. Bouger revenait à le provoquer, et j'ai appris à rester aussi immobile qu'un lapin pris dans les phares d'une voiture, retenant mon souffle le temps que la crise passe. Il faisait alors comme si de rien n'était. Contre les bombes chimiques, les gens portaient des masques à gaz, contre la pluie, ils se munissaient de parapluies : autant de solutions, de protections, de défenses. Contre Colin, il n'y avait rien.

Peu de temps après le début de notre mariage, j'ai couru me réfugier chez ma mère après un coup d'éclat de Colin. J'étais convaincue d'avoir commis une grosse erreur en l'épousant. Je ne sais pas à quoi je m'attendais exactement, mais elle a tué dans l'œuf mon désir de séparation, elle m'a asséné sans détour : « Retourne tout de suite auprès de lui. C'est ton mari. »

Je crois qu'elle savait que si elle m'avait témoigné ne serait-ce qu'un soupçon de compassion, je m'y serais raccrochée. J'attendais déjà Charlie à l'époque, quitter Colin n'aurait pas été une bonne idée. C'était la façon dont ma mère avait l'habitude de régler les problèmes : elle poursuivait le cours de sa vie, quels que soient les obstacles que le destin plaçait en travers de sa route. Tout le monde faisait pareil. Ma mère montrait l'exemple, c'était une véritable source d'inspiration, elle privilégiait le pragmatisme aux sentiments, préférait le déni à la confrontation.

Mon sort était donc scellé. Je suis aussitôt rentrée auprès de Colin, acceptant mon destin. Il lui arrivait de m'empêcher de dormir des nuits entières, il parlait allongé par terre en position fœtale. Bien sûr, je ne savais pas comment réagir face à un adulte aux mœurs si étranges. Colin n'adoptait jamais une attitude normale, contestait des choses qui auraient paru parfaitement raisonnables à n'importe qui d'autre. Il détestait aller au théâtre parce qu'il ne supportait pas l'entracte et il partait donc toujours avant la deuxième partie du spectacle. Il utilisait rarement une assiette à table, préférant manger à même le papier d'emballage – à une époque, il avait une passion pour les œufs en gelée que j'avais bien du mal à supporter. Puis il y a eu la période des achats de maisons. J'ai dû apprendre à accepter cette lubie, comme j'avais appris à composer avec ses numéros théâtraux… Je n'avais pas le choix. Il m'annonçait soudain qu'il avait acheté une nouvelle demeure dans laquelle nous allions nous installer presque sur-le-champ, parfois juste après un emménagement. Il ne me demandait jamais mon avis, je devais faire avec. J'ai perdu le compte de toutes nos adresses londoniennes.

Ayant noté le manque de fiabilité de Colin, mon père m'a suggéré d'acheter l'une des fermes inexploitées sur le domaine de Holkham, afin de me garantir un point de chute stable. Il pensait que cela me simplifierait la vie. J'avais le choix entre deux maisons. L'une était au bord des marais et avait un toit en croupe avec pignon, mais je craignais que les hivers n'y soient rudes et je redoutais d'y recevoir la visite de Magwitch, le personnage des *Grandes Espérances*, de Dickens. J'ai donc préféré l'autre, plus retirée dans les terres, à quelques kilomètres de Holkham. Mon père a tenu à me la vendre, toutefois j'ai obtenu un bon prix. Colin, qui s'était occupé de nos résidences londoniennes, les sélectionnait et les décorait à sa guise, a montré des hésitations à venir séjourner chez moi, alors que j'étais impatiente de la lui montrer, une fois son aménagement terminé. J'avais pris grand soin de son intérieur.

Les salles de bains avaient été entièrement rénovées et elles avaient de la moquette. Pour le premier séjour de Colin, j'ai gardé la protection en plastique qui les recouvrait : lorsqu'il prenait un bain, la plupart de l'eau finissait sur le sol. Dès qu'il l'a découvert, il s'est mis dans une colère noire. « Tu oses mettre du plastique à cause du moi ? a-t-il fulminé. Pour protéger la moquette ? Ça te ressemble bien ! »

Sur ce, il s'est rhabillé et il est parti. J'ignorais où. Je le cherchais dans les environs quand j'ai entendu des gémissements en provenance d'un bâtiment de ferme délabré, de l'autre côté de la route. J'ai suivi le bruit et, à mon horreur, j'ai repéré Colin accroupi entre deux tracteurs rongés par la rouille, à l'arrière. Il a refusé de me suivre et j'ai commencé à paniquer : qu'arriverait-il si des villageois l'entendaient ?

J'ai appelé ma mère, qui est venue avec le médecin. Celui-ci a réussi à ramper sous les tracteurs pour faire une piqûre à Colin. Dès que le sédatif a agi, les gémissements ont cessé, mais le médecin, qui était dans un état de grande perplexité, a dû traîner Colin, devenu inerte. Nous l'avons aidé, ma mère et moi, à le transporter et à le coucher, puis nous l'avons remercié. Il est parti dès qu'il a pu. Le lendemain, Colin a fait comme si de rien n'était, et ma mère aussi.

Ils avaient beau être doués pour fermer les yeux, j'étais, moi, inquiète, et j'ai donc persuadé Colin de me laisser l'emmener consulter dans l'espoir d'obtenir un soutien. Les médecins se sont contentés d'une explication polie : Colin avait une épaisseur de peau en moins que le reste de l'humanité, ce qui le rendait hypersensible et très nerveux. Cette façon d'enrober la réalité ne nous aidait pas. Après m'avoir entendue lui suggérer pendant des mois de prendre rendez-vous avec un psychiatre, il a fini par céder. Il en a vu plusieurs d'affilée, n'y retournant jamais pour une seconde séance, avant de trouver un vieux médecin qui lui convenait. Quand je lui ai demandé comment se déroulaient leurs rendez-vous, il m'a répondu : « Je ne fais rien d'autre que m'allonger. Je suis très en colère. Très en colère et silencieux. »

Cela ne me semblait guère productif. L'idée était justement de parler, mais il insistait sur le fait que s'allonger et éprouver sa colère suffisait. Et cela a fonctionné pendant un temps, en quelque sorte. Jusqu'à ce que le vieux psychiatre meure et que je subisse à nouveau les coups de sang de Colin, aux quatre coins du globe, et ce jusqu'à la fin de sa vie.

Un jour, nous étions en Russie avec sa cousine, l'écrivaine Susanna Johnston, surnommée Zannah. Colin avait été convié à faire un discours, en direct à la télévision russe, à l'occasion de l'inauguration d'une plaque à la mémoire de sa grand-mère, Lady Muriel Paget, honorée pour ses actions durant la guerre et plus précisément pour son implantation de la Croix Rouge dans les Balkans. En chemin, Colin débordait d'enthousiasme, il nous racontait, à Zannah et à moi, que sa grand-mère avait caché Tomáš Masaryk, le premier président tchécoslovaque, sous sa jupe lors d'une traversée de la Russie. « Quand les gardes soviétiques sont montés inspecter les voitures du train, ordonnant à tout le monde de se lever, elle a refusé, nous a-t-il expliqué avec une admiration manifeste. Elle leur a répondu : "Comment osez-vous demander à Lady Paget de se lever devant vous ?" en agitant son parapluie. »

Colin est resté dans un état de grande excitation alors que nous nous rendions à la répétition. La plaque devait être inaugurée au palais Belosselski-Belozerski de Saint-Pétersbourg, que Lady Muriel avait transformé en hôpital militaire anglo-russe pendant la Première Guerre mondiale. Nous nous sommes perdus. Colin s'est empressé de m'accuser d'avoir pris la mauvaise direction, et il n'a pas tardé à crier. Un groupe de touristes japonais nous a dévisagés avec perplexité.

J'ai voulu traverser un pont pour demander notre chemin dans une boutique de souvenirs, mais j'ai soudain entendu un cri épouvantable dans mon dos. Je suis revenue sur mes pas en courant et j'ai découvert Zannah, penchée sur Colin, qui était allongé en position fœtale sur le trottoir. Le groupe de touristes japonais n'avait pas bougé et prenait des photos de mon mari, roulé en boule par terre, au milieu de Saint-Pétersbourg. Il s'est brusquement relevé et a détalé. Nous l'avons cherché, Zannah et moi, avant de constater que nous allions être en retard. Nous avons donc repris le chemin du palais. Quand les organisateurs de l'événement nous ont demandé où Colin était, j'ai répondu qu'il avait une « migraine » alors que Zannah disait au même moment qu'il souffrait de « maux de ventre ». Ils nous ont évidemment considérées avec suspicion. Ils ne connaissaient pas Colin.

Le lendemain, lors de l'inauguration elle-même, Colin s'en est pris à l'interprète lorsqu'il s'est rendu compte, à l'absence de réaction du public, que ses blagues n'étaient pas traduites. Alors que son discours était retransmis en direct, à la télévision, il s'est interrompu pour enguirlander l'interprète avant de se plaindre aux organisateurs d'avoir tout gâché. Je ne peux pas dire que j'étais surprise, bien sûr, mais cela ne m'a pas empêchée d'être mortifiée.

Des années plus tard, alors que nous étions en Inde avec nos plus jeunes enfants et Mitch Crites, un ami américain qui vivait là-bas, Colin est entré dans une rage spectaculaire. Nous avions pris des rickshaws pour aller dans le centre de Dehli et faire des emplettes. Colin et Mitch sont arrivés en premier. Le temps que je les rejoigne avec les enfants, j'ai entendu les cris de Colin en provenance de la boutique. Il en était venu aux mains avec le vendeur à la suite d'une dispute épique. En quelques minutes, la rue s'est remplie d'Indiens furibonds. Mitch m'a apostrophée dès qu'il m'a aperçue. « Emmène les enfants et rentrez à l'hôtel ! » Je n'ai pas hésité, nous sommes remontés dans le rickshaw qui a calé plusieurs fois avant de nous conduire à bon port. À ce stade, je me fichais que Colin se fasse démembrer. Une chance pour lui que Mitch, un homme calme mais imposant, et qui parlait couramment hindi, ait désamorcé la tension.

« Que s'est-il passé ? lui ai-je demandé plus tard dans l'après-midi.

— Colin a vraiment été méchant. Ça pourrait être dangereux, il doit apprendre à se contrôler », m'a-t-il répondu.

Il ne savait pas ce qui avait provoqué la colère de Colin. Je suis donc allée trouver mon mari en marchant sur des œufs, je ne savais pas dans quel état je le trouverais. « Tu aurais pu te faire lyncher. Tu ne peux pas te comporter ainsi. »

Ce n'était ni la première ni la dernière fois qu'il se retrouvait dans une situation critique. Je me suis toujours demandé si quelqu'un, un jour, finirait par riposter, mais Colin n'a jamais changé. Il demeurait généreux et quand il se montrait sous son meilleur jour il s'entendait avec des gens de tous les horizons. Il insistait pour organiser des fêtes, adorait faire les magasins – il accumulait tant d'objets… Il ne s'est jamais débarrassé de son mauvais caractère. J'ai voulu savoir un jour pourquoi il hurlait ainsi sur les autres. Il m'a dit : « J'aime les mettre mal à l'aise. Leur faire peur. »

J'étais choquée par sa réponse tant j'étais incapable de comprendre ce sentiment, mais je me suis focalisée sur ses bons côtés. Et c'est ce que Colin avait prévu. Je lui ai en effet un jour demandé pourquoi il m'avait choisie après avoir fréquenté toutes ces petites-amies si raffinées. Il aurait pu épouser n'importe laquelle d'entre elles. Pourquoi moi, alors ? « Eh bien, je savais que toi, tu tiendrais bon, que tu ne baisserais jamais les bras. »

Et il avait raison, car je suis restée son épouse pendant cinquante-quatre années sans baisser les bras – même si, à de nombreuses occasions, j'ai bien cru que je le ferais.

Chapitre 7

La fondation de Moustique

En 1958, Colin m'a emmenée sur l'île de Trinidad pour voir le terrain que sa famille y possédait. Nous avons confié Charlie à une nourrice le temps du voyage. J'étais très enthousiaste, je n'avais jamais mis les pieds dans un endroit aussi exotique – l'époque des « grands tours » était terminée, et ma famille n'avait de toute façon pas assez d'argent pour partir à l'étranger. Colin, lui, avait beaucoup arpenté le globe, et il était tombé amoureux des Caraïbes. Tous les Tennant ne partageaient pas son attachement à cette île : le père de Colin, Christopher, n'y avait été qu'une seule fois, à la vingtaine, mais il n'avait pas été séduit et n'y était jamais retourné. Il avait, néanmoins, expédié quelques caïmans pour son frère Stephen (le fameux oncle Stephen), qui les avait gardés un temps chez lui avant de les offrir, à contrecœur, à un zoo. Il avait beau les installer sur le réchaud de la salle à manger pour qu'ils aient chaud, ils s'échappaient constamment et la gouvernante passait son temps à courir dans la maison armée d'un balai pour les déloger derrière une porte ou un canapé.

J'ai été enchantée par l'air chaud, les eaux turquoise et les bancs de sable blanc. Nous logions chez John et Janet Lovell dans la vallée des chutes du Maracas, au milieu de la forêt tropicale, sur le domaine Ortinola, qui appartenait à C. Tennant & Sons. Colin adorait les Lovell, qui avaient grandement participé à développer son amour pour les Caraïbes, à l'époque où il vivait chez eux, à sa sortie d'Oxford.

Lors de notre séjour, Colin a entendu parler d'une île de l'archipel des Grenadines qui était en vente et s'appelait Moustique – un nom d'origine française. Elle avait appartenu pendant près d'un siècle à une famille créole, les Hazell, qui y avait installé une plantation de coton. Celle-ci, en perte de vitesse, était devenue un fardeau financier de plus en plus lourd. L'île était sur le marché depuis cinq ans lorsque Colin a eu vent de cette opportunité. Piqué par la curiosité, il a pris des dispositions pour aller la voir pendant que je rentrais retrouver Charlie en Angleterre. Après en avoir fait le tour en bateau, Colin l'a achetée pour 45 000 livres, sans avoir posé le pied dessus. C'était un placement risqué. L'île ne possédait ni l'eau courante ni l'électricité et la culture du coton n'occupait qu'une demi-douzaine d'hectares, alors que, sur les six cent cinquante hectares restants, la terre était si épuisée qu'elle était comme brûlée.

Tous les autres acheteurs potentiels avaient dû parvenir à la conclusion que cet investissement était voué à l'échec. Même sur l'île de Saint-Vincent, l'une des plus grandes de l'archipel, bien plus évoluée que Moustique, les moyens de communication restaient très mauvais : les lettres mettaient quinze jours à atteindre leur destination, quand elles l'atteignaient, et il n'y avait aucune ligne téléphonique. Si l'on avait besoin de se rendre quelque part, on empruntait un petit hydravion – qui décollait d'une piste mais se posait sur l'eau, au grand effroi des passagers n'ayant pas été prévenus. Ce qui était encore plus inquiétant, c'est que Colin ne connaissait rien au coton ou à l'agriculture, tropicale ou non.

Il avait pourtant l'impression qu'il était fait pour cette partie du monde, et Moustique lui offrait ainsi la possibilité d'une existence vibrante. Son tempérament le destinait bien plus à vivre sur une île des Caraïbes : il était plus un homme à panama qu'à chapeau melon. Il plongea dans un état de grande fébrilité dès l'instant où il acheta l'île, embrassant la vie sur Moustique sans restriction, comme si elle était taillée sur mesure pour lui. Il était impatient de me la faire découvrir.

De mon côté, j'étais curieuse. La première fois que je m'y suis rendue, j'ai eu un choc. Pour commencer, le voyage était un vrai casse-tête. Après un vol jusqu'à

La Barbade, puis un autre jusqu'à Saint-Vincent, j'ai embarqué à bord d'un bateau pour une traversée de deux heures très agitée. Le bateau a fini par me déposer sur une immense étendue de sable blanc bordée d'une jungle de mancenilliers. J'ai été soulagée de constater que Colin m'attendait sur la plage. Entre celle-ci et l'unique route, des vaches sauvages erraient librement. Nous avons dû, à deux reprises, grimper sur des mancenilliers, qui se trouvent être les arbres les plus vénéneux au monde. C'était néanmoins un risque préférable à celui d'être encorné par ce bétail féroce.

Lorsque nous avons enfin rejoint la route, nous sommes montés sur un tracteur avec une remorque équipée de chaises en plastique pour accueillir davantage de passagers. Ce véhicule ne ressemblait en rien à la Thunderbird de Colin, même s'il le conduisait avec un enthousiasme comparable à travers l'île, impatient de tout me montrer. La route nous a emmenés de Macaroni Beach à une bâtisse en pierre, la Cotton House, où le coton était conditionné : des femmes le cueillaient et l'apportaient à la maison dans leurs tabliers, puis elles le déposaient par terre pour l'égrener et en faire des ballots. Ceux-ci étaient ensuite expédiés à Saint-Vincent, pour être emballés puis envoyés en Angleterre, où le coton serait filé. Découvrir chacune des étapes m'a passionnée. J'ai repensé à notre vaisselle – tant de gens mettaient la main à la pâte pour fabriquer une jolie tasse ou assiette, auxquelles l'acheteur final ne pensait sans doute pas… Il ne m'était pas non plus venu à l'esprit de réfléchir à la provenance de mes vêtements ou draps en coton.

Le seul autre bâtiment important était la Great House, une maison avec une base en pierre surmontée d'une large véranda. À l'intérieur se trouvait une unique pièce, immense, avec une très longue table qui pouvait accueillir une trentaine de personnes. Intriguée, j'ai demandé à Colin : « Pourquoi y a-t-il une table aussi grande ici ? Tu comptes recevoir ? » Il m'a expliqué qu'elle servait aux acheteurs de coton, qui venaient sur l'île deux fois par an et s'asseyaient autour pour discuter des tarifs et inspecter des échantillons avant de conclure un marché.

À l'exception de ces constructions liées à l'exploitation du coton, on trouvait une minuscule communauté de pêcheurs, qui vivaient dans des cabanons métalliques. Et c'était tout. Il n'y avait presque rien de familier pour un voyageur venu d'Angleterre, et même si la visite de l'exploitation de coton m'a intéressée, je sentais croître ma perplexité, m'interrogeant sur ce qui avait pu séduire Colin à ce point.

Les paysages étaient époustouflants, tout droit sortis de cartes postales, mais la terre était aride et j'avais bien du mal à imaginer que je pourrais vouloir passer du temps ici. Pour ne rien arranger, l'île était infestée de moustiques – elle n'avait pas été baptisée ainsi pour rien. Si mon teint de porcelaine n'était pas fait pour le climat des Caraïbes, les moustiques semblaient convaincus que ma peau était faite pour eux, me piquant même à travers les trous du cannage des fauteuils, lorsque je m'y installais pour me reposer. Je suis devenue rouge, couverte de marbrures et de piqûres.

Quand Colin m'a demandé ce que j'en pensais, je n'ai pas pu me retenir. « C'est de la folie pure, enfin ! » Il m'a dévisagée. « Retiens bien ce que je vais te dire,

Anne, m'a-t-il asséné d'un ton de défi. Je ferai de Moustique un endroit célèbre. »

Son assurance était convaincante, pourtant je me suis interrogée : que nous réservait encore le destin ? Au départ, nous nous étions simplement rendus à Trinidad pour un bref séjour, et aujourd'hui je comprenais que notre existence conventionnelle allait changer du tout au tout.

Nous avons quitté le Kent pour nous établir à Londres, à partir d'où nous faisions, Colin et moi, des allers-retours entre Moustique et l'Angleterre, passant plusieurs semaines d'affilée sur l'île, loin de Charlie. Nous avions tous deux été élevés par des nurses et des gouvernantes et, à l'époque, aucune mère de ma connaissance ne cuisinait pour ses enfants ni ne mangeait avec eux. Dans mon enfance, les mères étaient placées sur un piédestal, elles étaient synonymes de cadeaux et de grandes occasions, tandis que la monotonie du quotidien et de la discipline était confiée à d'autres. Les enfants avaient leur routine, les adultes la leur. Le rôle d'épouse passait avant celui de mère. Colin a sollicité mon soutien pendant toute la durée de notre mariage : il semblait incapable de se débrouiller seul, il avait toujours besoin de ma présence, au cas où. Je n'ai jamais envisagé de refuser de me rendre à Moustique. Dans tous les autres couples de ma connaissance, les femmes suivaient leurs maris.

Colin restait toujours plus longtemps que moi, à mon grand soulagement : posséder une île déserte n'est pas le rêve que l'on imagine. J'avais grandi dans une région d'Angleterre aux températures rigoureuses, dans une maison pleine de domestiques, et je n'étais pas préparée à me nourrir des semaines durant de haricots en boîte et à passer mes nuits à transpirer sans pouvoir dormir. Si je n'avais pas hérité du tempérament pragmatique de ma mère, si je n'avais pas cultivé ma force intérieure grâce à la guerre et à mon expérience de représentante de commerce, seule femme dans cette profession masculine, je doute que j'aurais été capable de faire face. Colin avait une « vision », mais moi j'en étais réduite à me demander si je m'adapterais un jour à cette nouvelle vie de Robinson Crusoé et, ainsi, j'éprouvais un infini soulagement à chaque retour en Angleterre.

Petit à petit, je me suis habituée à la vie sur l'île, il me fallait accepter la situation avec le sourire, sans me plaindre. Nous mangions du poisson à presque tous les repas si bien qu'un jour, nous avons décidé, pour changer, de pêcher des homards. Nous sommes descendus à la plage, à travers les fourrés, en évitant les vaches, pour nous rendre au lagon. Dans les eaux peu profondes, nous avons trouvé des homards qui se cachaient dans leurs trous. Protégeant nos mains avec des serviettes, nous les avons attrapés. Ils ne valaient pas tout le mal que nous nous donnions à les débusquer : la température élevée de la mer les rendait caoutchouteux. En absence d'eau courante, nous récoltions de l'eau de pluie sur le toit, et nous nous douchions au moyen d'un seau percé, accroché à un arbre derrière la maison. C'était rudimentaire, mais nous nous débrouillions. Pour tout dire, Colin ne semblait pas y voir le moindre inconvénient, alors que, moi, j'aurais tant aimé pouvoir prendre un bain…

En plus de vouloir faire de Moustique un endroit célèbre, Colin voulait y créer de meilleures conditions de vie, ainsi que des infrastructures garantissant à l'île la possibilité de prospérer. S'inspirant des Lovell, qui avaient œuvré dur pour faire du domaine Ortinola un environnement équitable et stable, Colin a travaillé sans relâche, cherchant à identifier tous les points d'amélioration possible sur l'île, à aider la communauté locale.

La culture du coton était une activité moribonde, qui n'offrait aucune perspective aux insulaires, mais si Colin ne connaissait rien à cette industrie, il avait la bosse des affaires. Il a entrepris de se présenter à tous les habitants de Moustique, engageant le dialogue avec chacun pour construire des relations personnalisées, et je l'ai imité. Dépourvue pour ma part d'objectif officiel, je me suis intéressée à leur mode de vie : je suis descendue voir les bateaux accoster, j'ai observé les pêcheurs à l'œuvre et, même si la plupart d'entre eux ne parlaient que le patois et un anglais des plus rudimentaires, ils sont devenus plus chaleureux avec le temps, surtout si je leur achetais du poisson. Je me suis rendue à la petite école pour lier connaissance avec l'institutrice. J'avais remarqué qu'ils manquaient cruellement de livres, alors j'en ai fait venir, et elle en a été enchantée.

Certains se sentaient plus à l'aise avec moi qu'avec Colin, et j'ai reçu la visite régulière d'insulaires qui m'abordaient ainsi : « Nous ne voudrions pas déranger M. Tennant, mais… » Je les écoutais toujours avec attention, puis je réfléchissais au moyen de les aider à résoudre leurs problèmes.

Lorsqu'un jeune homme du nom de John Kiddle s'est présenté pour réclamer du travail, sans autre préambule, en expliquant qu'il avait de l'expérience dans l'agriculture tropicale, Colin l'a embauché sur-le-champ.

Il n'avait, pour seules références, que l'histoire navrante de son associé parti avec tout l'argent et la recommandation de son pasteur, toutefois Colin a été ravi d'avoir quelqu'un pour le seconder. Pendant qu'ils travaillaient, je passais beaucoup de temps seule, et il m'arrivait de consacrer des journées entières à la lecture, n'ayant rien d'autre à faire. J'ai lu Jane Austen, Marcel Proust, et je me suis replongée dans l'un de mes romans préférés, *Les Hauts de Hurlevent*, d'Emily Brontë.

Apprendre à m'adapter à ce rythme de vie nettement plus indolent représentait un grand défi. J'avais du mal à accepter qu'il n'y ait jamais aucune urgence, que, dans cette partie du globe, le temps ne semble être qu'un vague concept. Il n'y avait pas que l'apathie généralisée qui me posait problème, mais aussi le changement complet de culture, et je me surprenais souvent à me demander ce que je faisais là, à tenter de trouver une place dans un endroit si opposé à mon pays natal. Si j'avais épousé l'ami de mon père, Lord Stair, j'aurais dirigé son domaine en Écosse ; si j'avais épousé Johnnie, mon existence aurait été fermement ancrée en Angleterre. Au lieu de cela, je cherchais à me façonner une identité tout à fait nouvelle sur une île désertique et délabrée.

En 1959, ayant découvert que j'attendais notre second fils, Henry, je suis rentrée au pays de bon cœur. Retrouver la haute société britannique, les maisons aux façades en stuc et les dîners habillés londoniens revenait à être catapultée dans un autre univers : la capitale anglaise était le théâtre de nouvelles modes – cocktails de crevettes, canard *à l'orange** et crêpes Suzette –, sans oublier la grande révolution vestimentaire, les filles se pavanant désormais en mini-jupe et choucroute. Le passage d'un monde à l'autre était difficile, et j'avais du mal à accepter l'idée que Moustique puisse exister dans le même espace-temps que l'Angleterre, avec tout ce que cela impliquait.

J'ai continué à partager mon existence entre mon pays natal et l'île des Caraïbes, entre Colin et nos deux jeunes enfants. Mon mari était dans son élément, il demeurait passionnément attaché à l'île. La vision qu'il avait pour elle prenait lentement forme. Je crois qu'il s'y sentait libre d'être lui-même, qu'il n'a jamais été affecté par l'inconfort d'une douche extérieure ou par l'absence d'électricité.

Seuls nos amis les plus courageux nous rendaient visite au début. En 1960, deux ans après que Colin eut acheté Moustique sur un coup de tête, la princesse Margaret épousa Tony Armstrong-Jones, engagé pour immortaliser notre mariage. La reine lui avait offert le titre de comte de Snowdon, et il connaissait un succès grandissant – il est aujourd'hui considéré comme l'un des photographes les plus emblématiques de l'époque.

Nous étions fous de joie pour la princesse Margaret à l'annonce de leurs fiançailles. La nation dans sa totalité encourageait cette union, car tout le monde avait eu bien de la peine pour elle – elle n'avait pas pu épouser le colonel d'aviation Peter Townsend, parce qu'il était divorcé. Pour leur lune de miel, ils ont entrepris un voyage de six mois dans les Caraïbes. Ils ont salué une foule enthousiaste lors de leur départ de Londres sur le *Britannia*, le yacht de la famille royale, longeant les docks et la « petite pièce blanche », le célèbre studio de Tony, au 59 Rotherhithe Street, où la princesse Margaret avait passé bien des heures en secret.

À leur arrivée aux Caraïbes, ils se sont rendus à Moustique. Colin ne parvenait pas à contenir sa joie, tandis que moi je redoutais un désastre. La dernière fois que nous les avions reçus à Londres, dans notre maison de Rutland Gate Mews, où nous venions d'emménager, Colin avait décidé que la princesse Margaret n'aimait rien tant que la langue de bœuf et s'était précipité chez Harrods pour en acheter. Il était rentré avec une boîte en carton remplie de langues grises recourbées, tout sauf appétissantes. Elles étaient même franchement répugnantes. Quand nous nous étions installés autour de la table du dîner, la princesse Margaret avait blêmi en découvrant les langues grisâtres. Tony également. Les langues avaient produit un bruit sourd en atterrissant dans nos assiettes. Nous les avions poliment dissimulées sous des légumes, et personne n'avait rien dit. Inutile de préciser qu'ils ne sont jamais revenus dîner chez nous.

Ainsi, alors que nous scrutions l'horizon avec nos jumelles, à l'affût du *Britannia*, j'avais des sentiments mêlés. Le yacht a jeté l'ancre dans Walkers Bay, qui a été aussitôt rebaptisé « Britannia Bay ». Un ravissant petit bateau est venu accoster, et un homme en uniforme blanc de la marine nous a remis une invitation à dîner avec les jeunes mariés à bord du yacht. J'ai immédiatement écrit une réponse : « Majesté, c'est fort gentil de votre part. Nous aimerions venir, cependant nous n'avons pas pris de bain depuis deux mois et nous empestons terriblement, je ne crois pas que nous serions des convives très agréables. »

La princesse m'a fait savoir qu'ils comprenaient parfaitement mais souhaitaient malgré tout profiter de notre compagnie et mettaient donc une cabine à notre disposition. J'ai saisi avec joie cette opportunité, et j'ai pris le temps de me prélasser dans mon bain. Le bonheur était complet. N'importe quelle baignoire aurait fait l'affaire, néanmoins je dois dire qu'il y avait un plaisir supplémentaire à se baigner sur le yacht de la famille royale.

Le lendemain, la princesse Margaret et Tony sont descendus à terre, et nous leur avons fait faire un tour de l'île. Je m'attendais à moitié à ce qu'ils refusent poliment la visite, pourtant ils sont tous deux montés sur la remorque, et j'ai remarqué que la princesse Margaret avait un immense sourire. L'atmosphère détendue lui plaisait. Nous les avons invités à se baigner sur toutes les plages qui leur plairaient pour le reste de leur séjour, en leur assurant qu'ils seraient tranquilles, que personne ne viendrait les déranger. Ainsi, leur équipage venait quotidiennement monter une tente pour eux. Le dernier jour, ils ont pris un verre avec nous. Nous n'avions pas grand-chose d'autre à leur offrir que du rhum et une boisson locale infecte, le *sorrel*, rose vif et acide – il s'agissait de fleurs d'hibiscus que les locaux faisaient infuser. J'ai remarqué que la princesse Margaret grimaçait en y trempant ses lèvres. Je la comprenais…

Colin a choisi ce moment pour lui dire : « Majesté, nous ne vous avons pas encore fait de cadeau de mariage. Préférez-vous un petit quelque chose dans une boîte ou un morceau de cette île ? »

La princesse Margaret s'est tournée vers Tony, mais elle a pris sa décision sans attendre sa réaction. « Oh, je crois qu'un morceau de cette île serait un cadeau merveilleux. »

Ce fut la première et la dernière visite de Tony. Il n'est jamais revenu, en grande partie à cause de son antipathie pour Colin, qui n'était pas récente. À leur rencontre dans les années 1950, à l'occasion d'un cocktail organisé par Elizabeth Lambart, l'une des demoiselles d'honneur de la reine Elizabeth pour son mariage, Colin et la princesse Margaret s'étaient immédiatement très bien entendus. L'été 1954, Colin avait été le seul invité de la princesse à Balmoral, et la presse en avait conclu qu'il lui avait demandé sa main ou s'apprêtait à le faire. Cette rumeur était sans fondement, pourtant, lorsque Tony est entré en scène, il n'avait évidemment pas une grande tendresse pour Colin. Je crois qu'il nous en voulait aussi toujours un peu à cause de notre mariage – il avait entendu mon père l'appeler « Tony l'instantané ». Des années plus tard, quelqu'un l'a contacté pour lui demander son avis sur Colin, et il a répondu tout à trac qu'il l'avait toujours détesté, avant de raccrocher. Apparemment, il appelait Moustique « *Mustake* »[1]. Il ignorait alors que Moustique jouerait un tout autre rôle dans l'existence de la princesse Margaret, puisque cette île finirait par être synonyme, pour elle, de nouveau départ.

Après le succès de cette visite – du moins du point de vue de la princesse –, Colin était encore plus enthousiaste. Avec l'aide de John Kiddle, l'exploitation de coton semblait enfin avoir un avenir. La main-d'œuvre

1. Jeu de mots sur le nom anglais de Moustique, *Mustique*, et sur le mot *mistake*, qui signifie « erreur » en anglais.

était motivée par le système de bonus mis en place par Colin, et la productivité avait atteint un rythme stable. Fier de ses accomplissements, Colin était enflammé à son retour en Angleterre.

Cette année 1960, après Noël, j'ai compris pourquoi Colin préférait la liberté et la douceur de la vie à Moustique. Nous avons passé les fêtes à Holkham, où l'atmosphère n'était jamais très détendue tant mon père avait des règles strictes en matière de chasse. Une vieille tradition voulait que les tireurs soient positionnés en fonction de leur rang. Les membres de la famille royale se plaçaient au milieu de l'allée, et ce 24 décembre le duc d'Édimbourg était présent. Ses écuyers prenaient position à côté de lui. Puis venaient les ducs, et ensuite les éventuels marquis, comtes et vicomtes. Colin, qui n'avait aucun titre, se retrouvait tout derrière. Au début de chaque battue, mon père lui disait : « Vous allez partir avec les rabatteurs. » Colin, qui rêvait de rester avec les tireurs pour tenter sa chance, était furieux, même s'il a, par miracle, réussi à contenir sa colère.

Lors d'une partie de chasse, il a néanmoins commis l'irréparable en disant à mon père, lors du déjeuner, au milieu du parcours très strict prévu pour la journée, qu'il avait « un peu froid » et qu'il « rentrait ». Mon père a failli s'évanouir face à une telle impudence. Une invitation à chasser à Holkham était considérée comme un immense honneur, et beaucoup rêvaient d'en recevoir une, si bien que l'attitude de Colin a été très mal vue. Heureusement ma mère, en dépit de ses réserves sur son futur gendre avant notre mariage, avait une grande tendresse pour lui – et c'était réciproque.

Ce 24 décembre, j'étais dans le fumoir et j'écoutais mon mari parler de Moustique, encourageant Carey et Sarah à nous rendre visite, lorsqu'il a reçu un télégramme qui disait : « GREAT HOUSE RÉDUITE EN CENDRES. » Le choc a été terrible, surtout quand nous avons compris qu'il s'agissait d'un incendie criminel, même si John Kiddle avait tenté de le maquiller en accident. Nous avons, par la suite, appris qu'il avait volé tout l'argent qu'il avait pu trouver – les salaires des employés –, puis qu'il avait caché la valise le contenant dans un fossé, avant de mettre le feu à la maison et enfin de fuir l'île. Par chance, personne n'a été blessé, mais le pasteur qui l'avait « recommandé » a aussitôt été discrédité.

Suite à cet événement, Colin a perdu foi dans son projet et a tenté de vendre Moustique. Ne trouvant aucun acquéreur, il a fait construire une maison en préfabriqué pour remplacer la Great House. Quand il l'a découverte, à son retour sur l'île, il a retrouvé son enthousiasme.

Quelques années plus tard, en 1963, il a été contraint d'octroyer une partie de son énergie à l'Écosse et au domaine dont son père lui avait remis les clés ; celui-ci avait décidé de s'établir à Corfu, afin de s'adonner à sa passion pour la peinture. Glen était un chef-d'œuvre de pierre grise qui se dressait au détour d'une longue allée tel un château de conte de fées, au creux de la belle vallée du loch Eddy, entouré de bruyère. La perspective de vivre dans cette belle région m'enthousiasmait. Depuis mon séjour chez ma grand-tante Bridget, mon oncle Joe et mes cousins Ogilvy, que j'avais adoré, je rêvais de l'Écosse. Glen m'exaltait autant que Moustique avait exalté Colin.

En tant que nouveau gardien du domaine, Colin faisait des allers-retours entre Moustique et l'Écosse, modernisant l'une et restaurant l'autre. Glen avait été mis à la mode « géorgienne » par la belle-mère de Colin : prenant conseil auprès d'une décoratrice d'intérieur en vogue, Syrie Maugham, elle avait retiré les cheminées d'origine, modifié la forme des pièces pour les rendre plus géométriques, masqué les tours. Nous avons entrepris d'annuler tous ces changements, de reposer du papier peint William Morris, de retirer les faux plafonds pour dévoiler les moulures d'origine et les magnifiques corniches, de reposer la moquette à carreaux des Tennant dans le salon.

Il y avait un grand nombre de pièces – vingt-six chambres et seize salles de bains –, et pourtant, malgré la taille imposante de la demeure, on s'y sentait à l'aise, dans une atmosphère de détente. Colin avait gardé le personnel, notamment Mme Walker, la meilleure cuisinière à des kilomètres à la ronde. À la fin de chaque semaine, elle venait me trouver où que je sois dans la maison, pour me remettre ses propositions de menus pour la semaine suivante. Il me suffisait de parcourir la liste et de faire mon choix. L'époque était ainsi. Je regrette de ne pas avoir passé plus de temps dans la cuisine, parce qu'aujourd'hui je m'occupe seule de mes repas et que j'aurais, j'en suis certaine, appris bien des choses utiles à son contact.

Nous nous sommes beaucoup amusés, Colin et moi, à transformer Glen ensemble, et il était heureux que j'épouse si facilement la vie en Écosse. Il admirait aussi ma ténacité sur Moustique. Début 1964, la vie avait trouvé un rythme routinier : après Noël, nous partions à Moustique, puis nous passions nos étés à Glen. Le reste de l'année, Colin se partageait entre les deux endroits, et moi, je restais à Londres. Charlie et Henry, qui avaient alors quatre et six ans, montaient à Glen avec leur nurse, et Colin les emmenait pêcher dans les *wee burns* – de petits cours d'eau en provenance du loch Eddy.

Le mois d'août était toujours très animé : nous recevions des amis et de la famille en route pour les Highlands. Nous avions tant de visiteurs que j'avais l'impression de tenir un hôtel. « Je crois qu'ils m'embaucheraient au Ritz, à Londres, si je postulais, ai-je dit à Colin un été. Je m'en sortirais comme une chef. » Je repensais à ma grand-tante Bridget, qui régnait avec aisance sur Cortachy Castle et Downie Park. Elle portait toujours un kilt impeccable et un twin-set en cachemire. Et elle arpentait la maison d'un pas vif en distribuant ses instructions.

L'une des visites que j'attendais avec le plus d'impatience était celle de mon amie d'école Sarah Henderson, accompagnée de son fils Shamus, mon filleul ; elle l'emmenait dans la vallée, avec mes garçons, pour tirer sur des lapins – ce qu'ils adoraient tous. Elle m'a aidée à fleurir les pièces, ce qui nous a pris deux jours. La moindre chambre, mais aussi la moindre salle de bains, le moindre dressing, comportaient un vase de la poterie écossaise de Wemyss, que Colin collectionnait, et il fallait les remplir de fleurs. Les jardiniers se chargeaient de les cueillir pour nous. Ils avaient un faible pour les glaïeuls, qu'ils appelaient les « glas ». Je gardais les vert clair et rose pâle, je leur rendais ceux aux couleurs plus vives, qu'ils chérissaient. L'entrée et le salon étaient si vastes – ils me rappelaient ceux de Holkham – qu'une petite composition aurait semblé perdue dans tout cet espace. Nous remplissions donc, Sarah et moi, d'immenses vases, et la maison embaumait merveilleusement.

Toute la nourriture provenait du domaine – grouses, faisans et chevreuils, ainsi qu'une variété de légumes du potager et des immenses serres, dans lesquelles nous faisions pousser des pêches et des nectarines. Je n'allais jamais au marché ni dans les magasins, car Mme Walker se chargeait de commander ce que le domaine ne pouvait pas lui fournir. Elle était livrée par le boucher, le boulanger et peut-être, pour la rime, le cordonnier. Ils se présentaient tous directement à la porte de la cuisine et offraient toujours un petit quelque chose à Mme Walker pour l'encourager à continuer à passer commande chez eux.

Glen était superbe à toutes les saisons. En août, la bruyère repeignait les flancs des coteaux en violet. Et pourtant, lorsque l'oncle Stephen a quitté son lit, un été, pour venir nous rendre visite, il n'a pas paru apprécier ce spectacle. « Oh, mon chéri, a-t-il dit à Colin, quel dommage que la vallée soit d'un violet aussi vulgaire. » Ne supportant pas que son oncle soit déçu, Colin s'est aussitôt mis en quête d'une solution et a réussi, je ne sais comment, à acheter des centaines de fleurs en papier bleu, qu'il a semées au milieu de la bruyère, si bien que, depuis la maison, le paysage avait changé de couleur. « Oh, mon chéri ! C'est bien mieux, n'est-ce pas ? » a observé oncle Stephen avant de reporter son attention sur autre chose.

En automne, la lumière prenait une teinte jaunâtre, qui éclairait la maison à merveille. Noël était toujours spectaculaire : dehors, le paysage était recouvert d'une épaisse couche de neige scintillante, tandis qu'à l'intérieur un énorme arbre du domaine se dressait, majestueux, dans l'entrée, ployant sous les magnifiques décorations du début du siècle que j'avais déterrées et éclairé par de vraies bougies.

Même dans un lieu aussi retiré, Colin avait réussi à se faire des amis et à rencontrer de nouvelles personnes, qu'il invitait souvent à passer, pour jeter un œil au domaine, ou y séjourner. Je n'ai donc pas été surprise quand il m'a présenté des locataires inattendus. Un après-midi qu'il s'apprêtait à rejoindre à pied la ville la plus proche par la route, il a croisé un groupe de jeunes en tenues hippies qui remontaient l'allée du domaine. Intrigué, il les a salués et leur a demandé ce qu'ils faisaient ici. « Eh bien, lui a répondu une des filles qui portait de la bruyère dans les cheveux, nous cherchons un endroit où vivre, et nous avons pensé que vous pourriez avoir quelque chose pour nous. »

Colin leur a proposé de s'installer dans les petites maisons mitoyennes du domaine que nous appelions *The Row* – « la rangée » –, et qui étaient dans un état de délabrement avancé. Ils ont accepté. Il se trouve qu'ils étaient musiciens, et nous nous sommes donc retrouvés avec notre propre orchestre à domicile, qui portait le nom de The Incredible String Band. En échange de leur logement, dès que nous avions des invités, ils jouaient, pour un dîner ou un pique-nique dans les jardins.

Un jour, Colin, qui rentrait à Glen après un séjour à New York, m'a appelée. « J'ai rencontré une actrice,

Brooke Shields, et elle est en route pour Glen, elle passera un peu de temps chez nous. » Je n'avais jamais entendu parler d'elle, mais elle a été charmante et elle est restée plusieurs jours. Elle était très, très jolie, malgré ses sourcils incroyablement broussailleux – ce qui n'était pas à la mode à l'époque. Elle participait à toutes nos activités – pique-niques, promenades en barque sur le lac, jeux avec les enfants.

D'autres invités nous posaient bien plus de problèmes. Colin n'était en aucun cas la seule personne difficile de ma connaissance. Il lançait des invitations et après avoir réglé certains détails, il me laissait ensuite le soin de tout organiser, se plaignant souvent de mon manque d'enthousiasme. Lorsqu'il m'a annoncé qu'il avait invité simultanément Raine Dartmouth, qui deviendrait plus tard la comtesse Spencer et belle-mère de la princesse Diana, Clarissa Avon et Bianca Jagger, je lui ai rétorqué : « Il s'agit de trois des femmes les plus exigeantes que je connaisse. Elles sont adorables prises séparément, mais toutes ensemble ? Ça va être un cauchemar ! »

Le soir de leur arrivée, j'étais dans le couloir quand j'ai été surprise par un énorme bruit en provenance de la chambre de Raine Dartmouth. J'ai fait appeler la gouvernante, Mme Sanderson, qui m'a expliqué ce qui se passait : « Lady Dartmouth ne vous a pas prévenue ? L'armoire ne convient pas pour ses robes du soir, la tringle n'est pas assez haute. Elle a demandé une intervention du menuisier. »

Sur ces entrefaites, Clarisson Avon, l'ancienne épouse du Premier ministre Anthony Eden, a fait son entrée. C'était une grande amie de Colin, et je la soupçonnais d'avoir eu une brève liaison avec lui, ce qui semblait lui procurer une certaine assurance lorsqu'elle logeait chez nous. Je profitais de deux minutes de répit dans mon bain quand j'ai entendu qu'on cognait à la porte de ma chambre, *boum boum boum*. « Qui est-ce ? ai-je demandé. Cela peut-il attendre ?

— C'est Clarissa. Vous aviez promis de me prêter une partie de vos diamants.

— J'en ai toujours l'intention, mais je suis dans mon bain pour le moment.

— Eh bien, sortez-en », m'a-t-elle ordonné.

Elle ne me laissait guère le choix, je suis donc allée lui remettre les bijoux, enveloppée d'une simple serviette de bain.

Pendant ce temps-là, Bianca Jagger, dont la chambre était, comme toutes les autres, équipée d'une cloche permettant à nos invités de réclamer ce qui pouvait leur manquer, semblait passer l'essentiel de son temps à l'actionner pour obtenir du café chaud. Mme Sanderson ne cessait donc de monter et descendre les escaliers pour que celle-ci soit constamment pourvue. *Dring dring ding*, faisait Bianca, et le café montait puis descendait.

Les journées étaient intenses. Je devais prévoir les couverts pour le déjeuner et le dîner, ce qui requérait souvent une grande minutie. Et puis, alors que nos trois invitées étaient encore là, la princesse Margaret s'est annoncée. Une chance qu'elle fût, et de loin, la plus facile de toutes : elle était venue avec sa propre femme de chambre et s'est montrée, à son habitude, d'une grande politesse.

Il y avait tant d'allées et venues que je passais une grande partie de mon temps à aider Mme Sanderson, pour changer les draps et remettre la maison en ordre avant la prochaine fournée d'amis ou de parents. Quand les gens étaient là, je veillais toujours à ce qu'ils ne manquent de rien, je voulais que leur séjour soit une réussite. Parfois, je me sentais un peu débordée. Si j'avais le sentiment de ne plus en pouvoir, je sortais marcher, pour le simple plaisir de m'isoler. Dans les bois, il m'arrivait de croiser un des musiciens hippies, qui achetait puis revendait des roulottes. Un jour que je me promenais, je suis passée devant sa dernière acquisition et, sur un coup de tête, je lui ai demandé : « Accepteriez-vous, par hasard, de me vendre cette caravane ? J'ai besoin d'un refuge ! »

Ma requête a provoqué sa perplexité, mais il a accepté avant d'avoir la gentillesse de déplacer la roulotte pour qu'elle soit à une distance suffisante de la maison : j'avais ainsi la garantie que personne ne viendrait troubler ma tranquillité. Je l'adorais. C'est devenu mon espace privé. Je l'ai aménagée, décorée avec des coussins en tricot rouges et blancs et des rideaux assortis. Avant d'avoir cette cachette, j'étais pourchassée dans les couloirs par les invités comme par la gouvernante. Tout le monde avait toujours des questions à me poser. La petite roulotte me simplifiait considérablement la vie. J'y venais pour lire, avec la certitude que personne ne pourrait me déranger puisque personne ne savait où je me trouvais.

Colin, lui, ne voulait pas quitter la maison, il était au paradis quand il y avait du monde, se transformant en Monsieur Loyal. Il avait construit une estrade dans le salon, où tous les convives se produisaient, y compris la princesse Margaret, qui adorait cette approche du divertissement. Le public était composé de villageois, à qui Colin ne laissait pas vraiment le choix. Je n'ai aucune idée de ce qu'ils pensaient de tout cela. Cela me faisait repenser aux saynètes que je jouais pour les soldats polonais, à Cortachy. À Glen, nous nous changions dans la bibliothèque pour faire une entrée remarquée dans le salon, par les portes-fenêtres.

Un été, nous avons monté *Le Lac des cygnes*. Colin avait acheté les costumes en Amérique, à l'occasion de vacances en famille un peu plus tôt dans la saison. Il avait loué un affreux camping-car, et nous avions fait le tour des États-Unis dans cette horreur. Dès que Colin apercevait une boutique dans laquelle il voulait entrer, il se garait, n'importe où. Un jour qu'il faisait ses achats, deux policiers bedonnants ont arrêté leurs motos et en sont descendus pour venir me dire : « Madame, vous ne pouvez pas stationner ici, vous êtes en infraction. Vous devez déplacer le véhicule.

— Je ne sais pas le conduire, monsieur l'agent, ai-je répondu. Mon mari est dans ce magasin, il n'en a pas pour longtemps. »

Et Colin n'a pas tardé, en effet, à réapparaître, vêtu d'un tutu rose et pourvu de seins en plastique, un diadème sur la tête et une baguette à la main.

« Toutes mes excuses, messieurs les agents ! s'est-il exclamé. Nous partons immédiatement. » Les policiers en sont restés bouche bée. Sans un seul mot, ils sont remontés sur leurs motos et se sont éloignés.

Un été, la princesse Margaret s'est déguisée en Mae West pour interpréter « Come Up And See

Me Sometime », avec The Incredible String Band, qui jouait toujours jusqu'à une heure tardive. Du moment que je pouvais m'échapper si j'avais besoin de calme et de paix, j'adorais ma vie à Glen. C'était une constante dans mon existence, un lieu sur lequel je pouvais compter, tandis que notre adresse londonienne changeait constamment.

Enfin notre mariage avait trouvé son rythme, et je pouvais me consacrer plus pleinement à m'adapter à la répartition de mon temps entre la gestion de Glen, avec son personnel et sa cinquantaine de pièces, notre élégante demeure londonienne et l'existence désolée sur Moustique, où je me douchais avec un seau et attrapais des homards à mains nues.

Chapitre 8

Une princesse en pyjama

Si la plupart de nos amis étaient casaniers et veillaient sur le domaine qui leur avait été confié, Colin était constamment en quête de nouveauté et n'aimait rien tant qu'essayer différents quartiers de Londres, nous faisant toujours déménager d'une maison à une autre. Après avoir vécu chez sa mère puis chez le frère de Patrick Plunket dans le Kent, nous nous étions installés dans

celle de Rutland Gate Mews, que je détestais à cause de ses sols en lino.

En 1963, Colin m'a annoncé qu'il avait fait une autre acquisition. Cette fois, c'était l'ancien domicile du célèbre peintre américain du XIXe siècle, James Whistler, qui se trouvait à Chelsea, dans Tite Street. Cette rue avait, par le passé, été très prisée par les artistes et pouvait se targuer d'une liste impressionnante d'habitants célèbres, avec des auteurs tels que Oscar Wilde, des peintres comme John Singer Sargent, ainsi que des compositeurs, des critiques de films et des romanciers.

Les quartiers artistiques de Londres séduisaient Colin, et la maison était extraordinaire. Le petit hic, c'est qu'avec le temps elle s'était terriblement affaissée et qu'il a fallu la démolir pour la rebâtir. Colin a naturellement organisé une fête de destruction, demandant aux convives de venir munis de marteaux et coiffés de casques de chantier. En échange d'une donation à l'une des associations caritatives que nous soutenions, les invités pouvaient abattre les murs. La mère de Colin a été l'une des dernières à partir.

Après sa démolition, la maison a été reconstruite et décorée. Les travaux ont duré à peu près deux ans et, en attendant, nous avons continué à changer de toit régulièrement. Lorsque nous avons enfin pu emménager, nous y sommes restés plusieurs années.

Pendant les années 1960, quand nous étions en Angleterre, nous sortions, Colin et moi, presque tous les soirs, et nous passions les week-ends chez des amis un peu partout dans le pays. Il y avait souvent une grande fête dansante avec trente ou quarante personnes, et pour permettre à tout le monde d'être hébergé, nous

logions parfois chez les voisins, ce qui nous amenait ainsi à connaître d'autres gens. Nous avons été reçus dans les plus belles demeures du pays, à Boughton, Hatfield, et nous avons même été chasser à Wentworth Woodhouse, qui se trouve être la plus grande demeure de Grande-Bretagne. Bâtie sur une mine de charbon, il y régnait une terrible odeur de coke, et la bruyère était noire. Nous sommes aussi allés chez Jane, la duchesse de Buccleuch, au château de Drumlanrig, avec la princesse Margaret. Lorsque Jane avait décidé que l'heure du coucher était arrivée, elle annonçait : « J'éteins toutes les lumières… voici une torche. » Nous nous retrouvions à tâtonner dans les couloirs pour rejoindre nos chambres avec une minuscule lampe, secoués d'un fou rire.

Nous avons aussi été invités à plusieurs reprises au palais de Blenheim. La première fois, j'avais très peur du duc de Marlborough, Bert, qui avait la réputation d'être effrayant. Il avait, disait-on, une intelligence vive et des humeurs qui l'étaient encore plus. Je me suis retirée dans ma chambre dès notre arrivée pour ajuster ma perruque – à l'époque toutes les dames de la société en portaient. Je regrette d'ailleurs cette époque, parce que je n'avais jamais besoin d'aller chez le coiffeur. J'en avais une frisée, qui me faisait un peu ressembler à Harpo Marx, car oui, il avait, ce qui est assez inhabituel pour un homme, une permanente blonde peroxydée.

De retour avec ma perruque bien en place, j'ai prié pour que Bert ne me choisisse pas comme partenaire au bridge – il pouvait, disait-on, être très désobligeant si on n'était pas à la hauteur de ses exigences. Mais bien sûr, il a lancé : « Je jouerai avec Anne.

— Je suis terrifiée à cette idée, ai-je répondu, avec un certain courage selon moi, parce que vous êtes très, très doué et que vous ne supportez pas les erreurs. »

Dieu merci, nous avons eu de très bonnes mains, et je me suis débrouillée pour qu'il remporte les plis. Il a été charmant – bien plus que Colin ne l'aurait été à sa place.

Comme tous les parents de ma connaissance, nous laissions nos enfants aux bons soins de la gouvernante lorsque nous nous absentions pour le week-end. Notre personnel se composait d'une bonne dédiée au service des enfants, en plus de la gouvernante, ainsi que d'un majordome et de deux femmes de ménage. En somme, la maison continuait à tourner toute seule que nous soyons ou non présents. La première nurse de Charlie, Nanny White, l'adorait. Chaque fois qu'elle sortait le promener en landau, s'il tendait le doigt vers un pâtissier, elle entrait dans la boutique lui acheter une énorme brioche recouverte de glaçage. Pas étonnant qu'il ait eu autant d'affection pour elle. À la naissance de Henry, je suis parti à Holkham avec une nourrice pour me seconder. Colin m'a appris, dès mon retour à Londres, qu'il avait renvoyé Nanny White pour une toute petite broutille. Il est vrai qu'elle n'avait pas un caractère facile. Il avait dû suffire d'une remarque ou d'un froncement de sourcils de sa part pour pousser Colin à bout. Je ne m'étais jamais séparée d'elle à cause de la tendresse que Charlie lui portait.

Il en a été dévasté, et son dépit s'est retourné contre Henry : du haut de ses trois ans, Charlie considérait qu'en débarquant, ce petit frère l'avait privé de sa mère puis, par un enchaînement mystérieux d'événements, de sa nourrice chérie. Le pauvre Charlie a fait une petite dépression nerveuse et s'est enfui dans un champ de maïs. Il avait les cheveux aussi blonds que les épis, le champ était immense et lui si petit qu'il nous a fallu longtemps pour le retrouver. Nous avons arpenté les rangées de maïs en l'appelant. J'ai fini par le découvrir, tapi comme un lapin. Cela m'a brisé le cœur.

Nous avons engagé une nouvelle nourrice, qui ne s'est pas révélée très gentille. J'ai tardé à le comprendre, ce qui m'a laissé un regret amer. Une autre nurse lui a succédé, puis quelques adorables jeunes filles au pair, notamment une formidable Suisse, Helen, qui est restée chez nous jusqu'à l'entrée des garçons en pension.

Le soir, j'avais souvent un rendez-vous à l'extérieur, je passais dire au revoir aux garçons, qui jouaient avant que la nurse ne se charge de les coucher. J'étais très prise par les galas des associations caritatives. Le plus mémorable a eu lieu au Claridge. J'avais organisé un concours de coiffes et chapeaux. J'aimais l'esprit de compétition et je ne voulais surtout pas qu'on puisse m'accuser de ne pas m'être pliée au jeu. Je suis donc allée chez le coiffeur John Olofson qui avait créé pour moi une coiffe impressionnante de quatre-vingts centimètres, composée de feuilles de vignes et de grappes de raisin dorées. Elle était si imposante que j'ai dû m'asseoir par terre dans le taxi.

Ces soirées se terminaient souvent à l'aube, et nous avions nos habitudes avec les garçons. Déjà lavés et habillés, ils grimpaient sur mon lit pendant que je prenais mon petit déjeuner. Nous en profitions pour discuter. Si j'étais à la maison pendant la journée, je les emmenais jouer dehors et, le soir, je leur lisais des histoires. *Max et les Maximonstres* était leur livre préféré.

Tandis que la vie de nos fils était à Londres, Colin, lui, passait l'essentiel de son temps à Moustique, qui n'a pas été, pendant de nombreuses années, un lieu adapté aux enfants. Nous avons dû les laisser souvent jusqu'à ce qu'ils soient plus grands. Cela me fendait le cœur de les abandonner, mais il se passait tant de choses sur l'île, et Colin avait un terrible besoin de soutien.

Peu à peu, Moustique est devenue plus agréable. En 1965, Hugo Money-Coutts, avec lequel Colin s'était lié à Eton, est arrivé sur un petit yacht avec sa seconde épouse, Jinty. Ils faisaient un tour du monde, et dès que Jinty a posé le pied à terre, elle a annoncé à Colin qu'elle en avait assez d'être coincée sur un bateau. Il leur a donc proposé de rester, et Hugo en a profité pour apporter son aide à Colin.

Jinty voulait aussi laisser son empreinte sur l'île, elle y a donc fait venir une cargaison de chevaux. Hugo était intrépide. Il avait appris tout seul à piloter un avion en décollant d'une minuscule piste gazonnée pour atterrir ensuite sur le terrain de cricket près de chez lui. Il nous emmenait nous approvisionner à Saint-Vincent, et j'étais la seule passagère à ne pas m'inquiéter d'un éventuel accident. Jinty, qui ne voyageait jamais sans une bouteille de gin, s'asseyait à côté d'un hublot, prête à sauter dans l'eau. Quant à Colin, redoutant le même destin, il montait toujours à bord muni d'un tuba et d'un masque. Moi, j'étais contente que nous puissions nous déplacer. Ne serait-ce que parce que c'était la garantie de ne pas rester échoués sur l'île en cas d'urgence – ce qui m'inquiétait bien plus que Colin.

La présence d'amis sur l'île me facilitait grandement la vie : Jinty comprenait mes agacements, et si je n'avais pas l'énergie nécessaire pour seconder Colin dans l'un de ses projets, il demandait à Hugo de l'accompagner.

Colin a décidé d'utiliser le coton produit sur l'île pour fabriquer des vêtements et du linge de maison. Celui-ci était d'une qualité supérieure, aussi doux que de la soie. Colin était particulièrement impatient de présenter sa collection, qui comportait notamment un costume dont la coupe était inspirée d'un pyjama, proposé dans toute une gamme de couleurs. Quand les gens admiraient un de ses vêtements, il disait en souriant : « C'est moi qui cultive le coton. »

Vêtu d'un de ses pyjamas, il a entrepris de moderniser l'île, s'adjoignant les services d'un plombier de Saint-Vincent surnommé « Pipeline », afin d'installer l'eau courante. Malheureusement, Pipeline a commis la terrible erreur d'installer le filtre du collecteur d'eau douce à l'envers, si bien qu'au début nous n'avions que de la vase.

Un jour que Colin et Hugo étaient à Saint-Vincent, ils sont tombés sur un jeune homme, Basil, étendu dans un fossé suite à une chute de moto. Ils l'ont emmené à l'hôpital et, quelques jours plus tard, lorsque Colin est passé prendre de ses nouvelles, ils ont lié connaissance. Apprenant qu'il n'avait pas de travail, il lui a proposé un poste de barman dans le bar qu'il ouvrirait bientôt sur l'île. Basil a accepté et, contrairement au recrutement de John Kiddle, celui-ci s'est révélé un coup de génie. Le bar a été baptisé « Basil's Bar » et il existe encore à ce jour.

Basil savait s'y prendre avec les gens, surtout les femmes. Une fois que Moustique a été plus fréquentable, Colin a commencé à inviter des veuves ou des divorcées, les attirant avec des promesses de « bonheur au soleil ». Bien sûr, Basil les a toutes charmées, et il a fini par s'installer avec l'une d'elles, une sublime blonde, la vicomtesse Virginia Royston. Au milieu des années 1960, il n'y avait pas encore beaucoup de monde à séduire, et nous étions, Colin, Jinty, Hugo et moi, les seuls piliers de bar.

En plus de cet établissement, une nouvelle école a été construite. Quant au village de pêcheurs, il a été déplacé, et les cabanons en tôle remplacés par des logements en dur. Colin a versé une pension aux plus âgés et proposé du travail aux autres. Tous ceux que j'avais appris à connaître me disaient, chaque fois qu'ils me voyaient, combien ils se félicitaient de « la venue de M. Tennant ».

Juste avant que Charlie n'entre à l'école, je l'ai emmené, avec Henry, à Moustique. La maîtresse de l'école de l'île l'a aidé à apprendre à lire, même s'il avait nettement plus envie d'explorer l'île. Les deux garçons ont adoré cette vie au bord de la mer, ils jouaient sur la plage pendant des heures, comme moi petite à Holkham.

Ma mère et mes sœurs nous ont aussi rendu visite dès le début et ont continué par la suite. Ma mère surtout appréciait le style de vie de l'île, elle aimait porter de vieux pantalons en coton et mener une existence bien plus détendue que celle, très protocolaire, à laquelle elle était habituée en Angleterre. Mon père, en revanche, n'a jamais mis les pieds à Moustique. « Partir à l'étranger ?

disait-il. Pour quoi faire ? » Holkham contenait tout ce dont il avait besoin, et il n'avait aucune raison de le quitter.

Un jour du début 1968, sans crier gare, la princesse Margaret a appelé Colin pour lui demander : « C'était vrai ? Vous étiez sérieux pour la parcelle de terrain ?

— Oui », lui a-t-il répondu, fou de joie de l'intérêt qu'elle portait à l'île.

Nous pensions que la princesse Margaret et Tony avaient oublié notre cadeau de mariage. Durant les premières années de leur union, la princesse s'était retrouvée au cœur d'un nouveau cercle d'amis bohèmes. À présent qu'elle avait deux enfants – David, né en 1961, et Sarah, en 1964 –, sa vie était centrée autour de sa famille. De notre côté, nous étions accaparés par Moustique, et nous n'avions donc pas été souvent en contact.

« Et y a-t-il une maison sur cette parcelle ? » a-t-elle ensuite ajouté. Ne voulant pas la décevoir, Colin lui a rétorqué qu'il lui en ferait construire une. Elle était enchantée et a conclu l'appel en disant qu'elle planifierait une visite à Moustique pour voir le terrain.

Je me suis rapprochée d'elle pour la prévenir que l'île était loin d'être habitable, encore. Depuis sa première visite, en 1960, Moustique avait considérablement changé, mais n'était pour autant pas à la mesure d'une princesse. Je lui ai expliqué que nous nous éclairions exclusivement avec des lampes portatives, des lampes Tilley, parce que nous n'avions pas l'électricité, que l'eau était couleur de mandarine à cause des tuiles sur le toit et que nous n'avions évidemment pas de chauffe-eau. Elle ne s'est pas laissé décourager et s'est dite impatiente de venir.

Quelques mois plus tard, à son arrivée, elle a accepté d'emblée les conditions de vie, s'adaptant sans faire d'histoires. Quand elle voulait prendre une douche, elle utilisait un seau attaché à un arbre, comme nous. La nourriture était, elle aussi, des plus sommaires. En dehors du poisson frais, nous ne mangions que des conserves, cependant elle ne semblait pas en prendre ombrage.

N'ayant pas de meubles dignes de ce nom, nous nous asseyions sur des chaises en plastique ou en osier, et nous jouions aux cartes s'il n'y avait pas assez de lumière pour lire. Colin n'a jamais perdu son calme avec la princesse, même lorsqu'elle gagnait.

Nous dormions sous des moustiquaires et, la nuit, nous étions envahis de souris incroyables. La princesse Margaret les appelait des « souris volantes », car elles grimpaient à toute allure sur une moustiquaire avant de sauter sur une autre, dans un bond qui semblait défier les lois de la gravité. Peut-être que la vie l'avait rendue incroyablement flexible. Il faut dire qu'elle avait vécu une existence contrastée : rouler la nuit dans les rues de Londres derrière Tony, sur sa moto, n'avait pas grand-chose à voir avec le fait de saluer la foule depuis une voiture à chevaux ; le studio de Tony dans le quartier des Docklands ne ressemblait en rien à la vie au palais royal ; quant à ses amis bohèmes, ils évoluaient dans un cercle très différent du reste de la famille royale.

Elle était enthousiaste quand nous l'avons emmenée à Gellizeau Point, où sa villa serait construite. C'était une presqu'île à l'extrémité nord de l'île. Colin avait suggéré cet emplacement, car il était difficile d'accès, et donc plus sûr. Nous avons évidemment eu du mal à nous y rendre et nous y sommes arrivés couverts de végétation. Je lui avais offert un pantalon de pyjama en coton qu'elle portait. Pour gravir la côte, elle avait attaché des ficelles autour de ses chevilles et poignets pour éviter les égratignures des ronces et les piqûres des moustiques. Elle arborait d'immenses lunettes de soleil, un chapeau de paille et un large sourire. Cela ne la dérangeait pas. Elle n'était pas vaniteuse.

Arrivés à destination, nous avons fait le tour de sa villa imaginaire, dont Colin avait délimité le contour avec des piquets. Quand il a tourné le dos, elle a arraché les piquets pour les replanter plus loin, dans le sous-bois.

« Que faites-vous, Majesté ? lui a demandé Colin.

— Je crois qu'il me faut un terrain un peu plus grand.

— Pour quoi faire ?

— Construire des guérites pour mes gardes du corps. »

Elle a obtenu gain de cause, bien sûr.

Si le confort de Moustique ne pouvait pas rivaliser avec celui d'un palais royal, l'île permettait à la princesse Margaret de prendre ses distances avec son mari. À l'instar de Colin, Tony était imprévisible. Ils partageaient d'ailleurs plusieurs traits de caractère : Tony était excentrique et difficile, prenait souvent les gens à rebrousse-poil. Mais, comme Colin aussi, il pouvait se montrer incroyablement charmant. S'ils avaient été follement amoureux, la princesse Margaret et lui, leur relation s'était tendue et la presse traquait le scandale dans chaque regard, chaque sortie, chaque geste de la princesse. La presse n'avait pas accès à Moustique, et Tony ne risquait pas de la suivre ici – il avait décrété qu'il détestait cet endroit – même s'il prenait un malin plaisir à lui répéter qu'il en avait le pouvoir, comme pour l'empêcher de se détendre entièrement.

La princesse Margaret ressemblait à ma mère de ce point de vue, elle ne s'appesantissait pas sur les choses. Pas plus qu'elle ne passait des heures à se plaindre de Tony. Elle m'en a suffisamment parlé pour que je puisse comprendre la situation – par exemple le fait qu'elle n'ouvrait plus ses tiroirs mais demandait à sa femme de chambre de s'en charger parce que Tony avait pris l'habitude de lui laisser des petits mots aussi doux que : « Tu ressembles à une manucure juive et je te hais. »

Elle était habituée à être traitée avec le plus grand des respects, tout le monde s'inclinait devant elle ou faisait la révérence, tout le monde l'appelait « Majesté », même si elle signait ses lettres amicales d'un « Margaret ». Cela ne m'a jamais dérangée : son père avait été roi-empereur, et elle était membre de la famille royale. Il n'y avait rien de surprenant à ce qu'elle ait ses « moments de royauté ». Le protocole n'interférait pas avec notre amitié, mais je soupçonne Tony d'en avoir pris ombrage. La princesse avait toujours été traitée avec égards et soudain il arrivait, déployant des trésors d'inventivité pour exprimer sa rancune, se creusant la tête pour composer des vilains petits mots qu'il cachait au milieu des gants ou des mouchoirs de son épouse, qu'il glissait entre les pages d'un livre.

Je me réjouissais que Moustique puisse être un sanctuaire pour la princesse Margaret, et je veillais à ce qu'elle ne manque de rien – elle n'était pas habituée à faire les choses elle-même et ses rares demandes étaient souvent plus simples à satisfaire qu'à ignorer. La journée, nous nagions ensemble. En fin d'après-midi, nous allions souvent au bar pour regarder le soleil se coucher, guettant avec scepticisme le « rayon vert » censé apparaître à l'horizon dès que l'astre a disparu. Nous n'y croyions, ni l'une ni l'autre, et pourtant nous y pensions tous les soirs, interrompant le cours de notre conversation pour observer le spectacle, au cas où. Nous ne l'avons jamais vu, mais c'est devenu un rituel amusant.

Le soir, elle discutait des plans de sa villa avec Colin. Et c'est d'ailleurs autour d'un dîner qu'elle a suggéré que son ami Oliver Messel, l'oncle de son mari, le décorateur de théâtre le plus en vogue du XXe siècle, s'occupe des plans. Elle lui avait rendu visite à La Barbade et avait adoré la maison qu'il s'était construite. Elle espérait aussi que son implication dans le projet aurait à terme raison des réticences de Tony, qu'il passerait plus de temps avec elle et finirait par apprécier Colin.

Ce dernier a trouvé l'idée merveilleuse et il a pris contact avec Oliver. L'année suivante, la princesse Margaret est revenue à Moustique pour voir le plan de sa future villa. Le travail d'Oliver ravissait Colin, qui, toujours aussi entreprenant, ne s'est pas contenté de lui demander une seule maison. Admirant ses décors et tout particulièrement celui de la comédie musicale de Truman Capote, *La Maison des fleurs* – qui avait été montée à New York et pour lequel Oliver avait reçu un Tony Award –, Colin lui a confié les plans de toutes les villas dont il comptait doter l'île.

Colin se consacrait désormais à la construction et la vente de propriétés après s'être détourné de la culture du coton qui ne lui rapportait plus rien. Pendant dix ans, il avait mis au point toutes sortes de stratégies pour améliorer les affaires, mais c'était l'industrie dans sa totalité qui devenait moribonde – des matières synthétiques bien moins coûteuses en provenance de Chine inondaient les marchés et le coton des Caraïbes n'était pas de taille.

Soucieux de fournir un moyen de subsistance aux insulaires, il savait que la construction de villas lui permettrait de leur offrir des emplois stables – puisque chacune d'elles serait pourvue de personnel. Ce nouveau projet de développement pour l'île le passionnait et lui permettait d'exploiter son talent. C'était aussi une façon d'accomplir son rêve : rendre Moustique célèbre et en faire un paradis florissant. Ainsi, il a créé la Mustique Company et s'est tourné vers des investisseurs. Pour seconder Oliver, il a fait appel à Arne Hasselqvist, un ingénieur en bâtiment suédois. L'idée était de diviser l'île en parcelles, concevoir de magnifiques villas, puis les vendre à des actionnaires qui investiraient également dans le reste des infrastructures.

Le plan de la princesse pour attirer Tony à travers Oliver a échoué. Toutefois, si Tony ne s'est jamais intéressé à Moustique, le travail d'Oliver a été un immense succès, en dépit d'affrontements parfois terribles entre Colin et lui – ces disputes semblaient inévitables tant ils étaient tous deux à fleur de peau.

La première parcelle a été vendue alors même qu'aucune villa n'avait encore été dessinée. Honor Svejdar, née Guinness – de la famille des célèbres brasseurs irlandais –, et son second époux, Frankie, avaient accosté pour voir le bar de Basil. Quand ils nous ont croisés, Honor a décrété qu'elle ne voulait pas rester plus longtemps sur son bateau, exactement comme Jinty. À la fin de la conversation, elle a demandé si elle pouvait acheter une parcelle, et Colin a accepté sur-le-champ.

Honor et Frankie ont fait l'acquisition de deux des parcelles les mieux situées, ainsi qu'une plage, qu'elle a renommée « Honor Bay ». Frankie buvait beaucoup, il s'est donc construit un bar en bois près de la route, où il recevait les travailleurs qui passaient par là pour rentrer chez eux. Ma mère, à l'occasion d'une de ses visites, s'est liée d'amitié avec Honor. Elles se baignaient ensemble, avec masque, tuba et bonnet de bain. Elles attachaient des sacs à leur taille pour y mettre des coquillages. Il leur arrivait même de sortir la nuit, avec des lampes torches, pour les trouver. J'appréciais nettement moins les coquillages depuis que j'avais découvert combien ils sentaient mauvais si on ne les nettoyait pas correctement. Je ne compte plus les fois où j'ai pris l'avion avec ma mère, pour rentrer en Angleterre, et où la cabine empestait terriblement à cause des coquillages.

Ce n'est qu'après avoir vendu la plage à Honor que Colin s'est rendu compte qu'il ne devait pas céder les autres, qu'elles devaient rester un bien commun. Et pourtant cette vente lui avait donné de l'élan, le convainquant qu'il réaliserait son rêve et que Moustique deviendrait une île rentable, sur laquelle les gens seraient heureux et qu'il pourrait gérer comme un domaine de luxe.

Chapitre 9

Maternité

En 1968, nous avons fini par emménager dans notre maison de Tite Street, conçue par un architecte français, et notre attente a été récompensée. C'était une véritable merveille, la plus élégante de Londres pour certains. La presse s'est passionnée pour le décor intérieur et des semaines durant j'ai figuré dans bien des magazines, assise au bord d'un canapé, ouvrant fièrement les portes de ma demeure. Elle était tout à fait « dans l'air du temps », construite en pierre de Portland, avec un escalier en colimaçon métallique et un vestibule au sol de marbre inspiré par les Impressionnistes, constitué de cercles gris et blanc de différentes tailles. Elle possédait une pièce de passage octogonale baignée de lumière naturelle aux murs décorés de branches de corail, une salle de bains avec une baignoire encastrée et des robinets en bronze, des tentures en soie dans la salle à manger et, partout, des poignées de porte en argent en forme de coquillages. Le rez-de-chaussée avait été aménagé en fonction de nos toiles préférées – un Turner, un Gainsborough, un Watteau et deux portraits d'Arcimboldo composés de fruits.

Colin était enchanté que l'on parle autant de la maison et qu'on la loue pour son style éblouissant : il aimait afficher ses goûts. Elle constituait un cadre idéal pour les nombreuses fêtes fastueuses que nous avons organisées.

J'avais beaucoup de mal à profiter de ces soirées qui l'enthousiasmaient tant, surtout celles costumées, non seulement parce que je n'aimais pas attirer l'attention sur moi, mais aussi parce que j'avais toujours l'impression de devoir bricoler un déguisement à la dernière minute. Pendant la période qui précédait une réception, Colin s'agitait nerveusement, réglait les ultimes détails, et j'essayais de veiller à ce que tout soit en ordre pour qu'il ne se mette pas en rogne.

J'avais un penchant nettement moins prononcé pour les déguisements excentriques que Colin, et tant mieux – il avait besoin d'être au centre de l'admiration. Sa toquade la plus ridicule a sans doute été la période des slips en papier : il attirait l'attention de tout le monde dessus en disant : « Je mangerai mon slip » avant de plonger ses deux mains à l'intérieur de son pantalon pour déchirer le slip et le fourrer dans sa bouche. Il aimait particulièrement faire son petit numéro devant les convives les plus prudes, s'amusait de la réaction suscitée par ses coups d'éclat.

Le fait d'avoir un père aussi extravagant et non-conformiste a peut-être nui à Charlie et Henry, qui avaient, à l'époque de notre installation dans Tite Street, huit et dix ans, mais comment le savoir avec certitude ? Colin avait beau être immensément fier de ses fils, il n'a pas joué un rôle très actif dans leur éducation lorsqu'ils étaient encore jeunes – ce qui n'avait rien de très surprenant à l'époque.

Colin était bien moins présent que moi et il éprouvait, comme mon père, des difficultés à se montrer affectueux ou tactile. Il lui était plus facile de rentrer à la maison avec des cadeaux et des friandises pour les garçons, qui levaient un regard aussi hésitant qu'admiratif vers leur immense père légèrement intimidant. S'il pouvait être incroyable avec eux – il était si doué pour raconter des histoires –, je faisais tout mon possible pour l'éloigner d'eux dès qu'il était de méchante humeur, tant j'étais sur des charbons ardents à l'idée qu'ils puissent se retrouver au cœur de la tempête.

Quand Charlie avait huit ans, son attitude a commencé à changer, révélant des traits de caractère étonnant. Pendant longtemps, je n'ai pas réussi à savoir s'il suivait les traces de son père – désirant lui aussi attirer l'attention –, pourtant il me semblait exister une différence de taille entre eux. S'il était aussi nerveux que

Colin, il n'avait pas d'inclination pour les « colères des Tennant », qui coulaient dans leur sang. Il a en revanche pris l'habitude de s'adonner à des rituels absurdes qui lui prenaient des heures – il décidait par exemple qu'il devait attendre quelqu'un pour descendre les escaliers de la maison, ou bien il se mettait à tourner en rond de façon très précise et délibérée. C'était comme s'il était devenu superstitieux, et qu'il ne se contentait pas d'éviter les fissures sur les trottoirs.

Peu à peu, ces rituels ont pris le dessus, si bien qu'il faisait le tour de la maison une centaine de fois avant de pouvoir sortir. Parallèlement, il a développé un côté sombre. À l'école primaire, alors que les autres garçons empruntaient à la bibliothèque des livres tels que *Pierre lapin*, de Beatrix Potter, il choisissait, lui, des ouvrages sur des sujets sinistres. Il se retrouvait ainsi, sans surprise, assailli de terribles cauchemars. Inquiète pour lui, sa maîtresse nous a convoqués en urgence pour un entretien. Elle nous a dit : « Je crois comprendre ce qui handicape Charles. Il pense beaucoup à son grand-père nazi, et ça l'inquiète. »

Nous avons échangé un regard ébahi, Colin et moi.

« Son grand-père nazi ? ai-je répondu. Mais il n'en a pas.

— Ah… Venez voir son pupitre. »

À l'intérieur se trouvait un collage avec la tête du père de Colin sur le corps d'un général nazi, couvert de croix gammées. Nous sommes tous deux sortis de ce rendez-vous en nous demandant où diable Charlie avait pu aller chercher des idées aussi noires. N'ayant trouvé aucune explication satisfaisante et conscients que tous les petits garçons semblaient fascinés par les pistolets et la bagarre, après une longue discussion nous avons décidé qu'il s'agissait d'une passade.

Toutefois les rituels de Charlie étaient plus difficiles à balayer d'un revers de main que son attraction somme toute classique pour le sang et la violence. Enfin, les enfants font des tas de choses insensées et, de peur, en y accordant trop d'importance, de ne réussir qu'à exacerber ce penchant, nous pensions que fermer les yeux sur ses manies étranges était la meilleure solution. Nous espérions qu'en ne suscitant aucune réaction excessive des adultes, Charlie finirait tout bonnement par se lasser. Cela n'a pas été le cas. De fait, ses rites se sont même intensifiés, ils lui prenaient de plus en plus de temps, si bien que Colin l'a emmené consulter un psychiatre, qui a conclu à une névrose. De nos jours, on lui aurait diagnostiqué un trouble obsessionnel compulsif, mais personne ne connaissait son existence à l'époque, pas même les médecins. Le fait de mettre un nom sur le problème n'a pas résolu grand-chose, les médecins n'avaient aucune solution pour y remédier.

Avec le recul, quand je repense à Charlie dans son enfance, mon cœur se serre : nous ne mesurions pas l'étendue de sa souffrance, nous ignorions qu'elle continuerait à l'accabler pendant des années. Il faisait notre fierté et notre bonheur, ce petit garçon si désiré, notre fils aîné, l'héritier de Glen.

Sa relation avec son petit frère était tendue, il était souvent cruel avec Henry – il s'éloignait lorsque celui-ci venait s'asseoir à côté de lui, refusait de prendre un objet qu'il avait touché avant lui. Henry avait un caractère très différent, il était facile en comparaison, calme de tempérament, sans côté pénible. Au lieu de gribouiller des croix gammées sur son bureau, il prenait des cours de danse hebdomadaires à Buckingham Palace, en compagnie du prince Andrew, ce qu'il adorait.

En 1968, après Charlie et Henry, j'ai eu un troisième fils, Christopher, qui tout bébé déjà avait un caractère délicieux et qui a paru rapprocher mes deux fils aînés. Au bout de quelques années, Charlie a semblé se stabiliser, il souriait davantage, obéissait à moins de manies. Il était plus heureux à Glen, où il accompagnait les gardes-chasses pendant des heures ou arpentait le domaine avec sa petite moto. Nous pensions que tout était rentré dans l'ordre, que ses difficultés étaient derrière lui. J'étais infiniment soulagée : je ne voulais qu'une chose pour mes enfants, leur bonheur – je les avais tellement désirés. Ayant grandi pendant la guerre, mes amies et moi rêvions toutes de grandes familles, persuadées que c'était la façon la plus naturelle de remplacer une génération perdue. Et pourtant, malgré mes trois merveilleux garçons, je rêvais en secret d'une fille. J'avais gardé mes poupées d'enfance en espérant qu'un jour j'en aurais une à qui les offrir. En 1970, mon vœu s'est doublement exaucé, lorsque nos jumelles, May et Amy, ont vu le jour. Je ne m'y attendais pas. Je croyais porter un autre garçon costaud – Henry pesait 4,8 kg à la naissance. À l'arrivée des filles, Colin était si fou de joie qu'il a filé à Paris pour leur acheter des vêtements chez Baby Dior. C'est aussi lui qui a imaginé cette jolie anagramme pour leurs deux prénoms.

Je me sentais comblée par l'existence, néanmoins quand je réfléchis à leur enfance à tous les cinq, je vois une différence flagrante entre celle de Christopher et des jumelles d'un côté, et celle de Charlie et de Henry de l'autre. Charlie avait douze ans de plus que les filles, Henry, dix, ils étaient donc déjà en pension lorsque la fratrie s'est agrandie. Et il y avait un tel écart d'âge entre eux que c'était presque comme avoir deux familles.

Alors que Charlie et Henry avaient été élevés par un défilé de nurses et de gouvernantes, les trois cadets ont joui d'une plus grande stabilité, qui a révolutionné les choses. Cette stabilité leur a été apportée par Barbara Barnes, originaire du village de Holkham – son père était employé au domaine familial. Les enfants l'adoraient, et elle est devenue mon alliée. Elle a passé douze années avec nous, jusqu'à l'entrée des jumelles en pension, en 1982. Elle est alors devenue la nanny des princes William et Harry, sans jamais sortir de nos vies pour autant.

En plus d'être un objet d'adoration pour les enfants, Barbara s'entendait très bien avec Colin et savait parfaitement comment le prendre en dépit de son caractère difficile. Un jour, un terrible fracas nous est parvenu du bureau de Colin, suivi d'un hurlement. Barbara s'y est rendue sans hésiter. Elle a trouvé Colin sur la table, qui tapait des pieds en criant. D'un ton ferme elle lui a intimé : « Lord Glenconner, voulez-vous bien descendre et faire moins de bruit ? Vous allez effrayer les enfants. » Il a obtempéré. Sans broncher. Un autre jour, nous étions, avec Colin, Barbara et les cinq enfants, dans un minuscule avion près de Moustique quand le pilote nous a avertis qu'il risquait de devoir atterrir en catastrophe sur l'eau. Ayant reçu l'instruction d'enfiler nos gilets de sauvetage, nous avons patienté en silence, espérant que tout irait bien, à l'exception de Colin, qui a paniqué. Mettant son masque et son tuba, il a commencé à crier et s'agiter pour trouver le radeau de survie pneumatique. Il l'avait à peine déniché que Henry a tiré sur le cordon, et que le canot a envahi la cabine.

Barbara a aussitôt sorti une paire de ciseaux de son sac pour le perforer. Pendant qu'il se dégonflait lentement, Colin hurlait à tue-tête, et elle a fini par lui dire, d'un ton sans appel : « Vous allez vous taire, oui, Lord Glenconner ! Vous nous faites tous peur. » Et une fois de plus, il a obtempéré. Il ne m'aurait jamais écoutée si je lui avais demandé d'arrêter. L'avion n'a pas eu besoin de se poser en urgence, mais nous avons dû attendre qu'on retire le radeau pour pouvoir descendre. Colin en est sorti tout penaud, après avoir retiré son tuba et son masque.

Barbara répondait toujours présente pour régler les problèmes et, comme nous formions une équipe, j'avais plus de facilité à interagir avec les enfants. Je ne pouvais me résoudre à sevrer Christopher, si bien que Barbara et lui nous ont accompagnés, Colin et moi, lors de tous nos week-ends loin de Londres. Et quand les jumelles étaient bébés, nous leur donnions chacune un biberon.

C'était une telle joie pour moi d'avoir deux petites filles, même si elles semblaient préférer leur compagnie mutuelle – elles aimaient dormir ensemble, bien bordées dans leur berceau. Je me sentais parfois rejetée, car elles pouvaient compter l'une sur l'autre et n'avaient pas besoin de me solliciter comme je m'attendais à ce qu'une fille le fasse. Barbara me comprenait, ce qui m'aidait infiniment. Je n'aurais jamais osé me confier à personne d'autre, surtout pas à Colin.

La présence de Barbara était un immense soulagement, non seulement parce que je savais que mes enfants étaient entre de bonnes mains quand je n'étais pas là, mais aussi parce qu'elle simplifiait mes rapports avec eux. Grâce à elle, j'ai trouvé un meilleur équilibre entre mes rôles de mère et d'épouse.

Lorsque les jumelles étaient petites, Barbara les emmenait, avec Christopher, au jardin du Ranelagh, dépendant du Royal Hospital, à Chelsea. C'était un lieu très codifié, les gouvernantes s'installaient sur des bancs différents en fonction du titre de la famille qui les employait – celles qui travaillaient pour des comtes n'auraient jamais osé s'asseoir à côté de celles qui étaient au service de ducs.

Chaque matin, j'emmenais Christopher s'y promener et, le jour de repos de Barbara, je prenais aussi les jumelles dans leur immense landau double, qui ressemblait à un tank. Ils adoraient ce jardin parce qu'il ne se composait pas seulement d'une pelouse plate, comme la plupart des autres parcs londoniens, mais aussi parce qu'on y trouvait des petites buttes couvertes de buissons, ce qui leur permettait d'échapper au regard attentif des adultes. J'ai toujours été fascinée de voir jusqu'où certaines personnes étaient prêtes à aller – le flanc d'un landau était orné du blason de telle famille, les manches de certains enfants étaient épinglées à un morceau de tissu blanc posé sur leurs genoux quand ils étaient dans leur poussette car rien ne devait dépasser.

Lorsque j'y songe, Barbara ressemblait beaucoup à ma chère gouvernante, Billy Williams, et elle avait sur mes trois cadets le même effet que Billy sur moi. Ce quotidien parfaitement réglé leur offrait un cadre rassurant. Mais Charlie et Henry, eux, étaient perdants, puisqu'ils avaient dû attendre la naissance de

Christopher pour prendre une plus grande part dans notre vie. Colin a toujours été convaincu que Charlie s'en serait mieux sorti si Barbara avait déjà été là dans sa petite enfance. Il affirmait que les comportements étranges de notre aîné ne seraient jamais apparus s'il avait pu bénéficier d'une présence aussi rassurante sur la durée.

Les gouvernantes n'étaient pas la seule composante essentielle de la vie de famille, il y avait aussi les pensions. Et les enfants les ont détestées – un peu moins les jumelles, car elles étaient ensemble. Cela me fendait le cœur de les voir aussi malheureux. Je les y conduisais, et leurs larmes faisaient couler les miennes, ce qui n'arrangeait rien. Nous essayions de compenser : pour les vacances, Colin organisait des voyages avec les enfants, afin de leur montrer d'autres pays et cultures. Un jour, il a eu envie de nous faire visiter toutes les capitales européennes. Nous sommes allés à Amsterdam, Madrid, Rome, mais, ne souhaitant pas se rendre à Berlin, Colin a eu la merveilleuse idée de découvrir les châteaux de Louis II de Bavière. Ils ont servi de source d'inspiration à ceux de Disneyland. Les enfants les ont bien sûr adorés. Une des pièces était remplie de petits portraits des maîtresses de Louis II – même s'il avait plutôt un penchant pour son propre sexe –, et ils ont gloussé de plaisir quand je leur ai montré une de mes ancêtres, Jane Digby, qui nous toisait depuis son mur. Je leur ai raconté son histoire. Elle était tombée amoureuse du roi Louis II après avoir été chassée de Holkham à cause de sa liaison avec le bibliothécaire.

Mais nos meilleures vacances sont arrivées plus tard, lorsque les jumelles avaient une quinzaine d'années.

Nick Courtney, un grand ami et ancien collègue de Colin, nous accompagnait. Colin avait organisé une expédition dans l'Himalaya qui, a, sans surprise, commencé très mal parce qu'il m'en voulait pour une raison obscure. Il a fini par se détendre, peut-être grâce à l'air de la montagne, en tout cas il s'est considérablement rapproché des enfants, au point de se comporter comme l'un d'eux, pris d'un fou rire nerveux le jour où une vache a uriné sur sa tente. L'ambiance était si détendue que nous nous sommes tous beaucoup amusés, en dépit des pluies incessantes et des petits ruisseaux qui, en conséquence, traversaient nos tentes. Renonçant à camper, Colin a aussitôt trouvé une autre option – une péniche au Cachemire, peinte en couleurs vives, et qui nous convenait parfaitement. Les vacances se sont poursuivies sans heurts.

Ces séjours ont constitué des expériences merveilleuses pour les enfants. Colin était une encyclopédie vivante, il savait tellement de choses sur tellement de sujets, et il pouvait être si formidable par moments, il les poussait à poser un regard inédit sur le monde, il stimulait leur imagination.

À l'époque où les jumelles étaient encore petites et où Moustique était encore en plein développement, nous passions Noël et Pâques tous ensemble à Glen. La maison résonnait des cris d'excitation des enfants lorsqu'ils découvraient le contenu de leurs chaussettes le matin de Noël ; le dimanche de Pâques ils couraient autour du jardin, lancés dans une grande chasse aux œufs. Glen était un endroit incroyable pour les enfants, si immense, il leur offrait de l'espace et une possibilité infinie de jeux. Colin et moi, nous jouions avec eux à un jeu que nous avions appelé « Sauvetage ». Tout le monde devait se cacher, à l'exception de celui d'entre nous qui était le « chasseur » et restait sur un canapé, lequel faisait office de prison. Le chasseur devait à la fois surveiller ce canapé mais aussi trouver les autres – qu'il capturait dès qu'il les apercevait. Ce rôle réussissait formidablement bien à Colin, il y mettait tout son talent dramatique, s'exclamait pendant ses recherches : « Je vais vous attraper… je sais que vous êtes là… Attention, j'arrive ! » Il lui suffisait de suivre les gloussements en provenance d'un placard à linge ou de derrière une porte.

Pendant nos parties, nous nous faufilions dans les couloirs avant de nous surprendre mutuellement en criant puis d'éclater de rire. Elles pouvaient durer des heures si l'un de nous se révélait particulièrement discret ou patient, et Glen constituait le cadre idéal avec ses nombreux recoins et cachettes, ses multiples escaliers. Chacun pouvait partir de son côté. Nous adorions tous ce jeu. Il me rappelait celui que Billy Williams nous avait appris à Carey et à moi, le « jeu du noir » : elle éteignait toutes les lumières et essayait de nous attraper, alors que nous, nous courions en tous sens, cognant des objets, gloussant dans l'obscurité. Dans la vie, certaines choses, souvent les plus simples, peuvent vous procurer un bonheur infini, et pour moi ces parties de « sauvetage » avec les enfants et Colin, au même titre que le « jeu du noir » avec ma sœur chérie et ma gouvernante, comptent parmi mes souvenirs les plus heureux.

Chaque année, en août, la princesse Margaret passait à Glen, sur la route du retour de Balmoral, avec ses enfants, David et Sarah, et Nanny Sumner. Quand la princesse se mettait au piano et chantait « Chattanooga Choo Choo » de Glen Miller, nous joignions tous nos voix à la sienne. Cette chanson est devenue une des préférées des enfants. Pendant la journée, ils se rendaient au Military Tattoo, le festival international de fanfares militaires, pendant que les adultes préféraient le festival artistique d'Édimbourg.

Nous avions, à Glen, un maître d'hôtel italien du nom d'Elio. Un soir, à notre retour, il est venu précipitamment à ma rencontre : « Lady Anne, un événement extraordinaire s'est produit ce soir, vous devez demander à Nanny Barnes et Nanny Sumner. »

Le lendemain matin, j'ai interrogé Barbara, qui m'a tout expliqué : « Nous venions de mettre les neuf enfants au lit, avec Nanny Sumner, lorsque Elio a surgi, il semblait dans tous ses états. Il nous a dit de le suivre. "Vite, vite, vite !" Par la fenêtre nous avons vu un objet en forme de cigare avec des lumières vertes qui flottait dans le ciel. Il ressemblait à un ovni. Il a descendu la vallée en survolant les bouleaux, puis il a lentement disparu. »

J'en ai parlé à la princesse Margaret, qui m'a aussitôt demandé : « Qu'avaient-ils bu, tous ? » Pourtant, quand nous nous sommes rendus à l'endroit qu'ils nous avaient indiqué, la bruyère était complètement aplatie. Colin a appelé la base aérienne la plus proche, pour le cas où une manœuvre aurait pu expliquer ce phénomène, mais l'armée de l'air n'était au courant de rien. Les jours suivants, d'autres personnes ont fait état de phénomènes comparables à Peebles et dans les environs, et nous en sommes tous venus à nous demander de quoi il pouvait bien retourner. L'ovni n'a plus jamais fait de réapparition, cependant nous avons continué, chaque année, en août, de nous adonner aux mêmes habitudes, nos familles se mêlant toujours avec bonheur.

Nous passions aussi du temps à Holkham, avec mes parents, nous allions pique-niquer à la plage et nous nous promenions dans les forêts, nous ramassions des pommes de pin et des coquillages. Carey et Sarah étaient aussi là avec leurs familles : Carey vivait près de Holkham, elle avait épousé Brian Basset, un ami de la reine mère, et elle passait ainsi beaucoup de temps à Birkhall, sa résidence en Écosse, pour pêcher. Carey était plus douée que bien des hommes, à leur grande irritation. Elle participait à nos pique-niques avec ses trois fils, qui s'entendaient à la perfection avec mes enfants. Elle avait une hyperlaxité lui permettant d'adopter une démarche ridicule, les fesses très en arrière, ce qui provoquait l'hilarité générale.

Sarah s'était aussi mariée, avec David Walter, et elle vivait à Perthshire avec leurs filles. Si Colin n'avait pas d'atomes crochus avec le mari de Carey, Brian, il s'entendait très bien avec David, et nous passions toujours des moments délicieux lorsque nous leur rendions visite dans leur maison au toit de chaume. Les enfants s'installaient près de la rivière, où ils faisaient des feux de camp, et Sarah les emmenait voir des écureuils roux. Quand elle descendait à Holkham en été, elle était accompagnée de ses teckels que les jumelles promenaient dans les dunes. Puis nous allions ramasser des crabes. Une fois que nos seaux étaient pleins, nous les retournions et nous regardions les crustacés filer vers l'eau.

J'ai appris à tous les enfants à naviguer dans l'estuaire de Burnham Overy Staithe, comme ma mère l'avait fait avec moi. Je ne suis pas certaine d'avoir réussi à transmettre cette passion à mes enfants. La voile exacerbe les pires côtés des gens, et je crois qu'elle me rendait assez cruelle. Soudain les demandes se transformaient en ordres – je suppose qu'en raison des risques, le contenu du message prend, chose inhabituelle, le dessus sur la forme –, et je me retrouvais soudain à aboyer : « Tire ça ! » ou « Non, pas là ! ».

Si aucun d'eux n'a développé un goût pour la voile, ils appréciaient ces séjours à Holkham, tous, et s'adonnaient aux mêmes plaisirs que moi dans mon enfance : sauter dans la fontaine les jours de forte chaleur, courir dans le parc. Je leur parlais de Lord Nelson, qui avait grandi dans le village d'à côté et arpenté les rives des cours d'eau sur lesquels nous naviguions, le regard perdu vers la mer, rêvant d'être appelé au combat, et mon récit captivait leur imagination.

Lorsque les jumelles ont été assez grandes, nous avons souvent fêté Pâques et Noël à Moustique. Il y avait, chaque année, un concours de chapeaux pour Pâques, et les jumelles en étaient friandes. May était résolument indépendante, mais Amy sollicitait l'aide de Colin, et il abordait cette mission avec son enthousiasme habituel. Une année, Amy a remporté le premier prix avec un chapeau que Colin avait surnommé « Boucles d'or » – il lui avait collé des serpentins dorés dans les cheveux. L'année suivante, il a fait un trou dans une calebasse, qu'elle a porté comme un casque de plongée sous-marine, avec un tuba et un masque. Tout le monde participait à ce concours, y compris les adultes – je me souviens de Bianca Jagger paradant la tête coiffée d'un cactus.

Bien sûr, plus les enfants s'amusaient avec nous, plus ils redoutaient le retour en pension, et je ne parvenais pas à rendre les séparations moins pénibles, ni pour eux ni pour nous. Je ne sais pas si quiconque a jamais apprécié d'être expédié dans ce genre d'établissement – le prince Charles écrivait de longues lettres à ma mère, depuis Gordonstoun, où il lui disait combien il rêvait de rentrer chez lui et se plaignait des semaines interminables sans jours fériés : le trimestre le plus long durait quatorze semaines.

À l'époque où j'étais pensionnaire, les parents ne se rendaient dans l'établissement qu'une fois par an, et les conditions étaient loin d'être idéales. Il fallait alors composer avec les V1, ces bombes qui volaient au-dessus de nos têtes, et le pain rassis que l'on réchauffait au four pour lui offrir une seconde vie. Nous avions tous droit à cinq bonbons durs par semaine, que je cachais sous le jupon de ma poupée pour qu'on ne me les vole pas, et nous étions forcés de manger des œufs en poudre – proprement répugnants.

En comparaison, les écoles de mes enfants étaient des paradis, et nous étions aux petits soins avec eux dès qu'ils rentraient pour les vacances. Quand nous étions tous à Londres, nous avions une livraison hebdomadaire de produits frais en provenance de Glen, expédiée par le train de nuit. Notre maître d'hôtel allait la chercher à la gare de King's Cross. Les pensions avaient beaucoup changé entre ma jeunesse et celle de mes enfants, il existait toutes sortes de motifs pour obtenir un certificat de sortie, pour rendre visite aux enfants ou les emmener en week-end. Certains trimestres, ils semblaient passer plus de temps en dehors de l'école.

Et pourtant, en dépit de mes efforts, Charlie, une fois adulte, nous a décrits, Colin et moi, comme des « silhouettes distantes » dans son enfance. Il avait raison, même si je n'avais jamais envisagé les choses sous cet aspect avant qu'il ne prononce ces mots. Ce n'est qu'à travers ma relation avec Barbara, et sa propre relation avec mes enfants, que j'ai envisagé qu'il puisse exister diverses façons d'aborder la maternité et que celle que j'avais eue, surtout avec mes fils aînés, n'avait pas nécessairement été la plus épanouissante, ni pour moi en tant que mère, ni pour eux. Et le temps que je le comprenne, ils étaient sortis de l'enfance.

Quand je regarde ma fille May aujourd'hui, je suis admirative de voir qu'elle réussit, en plus de son travail à temps plein et du soutien qu'elle apporte à son mari, à élever ses enfants sans gouvernante. Elle joue un rôle bien plus crucial dans leur vie quotidienne que celui que j'ai pu jouer, moi. Si je me compare à certaines amies de ma génération, j'étais une mère relativement présente, mais en observant la génération de ma fille je mesure combien les choses ont changé.

Chapitre 10

Dame d'honneur

Un jour du début 1971, après le baptême des jumelles, à l'occasion duquel elle était devenue la marraine de May, la princesse Margaret m'a asséné : « J'espère que vous n'avez pas l'intention d'avoir d'autres enfants.

— Certainement pas, lui ai-je répondu. Trois garçons et deux filles me comblent amplement.

— Eh bien, dans ce cas, m'a-t-elle répliqué, visiblement satisfaite de ma réaction, voudriez-vous devenir l'une de mes dames d'honneur ? »

Sa proposition n'aurait pas pu tomber à un meilleur moment : Colin traversait une passe particulièrement difficile, et la princesse en était tout à fait consciente. Elle n'était guère intimidée par son attitude, étant habituée au tempérament houleux du roi – mon père passait son temps à récupérer des corbeilles à papier que George VI avait envoyées valser à l'autre bout de la pièce. La princesse Margaret était d'ailleurs la personne la plus à même de calmer le roi, et l'on faisait souvent appel à elle pour infléchir son humeur. Ainsi, elle avait toujours été capable d'ignorer les crises de Colin, m'invitant par son attitude à l'imiter.

Elle était, de temps en temps, témoin des numéros de Colin, le plus célèbre lui ayant valu une lettre de John King, le directeur de British Airways, lui interdisant à vie l'accès à ses avions. Nous rentrions tous trois des États-Unis et, pour une raison inexplicable, alors que nous avions des billets de première, la princesse et moi, Colin avait été orienté vers la classe économique.

Nous nous étions installées à nos places sans rien remarquer dans un premier temps. Colin s'était emporté et avait exigé d'être placé près de nous. Quand le chef de cabine avait refusé d'accéder à sa demande, il s'était allongé par terre, au beau milieu de l'allée, et avait laissé libre cours à sa rage. Ses gémissements étaient si forts que nous les avions entendus. Nous étions absolument horrifiées par la scène qu'il faisait. Par réflexe, je m'étais levée pour tenter d'arranger les choses.

La princesse m'avait alors dit d'un ton sans appel : « Rasseyez-vous, Anne. »

Un agent de sécurité l'a traîné hors de l'avion, ce qui a causé beaucoup de chahut. Nous l'avons aperçu par le hublot, il continuait à hurler : « Aide-moi, Anne ! Anne ! Aide-moi ! »

La princesse m'a dit : « Ne lui prêtez aucune attention. »

Colin a été arrêté et l'avion a décollé sans lui. Comme ma mère à sa place, la princesse Margaret a effacé l'incident de sa mémoire. Néanmoins, elle comprenait pourquoi j'avais parfois besoin de souffler. Colin a atterri trois jours plus tard, et nous n'en avons jamais parlé.

Ce poste officiel de dame d'honneur et les responsabilités qui l'accompagnaient étaient synonymes de distraction, tout en me rendant plus indépendante. Colin vouait une admiration sans bornes à la famille royale, et plus spécifiquement à la princesse Margaret, il était donc très fier de ma nomination – il m'a d'ailleurs encouragée à accepter cette proposition. Je crois qu'il avait l'impression que, quelque part, elle cimentait leur lien, et qu'en conséquence nous passerions plus de temps en sa compagnie, partant du principe qu'il pourrait m'accompagner à toutes les invitations que je recevrais. Les choses ne fonctionnaient pas exactement ainsi, à son grand désappointement, ce qui ne l'a pas empêché de profiter plus souvent de la présence de la princesse, comme il y avait toujours aspiré. J'ai le sentiment que leur amitié amplifiait son besoin d'impressionner le monde – la présence de la princesse à Moustique était un prétexte rêvé pour organiser des fêtes encore plus spectaculaires, ce qui lui permettait, en retour, de prouver à quel point il était un incroyable génie créatif.

La princesse n'était pas bête, elle choisissait délibérément des amies pour remplir le rôle de dames d'honneur. Nous avons été nombreuses à occuper ce poste, notamment sa cousine Jean Wills, Janie Stevens, Davina Alexander et Elizabeth Cavendish, qui avait présenté la princesse à Tony Armstrong-Jones, ainsi qu'Annabel Whitehead, qui dirige aujourd'hui le bureau des dames d'honneur de la reine.

J'ai occupé cette fonction jusqu'à la mort de la princesse Margaret, durant trois décennies où se sont mêlés amitié et devoirs : si certaines fois je l'accompagnais en tant que dame d'honneur officielle, à d'autres occasions je la suivais en amie.

Ma mère a été Lady of the Bedchamber de la reine de 1953 à 1973, si bien que durant deux années, nous avons rempli des fonctions similaires. La plupart de nos engagements impliquaient d'accompagner la reine et la princesse Margaret à des rendez-vous officiels et des événements particuliers, et de veiller à ce que tout se déroule sans aucun accroc. Tout comme ma mère avec la reine, j'étais là pour montrer à la princesse qu'elle était en permanence secondée par une personne de sa connaissance, fiable, susceptible de répondre à ses besoins.

Les dames d'honneur ne constituent qu'une petite part de la maison royale, et la reine a bien plus de gens à son service que la princesse. Celle-ci disposait d'un chauffeur, d'un majordome, d'un cuisinier, d'une fille de cuisine et de deux femmes de chambres, qui consacraient une grande partie de leur temps à vider ses cendriers, car elle était une grosse fumeuse. Elle avait aussi une habilleuse, Mme Greenfield, qui prévoyait chacune de ses tenues, lui sortant des vêtements à l'avance pour que la princesse puisse choisir ce qu'elle porterait. Mme Greenfield l'aidait aussi à s'habiller et lui faisait couler un bain tous les soirs. N'oublions pas le coiffeur, qui passait au palais avant un événement officiel ou qu'elle allait voir dans son salon, où elle se faisait aussi faire les ongles. En revanche, elle se maquillait toujours seule. Plusieurs agents étaient chargés de sa sécurité. Ils étaient sous les ordres de John Harding, devenu un ami au fil des années – il a occupé son poste pendant des décennies. Son personnel comptait enfin également Nigel Napier, son secrétaire particulier, que l'on trouvait la plupart du temps dans le bureau, avec quatre assistants.

La princesse avait la réputation de bien traiter ses employés, veillant à ce que son habilleuse et sa femme de chambre soient correctement logées lorsqu'elles l'accompagnaient, à ce que personne ne soit négligé. Chaque année, elle organisait un goûter de Noël pour ses dames d'honneur. D'innombrables cadeaux nous attendaient sous le gigantesque sapin et elle nous les distribuait. Tantôt nous avions droit à des présents très attentionnés, tantôt à des cadeaux qu'elle jugeait utiles : elle avait un penchant pour les ustensiles de cuisine, et elle a un jour offert à Jean Wills une brosse à WC en lui disant : « J'ai remarqué que vous n'en aviez pas quand je suis venue chez vous. » Jean, qui avait en réalité caché sa brosse en prévision de la visite de la princesse, a été assez vexée par son geste. Il nous arrivait aussi de recevoir des sacs à main qui lui avaient été de toute évidence offerts et dont elle ne voulait plus après les avoir portés quelque temps. Elle pouvait néanmoins se montrer aussi très généreuse. Elle m'a ainsi offert plusieurs antiquités que j'avais admirées en faisant les boutiques avec elle.

L'essentiel du temps, j'accompagnais la princesse dans des hôpitaux, des usines, des établissements scolaires ou des associations caritatives qu'elle parrainait – elle endossait son rôle avec passion tant elle était décidée à faire avancer les causes qu'elle sélectionnait avec soin. Elle nous entretenait longuement de ses engagements et elle donnait à toutes ses dames d'honneur une occasion de prendre une part active dans les organismes qui suscitaient notre intérêt. Mon cousin Angus Ogilvy souffrait d'arthrose, et je me suis donc impliquée dans l'association qui luttait contre ce fléau, la National Rheumatoid Arthritis Society. J'étais également présidente de Scope, consacrée au handicap, ainsi que de la National Association of Maternal and Child Welfare – dédiée au bien-être des mères et des enfants. J'organisais des tonnes de collectes de fonds, qui avaient lieu principalement le dimanche, lorsque des célébrités telles que Vera Lynn, Roger Moore, Bob Hope et John Mills étaient libres.

À l'instar de Colin, la princesse Margaret possédait de solides connaissances dans de très nombreux domaines, et, quand nous nous rendions à un événement, elle profitait des trajets pour m'instruire avec enthousiasme sur une multitude de faits, qui recouvraient tout et n'importe quoi, des régiments dont elle était colonelle en chef, aux citations de la Bible, dont elle usait souvent avec malice, dans le but de mettre sur la sellette les nombreux hommes d'Église qu'elle croisait.

Mon mariage avec Colin m'avait permis de me former à ce rôle pendant des années. À force de chercher à anticiper les problèmes, j'avais développé un don pour devancer les besoins de mon mari, talent vital pour une dame d'honneur. Lorsque nous nous trouvions à un déjeuner ou un dîner, je veillais à rester toujours dans son champ de vision. À son expression, je devinais si elle avait besoin de moi. Dès que nous arrivions dans un lieu inconnu, je me renseignais sur l'emplacement de certaines choses, par exemple les toilettes, pour lui éviter d'avoir à poser la question, et je me postais toujours devant la porte afin que personne d'autre ne puisse entrer.

J'ai acquis des dizaines de petits réflexes, qui l'aidaient à se détendre et permettaient aux événements de se dérouler avec une plus grande souplesse. J'ai appris des détails qui peuvent sembler insignifiants et se sont pourtant révélés très utiles, comme le fait qu'elle buvait un gin tonic le midi et un whisky à l'eau le soir. J'étais ainsi en mesure de prévenir ses hôtes en avance, de leur éviter des impairs. Non seulement tout le monde était plus détendu, mais en prime la princesse n'avait pas à répondre constamment aux mêmes questions, aussi bien intentionnées fussent-elles, à chaque fois qu'elle se rendait à une réception, ce qui faisait qu'elle en profitait elle aussi davantage.

Lorsqu'elle se rendait à un cocktail ou à une fête très fréquentée, elle me remettait une liste des invités les plus éminents et des personnes dont elle souhaitait faire la connaissance, ce qui me laissait le temps de les identifier dans la foule et de les conduire à elle. Il s'agissait d'un exercice diplomatique délicat, parce que je devais juger à l'expression de la princesse si elle voulait poursuivre la conversation qu'elle avait engagée ou si elle était prête à ce que je lui présente quelqu'un d'autre, auquel cas je devais me charger de l'introduction. C'était un peu périlleux, je restais à proximité, attendant le moment où il faudrait procéder au changement d'interlocuteur, en m'efforçant d'y mettre les formes autant que possible.

Une fois que j'avais réussi à établir le contact entre la princesse et l'autre convive, je me replongeais dans la liste pour associer des noms aux visages de personnes que je n'avais, la plupart du temps, pas rencontrées auparavant. J'aurais voulu m'empresser d'explorer la foule pour identifier tous les noms de la liste avant une éventuelle rencontre avec la princesse, mais je devais au contraire me montrer détendue et rester à ses côtés sans m'agiter. Il m'arrivait de la perdre : elle était si petite, et toujours entourée de monde, que si je partais trouver un convive en particulier, je devais ensuite souvent la chercher frénétiquement tout en dissimulant ma panique. Il fallait que je sois un cygne, calme en surface alors qu'en réalité mes palmes se démenaient sous l'eau.

Les jours où la princesse n'avait pas de rendez-vous et où elle restait chez elle au palais de Kensington, elle se montrait attachée à sa routine quotidienne. Elle déjeunait toujours à 1 h 30, prenait trois plats, souvent composés des mêmes ingrédients – elle avait notamment une passion pour le cocktail de crevettes, convaincue que la sauce Marie-Rose était bien plus exotique qu'un simple mélange de mayonnaise et de ketchup.

Elle aimait aussi le rituel du thé : à 5 heures, on la trouvait en train de déguster une tasse d'Earl Grey à peine infusé accompagné d'un biscuit au gingembre ou au chocolat. Pour le dîner, elle prenait toujours le même dessert : un citron givré comme on en sert dans certains restaurants indiens. Il était accompagné de crème, et elle la versait progressivement, s'émerveillant toujours de ce qui arrivait à celle-ci. « Oh, regardez, c'est incroyable… elle se transforme en glace, oui en glace, d'un coup ! »

J'adorais me rendre au palais de Kensington, et plus particulièrement dans son bureau pour participer à la rédaction des courriers de remerciement, parce que j'avais une grande affection pour Nigel Napier. Je n'ai jamais rencontré quelqu'un d'aussi diplomate, capable de conserver son tact d'un bout à l'autre de ses missions souvent compliquées, lui qui était notamment chargé d'imaginer des explications malignes et inventives pour tirer la princesse de situations délicates…

Il avait pour elle une infinie tendresse et la protégeait toujours. Nous nous amusions beaucoup ensemble. Le fait de bien m'entendre avec les autres membres de l'entourage de la princesse rendait les choses plus agréables et tellement plus simples, même si, lorsqu'elle partait à Moustique, seul John Harding, et parfois Nigel, l'accompagnait. Colin s'occupait de lui trouver des agents de sécurité sur place, qui travaillaient sous les ordres de John et logeaient chez nous, dans notre maison en préfabriqué. Colin, qui avait accepté que je sois à la disposition de la princesse et non à la sienne, s'affairait dans les jours précédant son arrivée, veillant à ce que la police se tienne prête à intervenir et réunissant toutes les personnes disponibles pour qu'elle ait un accueil digne de son rang.

Si le confort sur l'île était rudimentaire – celle-ci n'atteindrait pas avant des années la splendeur qui attirerait des célébrités –, elle y était tranquille. C'était son refuge. La vie n'avait rien de cérémonieux à Moustique, en partie parce que la princesse aimait se détendre, et en partie parce qu'elle n'avait pas le choix. La journée, elle portait l'un de ses nombreux maillots de bain avec baleines et une jupe courte. Ceux-ci étaient soit à rayures soit à fleurs et soulignaient sa taille de guêpe. J'ai fini par remarquer qu'il y avait toujours un peu d'agitation quand elle sortait de l'eau. Je n'ai pas tardé à comprendre pourquoi : une fois mouillés, ses maillots devenaient transparents. Abordant le sujet avec délicatesse, je lui ai dit : « Majesté, je me demande si vous vous êtes rendu compte que vos maillots de bain étaient transparents. Je pourrais les faire doubler pour vous.

— Oh, Anne, m'a-t-elle répliqué avec une pointe d'exaspération. Je m'en fiche. Si les gens veulent regarder, qu'ils regardent. »

Nous en sommes restées là.

Nos journées suivaient un rythme nonchalant, car la princesse se couchait tard. Juste avant le déjeuner, nous descendions en général sur une plage pour pique-niquer sous un parasol. La nourriture laissait vraiment à désirer les premiers temps, et il fallait souvent une bonne dose de mayonnaise industrielle pour masquer son insipidité.

La princesse Margaret n'aimait pas avoir du sable entre les orteils, ce qui était problématique. Colin a donc imaginé une solution toute simple, dont elle s'est parfaitement satisfaite. Chaque fois qu'elle allait à la plage, il veillait à ce qu'il y ait un bol d'eau fraîche et quantité de serviettes propres, afin qu'elle puisse rincer ses pieds et se débarrasser des grains de sable dès qu'elle en ressentait le besoin.

Après le déjeuner nous allions nous baigner, sans jamais interrompre notre conversation, tant la princesse était intarissable. Elle nageait la brasse sans mettre la tête sous l'eau, tandis que je nageais sur le côté, sans réelle élégance, pour pouvoir poursuivre la discussion. Nous sortions de la baie pour contourner les yachts. Nous étions souvent invitées à prendre un verre d'eau sur le pont. Nous acceptions, même si nous aurions préféré une boisson un peu plus originale. Nos hôtes étaient toujours épatés de découvrir que c'était la princesse Margaret qui dégoulinait sur leur ponton – réaction qui ne manquait jamais de m'amuser intérieurement.

En fin d'après-midi, nous retournions à la maison où elle aimait, telle une grande sœur, me démêler les cheveux. Pendant qu'elle me coiffait, elle commentait les différentes nuances de mon balayage naturel, me laissant avec un profond sentiment de satisfaction lorsqu'elle avait terminé et que mes cheveux étaient bien brillants. Elle aimait ce genre de choses – elle me proposait constamment de m'appliquer de la crème solaire ou de la pommade sur mes piqûres de moustiques.

En début de soirée, nous nous installions au bar de Basil, et nous sirotions un apéritif en guettant le rayon vert, ainsi que nous le faisions depuis sa première visite seule. Puis nous dînions avec ceux qui étaient sur l'île, même si nous ne recevions pas beaucoup d'amis et que nous étions souvent tous les trois, la princesse,

Colin et moi, ce qui ne nous empêchait pas de nous amuser – mon mari avait un talent pour cela – ou de jouer aux cartes jusqu'à une heure avancée.

Au début des années 1970, l'île était équipée d'un générateur électrique et la construction des villas battait son plein. La brousse désertique où pullulaient les mancenilliers nous laissait entrevoir un avenir radieux : les villas se multipliaient, sculpturales, sur le sommet des collines. Entre 1960 et 1978, Oliver Messel a dessiné les plans de dix-sept maisons, imprimant son style qui serait plus tard qualifié de « palladien caribéen ». La plupart s'inspiraient des anciennes demeures sur les plantations, et il avait pour intention de créer « un cadre de vie aussi bien à l'intérieur qu'à l'extérieur ». Ce maître en décors de théâtre avait incorporé des arches pour mettre en valeur les paysages et les transformer en toile de fond idyllique.

Les villas se distinguaient légèrement les unes des autres, elles jouissaient de vastes vérandas ou terrasses. L'intérieur était généralement blanc avec des touches de couleurs vives. Oliver a laissé une trace durable, bien au-delà de Moustique, à travers l'usage qu'il faisait de sa couleur préférée – un vert sauge, dont il se servait pour les volets en bois et les portes et qui est aujourd'hui connu sous le nom de « vert Messel » ou « vert Moustique ». Dès qu'une villa était terminée, des caisses et des caisses d'antiquités ou de tissus d'ameublement arrivaient à Moustique. Colin les déballait avec enthousiasme, puis je l'aidais à aménager les intérieurs. Nous avions remarqué que les gens les achetaient plus facilement s'ils n'avaient aucun effort d'imagination à produire, nous occupions chacune d'elles jusqu'à ce qu'elle soit vendue, puis nous nous installions dans la suivante. Ces déménagements incessants pouvaient être perturbants, mais je m'y étais habituée, et les enfants, qui nous rejoignaient pour les vacances suivantes, aimaient les comparer entre elles. Pour eux, cela faisait partie de l'aventure.

La princesse n'est venue qu'une seule fois en dehors de la haute saison, l'année avant que sa maison ne soit terminée, en 1971, parce qu'elle était curieuse de l'avancée des travaux, mais aussi et surtout parce qu'elle avait besoin de s'éloigner de Tony – leur mariage continuait à se détériorer. Ce voyage n'a guère été couronné de succès : nous avons été assaillis de tempêtes en provenance de l'Atlantique, enveloppant l'île d'un voile gris. Suite à cette surprise fâcheuse, la princesse s'est empressée de renommer Moustique « l'île morose ». Elle n'est plus jamais revenue avant Noël.

Associée dès la phase des plans, puis ayant discuté des moindres détails avec Colin et Oliver, elle était de plus en plus impatiente de voir sa villa achevée. Les mois précédant la livraison du chantier, nous nous trouvions toutes les deux à Londres, et elle m'a souvent appelée pour me demander de l'accompagner dans les boutiques.

Son invitation m'avait réjouie, j'étais impatiente d'aller chez Colefax & Fowler ou dans une autre enseigne tout aussi élégante. C'était pourtant Peter Jones qui avait sa faveur. Le directeur du magasin nous a reçues, accompagnées aux rayons mobilier et tissus d'ameublement. Nous voulions rester discrètes, seul John Harding, son garde du corps, nous suivait à quelques pas de distance. Elle a fait des choix très sobres, essentiellement du mobilier blanc et des rideaux de style Laura Ashley. Plus tard, elle a fait expédier un ou deux objets dénichés chez des antiquaires pour le salon principal, dont des lampes en verre qu'elle a remplies de coquillages. Elle avait l'habitude d'accumuler des objets au fil de l'année.

En février 1972, elle est venue séjourner dans sa villa tout juste achevée, lui donnant un nom français, *Les Jolies Eaux**. Elle était enchantée du résultat, avec les vues panoramiques encadrées par les arches du salon, pourvu d'un mur entier de portes-fenêtres donnant sur une piscine entourée d'une terrasse.

Nous sommes partis à Moustique avec les enfants, et Barbara, pour l'aider à déballer. L'ambiance générale était à l'effervescence : Charlie et Henry ouvraient les cartons et jetaient un coup d'œil à l'intérieur avant de la regarder sortir, un immense sourire de satisfaction aux lèvres, leur contenu.

Les Jolies Eaux rendait la princesse Margaret très heureuse. Elle n'a jamais possédé d'autre maison, et celle-ci lui garantissait une indépendance vis-à-vis de son mari. Car il avait, à l'instar de Colin, des aventures. Nous nous en plaignions ensemble, sans excès néanmoins, parlant à cœur ouvert avant de balayer nos soucis pour nous consacrer plutôt aux occupations que nous aimions. La princesse adorait ramasser des coquillages pour décorer les plateaux des tables, et nous passions ensemble la plage au peigne fin. De retour à la villa, nous les nettoyions avant de les mettre à sécher au soleil. L'effet apaisant de telles activités est incroyable, elles permettent de détourner l'attention des tracas.

L'été 1973, Glen a été, comme toujours, rempli d'amis venus passer plusieurs jours avec nous. Vers la mi-août, la princesse Margaret était en route pour un long week-end. Alors que nous nous affairions pour préparer un immense dîner à la fin de la semaine, un ami nous a appelés pour nous annoncer qu'il était au regret de devoir annuler, nous privant d'un convive. Toutes nos connaissances étant à l'étranger au mois d'août, Colin m'a conseillé d'appeler Violet Wyndham, surnommée « Tante Nez » – parce que le sien était grand –, qui connaissait apparemment tout le monde et aurait une suggestion à me faire. Quand je lui ai exposé le problème, elle m'a donné le numéro de Roddy Llewellyn, dont le père, Harry, était connu pour avoir remporté la seule médaille d'or de la Grande-Bretagne aux Jeux olympiques de 1952 – avec son incroyable cheval, Foxhunter, au sein de l'équipe de saut d'obstacles.

Roddy était jeune et libre et, bien que nous ne l'ayons jamais rencontré, il ferait l'affaire. Je me souviens que je n'étais pas très à l'aise en décrochant mon téléphone, même si Violet l'avait appelé avant pour le prévenir. « Bonjour, lui ai-je dit, vous ne me connaissez pas encore… Nous organisons un week-end à Glen et j'ai bien conscience que c'est assez grossier de ma part de vous solliciter ainsi, au dernier moment, mais l'un des convives s'est désisté. Voudriez-vous vous joindre à nous ? »

À mon grand plaisir, et soulagement, il a accepté. Il a pu prendre un train pour Édimbourg presque immédiatement. Colin est allé le chercher à la gare avec Charlie, qui était adolescent à l'époque, et la princesse Margaret – poussée par la curiosité, car elle connaissait le père de

Roddy. Je suis restée à la maison pour terminer les préparatifs afin que nous puissions accueillir tout le monde. Plusieurs heures se sont écoulées avant leur retour. J'ai fini par recevoir un appel de John Harding, m'informant que la voiture serait là dix minutes plus tard – les gardes du corps de la princesse avaient pour habitude d'annoncer son arrivée. Je me suis postée dehors pour les accueillir à la porte, tout en me demandant où ils avaient bien pu aller.

Lorsque la voiture s'est arrêtée, la princesse et Roddy, assis tous deux à l'arrière, se tenaient quasiment la main. Colin m'a expliqué qu'après avoir récupéré Roddy à la descente de son train, ils étaient allés déjeuner dans un bistrot d'Édimbourg. Le courant était instantanément passé entre la princesse et lui, même s'il avait dix-sept ans de moins qu'elle.

Charlie a alors ajouté, une lueur dans le regard, que s'ils avaient mis aussi longtemps à rentrer, c'était parce que la princesse avait tenu à emmener Roddy dans les boutiques pour lui trouver un maillot de bain. Un sourire jusqu'aux oreilles, Charlie a conclu que celui qu'ils avaient déniché était si moulant qu'on devinait tout.

« Oh mon Dieu, ai-je dit à Colin, qu'avons-nous fait ? »

Deux jours plus tard, Roddy m'a expliqué combien il trouvait la princesse belle, et je lui ai rétorqué : « Ce n'est pas à moi qu'il faut le dire, c'est à elle. »

Il s'est exécuté et à compter de ce moment-là, ils sont devenus inséparables, veillant tard après le dîner, autour de l'une des tables de jeux dans le petit salon, après une soirée de parties de bridge ou de canasta. Ils ne s'éloignaient jamais l'un de l'autre, toujours penchés l'un vers l'autre.

Il est bientôt devenu évident qu'ils étaient, tout simplement, tombés amoureux. Physiquement, Roddy ressemblait de façon frappante à Tony, cependant, au contraire de ce dernier, il était très gentil. Il avait toujours des anecdotes divertissantes à raconter, et son humour d'écolier a aussitôt séduit la princesse. Après ce week-end à Glen, ils ont passé huit années ensemble, et sont restés amis à vie, ce qui a transformé l'existence de la princesse – à l'époque, elle venait de traverser plusieurs années malheureuses avec Tony.

Au milieu des années 1970, leur mariage était au bord de la rupture, mais ils avaient deux enfants, elle était très croyante et refusait de divorcer. Tony a fini par l'y contraindre en 1978, parce que sa maîtresse, Lucy Lindsay-Hogg attendait leur premier enfant. Le scandale a fait les gros titres pendant des jours et des jours, accompagnés de photos de la princesse Margaret qui semblait dévastée – elle avait ce genre de visage qui lui donnait un air maussade lorsqu'elle ne souriait pas.

Durant cette période de frénésie médiatique qui a duré plusieurs mois, afin d'échapper à cette effroyable intrusion de la presse dans sa vie privée, la princesse Margaret est venue souvent me voir dans ma ferme du Norfolk ou à Glen. Elle n'emmenait pas son habilleuse. Seul John Harding l'accompagnait, que les enfants adoraient car il était capable de déchirer un annuaire téléphonique en deux.

Roddy arrivait plus tard dans la soirée, et je les laissais profiter l'un de l'autre. N'importe qui aurait eu besoin de soutien amical quand un sujet aussi intime était exposé en public, sans parler du scandale qui lui était lié – elle était le premier membre proéminent de la famille royale à divorcer depuis le roi Henry VIII.

Ses visites en Écosse et dans le Norfolk étaient très différentes des événements auxquels je l'accompagnais dans le cadre de mes fonctions. Je la recevais dans la ferme que j'avais achetée à mon père au début de mon mariage, et où je vis à présent. C'est une vieille bâtisse en silex entourée de champs. On n'y mène pas une vie de paillettes, les gens sont en bottes en caoutchouc et imperméable, mais je crois que cela plaisait à la princesse. Elle avait le sentiment d'avoir véritablement « quartier libre » lorsqu'elle passait du temps là-bas, comme à Moustique.

La première fois, elle a apporté des gants en caoutchouc et sa propre bouilloire. Elle était en effet habituée à prendre son petit déjeuner au lit et, en l'absence de femme de chambre, elle ne voulait pas déranger. Ainsi, elle pouvait se préparer son thé elle-même tous les matins. Le hic étant qu'elle ne savait pas faire fonctionner l'appareil. « Oh, Anne, vous croyez que vous pourriez m'aider ? Je crois qu'il y a un problème avec ma bouilloire… J'ai l'impression qu'elle ne marche pas correctement. » En réalité, même si elle avait fait preuve de prévenance en apportant cet appareil, il était surtout une source de tracas, et j'ai fini par m'occuper de ses petits déjeuners.

Au fil des ans, elle a pris certaines habitudes : elle insistait pour nettoyer ma voiture – avec l'aide de Roddy quand il la rejoignait –, et elle se chargeait toujours d'allumer le feu, me rappelant systématiquement : « Vous n'avez pas été chez les Jeannettes, vous, alors laissez-moi m'en charger. » Notre amitié était simple, elle appréciait bien plus que moi les activités terre à terre. Il m'arrivait de la trouver en train d'épousseter les bibliothèques, et elle a, à plus d'une reprise, démonté mon lustre pour le nettoyer dans la baignoire.

Elle adorait être dehors, et nous passions des journées entières à jardiner, désherbant de conserve, les genoux dans la terre. Elle n'avait aucune envie de faire de nouvelles rencontres, elle voulait simplement enfiler ses chaussures à lacets marron et son imperméable pour sortir explorer des jardins, des églises ou des maisons de campagne avec moi – et Colin s'il était présent, ainsi que quelques invités triés sur le volet. Notre ami commun, Jack Plumb, était souvent de la partie. Professeur d'histoire à Cambridge, sa conversation était brillante. Il nous invitait parfois à venir dîner à l'université avec un groupe de jeunes étudiants. La princesse était dans son élément, et elle était à la hauteur de ses interlocuteurs même si elle n'avait pas suivi d'études supérieures, ce dont elle avait parfaitement conscience.

Lorsque la princesse était là, j'invitais aussi Christopher Tadgell, qui enseignait à Canterbury. L'architecture et les églises n'avaient aucun secret pour lui, et nous partions donc pour de longues promenades dans la campagne. La princesse lui posait toutes sortes de questions et enregistrait ses réponses dans le moindre détail.

Le soir, nous nous réunissions dans le salon. Elle occupait toujours le fauteuil à gauche de la cheminée et parlait des heures, souvent de ce que nous avions vu et fait durant la journée. « Et si nous reprenions un petit verre ? » suggérait-elle. Colin nous servait une nouvelle tournée – whisky pour elle, vodka tonic pour moi. Pendant ce temps-là, John Harding traînait dans la cuisine, lisant le journal jusqu'à ce que la princesse finisse par se décider à aller se coucher.

Des gens se sont plaints du caractère de la princesse Margaret, la jugeant pénible, mais je crois, moi, qu'elle exprimait surtout de l'ennui ou de l'agacement. Elle était souvent invitée à faire la connaissance d'inconnus lors d'un repas et, sans surprise, passer le déjeuner dominical assise à côté d'un maire, d'un évêque ou d'un commissaire ne l'amusait guère. Lorsqu'elle rendait visite à des amis, elle n'avait aucune envie d'être exhibée. Elle aimait aussi qu'on lui demande ce qu'elle voulait faire et manger, ce qui n'arrivait pas souvent. On lui organisait des dîners somptueux alors qu'elle aurait préféré des plats plus simples.

Je n'aimais pas que les gens se plaignent de son attitude. Je savais qu'elle pouvait être difficile : elle était connue pour décocher un regard glacial dès que l'on dépassait les bornes, qu'elle accompagnait souvent d'une remarque bien sentie – le plus souvent justifiée. Il lui arrivait parfois, c'est vrai, de faire preuve de suffisance, mais j'avais appris à fermer les yeux sur ces « excès royaux », à m'en amuser en secret. Je vivais mal qu'on la critique, surtout qu'elle était harcelée par la presse.

Tony avait réussi, je ne sais comment, à mettre celle-ci de son côté, et la princesse était calomniée. Avant leur divorce, j'ai assisté à quelques événements en leur compagnie ; ce n'était jamais une partie de plaisir tant il était imprévisible. J'allais chercher la princesse au palais de Kensington et je devinais aussitôt sa présence au sentiment de gêne ambiant. Un jour que la princesse était souffrante, nous avons été chargées, Jean Willis et moi, de nous installer devant sa chambre pour bloquer le passage à Tony. La situation était extrêmement pénible ; il tenait à ce que la princesse sache combien il était en colère. Dans le but, je suppose, de la mettre mal à l'aise, il a dévalé l'escalier, claqué la porte d'entrée pour monter dans sa voiture et tourner dans la cour, en faisant rugir son moteur et en klaxonnant sous sa fenêtre.

La princesse était dévastée par l'échec de son mariage, répugnant autant au divorce que moi. Et pourtant je sais bien que, dans certaines situations, celui-ci est inévitable, et cela a été le cas pour la princesse Margaret. Ou pour ma grand-mère, Ga, qui avait divorcé de son mari, le huitième comte de Hardwicke, pour « mauvais traitements ». Les circonstances demeuraient floues, mais il me semble qu'il l'avait poursuivie armé d'un couteau un assez grand nombre de fois pour que les craintes de Ga soient prises au sérieux. Ils se sont séparés sans faire de vagues, et plus personne n'en a jamais parlé.

Nous n'étions pas les seules à connaître des difficultés maritales. Ma sœur Carey avait des ennuis avec son mari qui, après quelques années de mariage, refusait de lui parler et s'adressait à elle à travers son labrador : « Demande-lui de m'apporter ce maudit papier. »

Quand j'avais découvert les infidélités de Colin, j'avais d'abord été incroyablement jalouse et j'avais eu du mal à l'accepter. Il recevait aussi des avances d'hommes, se vantant souvent fièrement que le maréchal Montgomery s'était entiché de lui lorsqu'il avait battu le record du saut en hauteur au sein des Irish Guards, et lui avait conservé son affection. Au fil des années, Colin a eu de nombreuses maîtresses ; j'en connaissais certaines, pas toutes. J'essayais de ne pas me laisser atteindre. À sa mort, plusieurs sont sorties de l'ombre, notamment une Afro-Américaine à laquelle il avait acheté un bar à ongles aux États-Unis. Je n'ai découvert son existence que parce qu'elle avait parlé à la presse – j'ai ainsi appris qu'il lui avait cassé le poignet. J'espère que celui-ci s'est suffisamment bien remis pour lui permettre de continuer à faire les ongles de sa clientèle.

Il a gardé une de ses maîtresses pendant des années. J'avais d'abord eu vent d'elle par la rumeur et, à l'occasion d'une fête à Kew Gardens, les voyant ensemble, j'ai tout de suite perçu l'alchimie entre eux. Ça sautait aux yeux, et ça m'a infiniment chagrinée. Il n'y a jamais eu de dispute enflammée ni de confession. J'étais trop polie, ce qui avait toujours exaspéré Colin. De temps en temps, après un verre ou deux, j'essayais de hurler plus fort que lui, mais c'était rare.

J'évitais l'affrontement, ne voulant pas que notre mariage se transforme en une succession incessante de querelles. Exception faite de son infidélité et de son mauvais caractère, nous nous entendions à merveille et nous tenions tous deux à notre relation, fondée sur une amitié solide. Surtout, nous avions cinq enfants, et il m'importait de maintenir l'unité pour eux. Le plus étrange, c'est que Colin se plaignait parfois de ses maîtresses devant moi. Il m'a un jour dit, de retour d'Afrique, où il avait emmené celle avec laquelle il a eu une relation particulièrement longue : « J'ai passé les pires vacances de ma vie. Et j'ai bien peur de m'être très mal conduit.

— Colin, voyons, ai-je répondu tout en me demandant quelle réaction il pouvait bien attendre de moi au sujet de vacances avec sa dulcinée.

— J'en ai assez d'elle ! Elle s'est cassé la jambe avant le départ, alors que tout l'intérêt de cette destination était de faire du canoë et d'aller voir des animaux sauvages. Impossible de la faire entrer dans le canoë, parce que sa maudite jambe était plâtrée et ne pouvait donc pas se plier. En conséquence, nous avons dû passer nos journées allongés dans notre paillote étouffante… »

Il a continué, encore et encore, sans se rendre compte qu'il était ridicule.

J'ai fini par lui dire : « Je n'ai aucune envie d'entendre parler de tes vacances avec ta maîtresse, Colin. Je suis navrée que tu n'aies pas passé un bon moment, mais discutons d'autre chose, tu veux bien ? »

M'apitoyer sur mon sort n'aurait servi à rien. Presque tous les couples de ma connaissance avaient des relations extraconjugales. Il était apparemment rare qu'une union se limite à deux personnes. Il s'agissait d'une malédiction aristocratique. Les liaisons étaient une composante du mariage, et les épouses devaient faire avec. Tony ne s'était pas non plus satisfait de sa femme, bien qu'elle fût une princesse, et avait eu un chapelet de maîtresses.

Dès que j'ai appris l'incartade de Colin, j'ai décidé de rétablir un peu l'équilibre. J'ai eu un ami très cher pendant de nombreuses années. Il a toujours été formidable avec moi : il me faisait rire et nous nous entendions à merveille. Nous déjeunions ensemble une fois par semaine et passions, de temps à autre, un week-end tous les deux. Cela rendait la situation plus supportable. Je me sentais capable de l'accepter, j'étais plus heureuse et plus indépendante. Lorsque Colin l'a appris, il en a été terriblement jaloux, toutefois il se conduisait si mal qu'il n'était pas en mesure de protester. Ma liaison a eu un effet positif sur notre mariage, car tout en m'évitant d'être dévorée par la jalousie, elle a permis à notre amitié de rester solide. Nous n'avons jamais cessé de nous parler et nous riions souvent ensemble sans amertume.

Sa maîtresse de longue date avait tenté, sans succès, de le convaincre de me quitter et de l'épouser. Sur ce plan-là, nous restions loyaux l'un envers l'autre. Il n'a pas cherché à divorcer. Comme il disait toujours : « Nous n'avons pas été élevés pour jeter l'éponge mais pour la passer en serrant les dents. » Il était plutôt mal placé pour en parler, mais il avait raison.

Chapitre 11

Superproductions caribéennes

Notre villa à Moustique, rebaptisée Great House après que la première avait été réduite en fumée, fut la dernière construite par Oliver Messell en 1978. C'était peut-être la plus remarquable de toutes, traversée par diverses influences de l'architecture orientale. Sa pièce centrale, circulaire et coiffée d'un dôme, s'inspirait de Sainte-Sophie à Istanbul. Nous avions aussi des panneaux décoratifs ouvragés en provenance d'Asie et d'Indonésie. L'ensemble était aéré et merveilleusement léger. Colin avait eu la perspicacité de planter une palmeraie dès qu'il avait acheté l'île, et celle-ci contenait la prunelle de ses yeux, un temple incroyablement ciselé qu'il avait rapporté d'Inde. On aurait dit qu'il était en dentelle de pierre. Malheureusement il était arrivé en pièces détachées, et les cinq hommes chargés de son assemblage l'avaient mal remonté. Colin avait été furieux. Ce n'était pas la première fois – et ce ne serait pas la dernière – qu'il perdrait son calme au cours du développement de Moustique : il avait eu de nombreuses disputes explosives avec Oliver, surtout lorsque ce dernier avait voulu utiliser du béton et le peindre pour lui donner l'aspect du marbre. Colin avait refusé et il avait fait l'acquisition d'une carrière de marbre pour être certain d'en obtenir à bon prix… et d'avoir le dernier mot.

La Great House a été l'ultime projet d'Oliver, et il a malencontreusement trouvé la mort juste avant qu'elle ne soit achevée. Nous avons, Colin et moi, assisté à son enterrement à La Barbade. Nous étions en retard pour la cérémonie, et lorsque le taxi a dépassé l'église, Colin s'est mis dans une rage si noire qu'il a non seulement crié et hurlé mais aussi mordu le bras de notre conducteur – sans aller jusqu'au sang, Dieu soit loué.

Étant alors mariée avec lui depuis plus de vingt ans, j'étais habituée à ce genre de comportement, sur lequel je n'avais aucun contrôle et, visiblement, lui non plus. Colin avait beau être parfois ingérable, cela ne l'empêchait pas de réaliser des exploits. Quand je repense à ces années à Moustique, mes souvenirs sont éclatants de couleurs et d'énergie, ils fourmillent d'aventures que je n'aurais pas vécues sans lui. J'ai récemment lu dans un journal que Moustique est un lieu « unique au monde », qui ne pourra jamais « être dupliqué ailleurs ». Je partage cet avis. Et cet exploit est à mettre au compte du talent visionnaire de Colin.

C'est son excentricité qui a contribué à faire la célébrité de Moustique : il se servait de son pouvoir de séduction pour convaincre les gens de venir. Au début, la plupart des visiteurs se contentaient de passer ; c'était la curiosité qui les poussait à accoster. C'est ainsi que Nelson Rockefeller, le milliardaire américain et quarante et unième vice-président des États-Unis, a un jour ancré son yacht au large de l'île, à proximité de celui de Bob Dylan. On a commencé à parler de Moustique.

Janie Stevens, une bonne amie, elle aussi dame d'honneur de la princesse Margaret, avait épousé Jocelyn Stevens, rédacteur en chef du magazine *Queen*, devenu depuis *Harper's Bazaar*. Nous lui avions dit, Colin et moi, que l'île avait besoin d'un peu de publicité, elle en a donc parlé à son mari, qui a envoyé un photographe, Patrick Lichfield – notre cousin, à la reine et à moi –, afin d'illustrer un article. L'opération a été un grand succès. Des clichés de la princesse Margaret entourée de Colin et de moi – et de toutes les autres personnes présentes, locaux ou expatriés – s'étalaient sur des doubles pages en papier glacé. Ils évoquaient une atmosphère bohème avec cette touche unique de royauté, le tout dans un cadre de carte postale, avec cocotiers et eau turquoise. Le spectacle était aussi attirant qu'intrigant.

Au milieu des années 1970, des articles ponctuels mais réguliers présentaient Moustique comme le dernier

« endroit à la mode ». Outre qu'il s'agissait d'une des destinations prisées par la princesse Margaret, cette affirmation était amplement exagérée, pourtant c'était facile à croire lorsque Colin en parlait – il faisait si forte impression qu'il est devenu le principal attrait de l'île. Il l'a compris et s'en est servi, espérant que le logo qu'il avait créé (un G majuscule en rouge, pour Glenconner) deviendrait célèbre.

Il proposait un tour du propriétaire mémorable aux visiteurs de Moustique ; il était prêt à aller plus loin que la plupart pour trouver des acheteurs : afin de démontrer la profondeur de l'eau, il lui arrivait de marcher dans la mer, tout habillé, jusqu'à ce que son chapeau flotte à la surface – même si en réalité l'océan ne lui arrivait qu'à la taille et qu'il se mettait à genoux.

Mick Jagger a été la première vraie célébrité à séjourner sur l'île. Même si sa visite initiale n'a pas été couronnée de succès. Il est arrivé, hors saison, avec son épouse Bianca et sa fille Jade. Au bout d'une semaine, il est reparti sans être tombé sous le charme. Cependant sa simple présence accréditait l'idée que de grands noms s'intéressaient à Moustique, suscitant toujours plus d'attention de la part des médias.

Colin a décidé d'organiser des fêtes extravagantes dont on entendrait parler. Tout le monde voudrait être invité à ces « superproductions caribéennes ». De toutes les soirées, son Golden Ball – « bal doré » – pour ses cinquante ans, en 1976, a fait partie de celles qui ont valu à Moustique le titre de paradis hédoniste pour les riches et les stars. Ce fut aussi un succès commercial : juste après, Mick Jagger a acheté une villa, L'Ansecoy, avec une vue imprenable sur Saint-Vincent-et-les-Grenadines.

Il nous a aussi invitées, la princesse Margaret et moi, à un concert des Rolling Stones à Londres. Le son était si fort que nous nous sommes bouché les oreilles tout du long.

L'invitation pour les cinquante ans de Colin incluait près d'une semaine de festivités, tous frais payés : billet d'avion, logement et le reste. Les convives étaient répartis sur l'île dans diverses villas : la princesse Margaret a reçu Oliver Messel, Rupert de Loewenstein, le manager des Rolling Stones, son épouse, ma grande amie la princesse Joséphine Loewenstein, et Carolina Herrera, la créatrice de mode célèbre pour avoir habillé une ribambelle de premières dames, de Jackie Kennedy à Michelle Obama, accompagnée de son mari Reinaldo. Carolina nous montrait toujours ses collections, à la princesse et à moi, lorsque nous passions par New York avant de rentrer en Angleterre. Dans son immense générosité, elle nous invitait à choisir ce qui nous plaisait. Ses couturières procédaient à de petites modifications pour la princesse Margaret afin qu'elle ait la garantie de porter une pièce unique.

Une fois que l'île a été remplie, la fête a commencé. Colin avait planifié chaque heure dans le moindre détail : virée en bateau pour voir l'épave du paquebot *Antilles*, qui s'était échoué sur un massif de corail quelques années plus tôt ; chanteurs de calypso qui se mêlaient aux invités et les intégraient aux paroles de leurs chansons, concert de Dana Gillespie, célèbre pour avoir chanté « Andy Warhol », composé par David Bowie, à la Cotton House. Des déjeuners étaient organisés dans les différentes villas – chez l'architecte Arne Hasselqvist, le rhum était servi dans une énorme casserole en cuivre. Et puis, en guise de bouquet final, le Golden Ball. À son approche, Colin est devenu si nerveux qu'il a perdu connaissance ; le médecin a dû lui faire une piqûre pour le ranimer. L'injection a été efficace, et il a bientôt retrouvé son habituel niveau explosif d'excitation.

La fête était incroyable. On a souvent dit que Colin avait voulu faire de Moustique le lieu où les rêves devenaient réalité, et il est certain que ce fut le cas ce soir-là : tout était doré, les arbres et l'herbe avaient été peints, la plage était couverte de paillettes. Colin a obtenu de certains locaux qu'ils s'enduisent d'huile et ne portent rien d'autre qu'un cocotier doré miniature à l'endroit le plus stratégique de leur anatomie. Et quand on pensait que Colin s'était surpassé, il sortait encore d'autres surprises de son chapeau. Il n'était jamais à court d'idées pour impressionner ses convives, faisant d'eux le public d'une superproduction théâtrale – car ses fêtes étaient bien cela. Brusquement, d'autres types sont apparus sur la plage, portant une litière recouverte de serpentins dorés. Lorsqu'ils l'ont posée à terre, Bianca Jagger en est sortie.

Les photos de la soirée, prises par Robert Mapplethorpe, ont fait date, surtout celles de Mick et Bianca Jagger : lui ressemblait un peu à un lutin avec son étrange chapeau en paille aspergé de peinture dorée, quant à Bianca, elle incarnait un personnage d'*Autant en emporte le vent* avec jupe à crinoline en or. Les photos ont été publiées, au grand plaisir de Colin, parce qu'il avait, lui aussi, fait un effort vestimentaire avec un costume moulant en satin blanc brodé. J'étais moins enthousiaste : quelqu'un m'avait suggéré de me peindre le visage en doré, et le résultat avait été affreux, soulignant chacune de mes rides et irrégularités. J'ai passé une grande partie de la soirée à m'interdire de sourire.

Cette nuit-là, la célébrité de Moustique a été scellée à tout jamais, en grande partie grâce aux garçons huilés qui dansaient autour de la princesse Margaret. Nous avions beau être dans les années 1970, c'était un spectacle inhabituel.

Les fêtes ont continué les années suivantes, et la réputation de l'île n'a cessé de croître, culminant en 1986, avec la fête pour les soixante ans de Colin, qu'il avait planifiée pendant deux ans.

Plusieurs invités américains sont venus avec l'avion privé de la compagnie discographique Atlantic Records, et parmi eux se trouvaient des célébrités comme Jerry Hall qui avait, à l'époque, succédé à Bianca.

Mais il y avait surtout beaucoup de mes relations : ma mère et mes sœurs adoraient nous rendre visite, et nous avons bu beaucoup de punchs au rhum et de daïquiris. Mes vieux amis Ingrid et Paul Channon étaient accompagnés de leurs enfants, qui se sont très bien entendus avec les nôtres – ils prenaient part à tous leurs jeux avec enthousiasme. Il y avait aussi une grande partie de la famille Guinness, quelques dames d'honneur de la princesse Margaret, et des amis telle que Prue Penn, que j'ai toujours adorée et avec qui je riais souvent. Patrick Lichfield était présent pour prendre des photos – notamment une du derrière de la princesse qui s'était penchée vers quelqu'un d'autre pour réaliser son portrait. Sans oublier Laura Brand, la sœur excentrique de Lord Hambelden, qui ne quittait pas ses sombreros et était toujours dans l'océan. Elle s'est d'ailleurs noyée quelques années plus tard. Elle était à la Grenade avec son mari Micky. Il est resté sur la plage quand elle est partie se baigner. Brusquement, il a vu son chapeau flotter à la surface, emporté vers le large.

Tous nos enfants étaient de la fête, avec une ribambelle d'amis et une partie de leurs innombrables cousins. Comme pour ses cinquante ans, Colin avait prévu des célébrations pendant une semaine. Elles ont fait les gros titres – « Apportez vos bijoux » disait un magazine, un autre voyait en Colin le « Monsieur Loyal de ce cirque aristocratique insensé ».

Disons-le : la princesse Margaret avait bien apporté ses bijoux au Peacock Ball – « le bal paon » – et elle les a portés avec la robe que Carl Toms, décorateur et costumier emblématique, avait créée spécialement pour elle. Elle était ravissante dans la soie ivoire brodée d'or, qui mettait parfaitement en valeur sa tiare en diamants. La princesse adorait sa robe et m'a confié qu'elle avait attendu toute sa vie d'en porter une qui lui donnait l'impression d'être une vraie princesse. Son fils David était accompagné de sa charmante petite amie, Susannah Constantine.

La princesse Margaret était enthousiasmée par la tenue de son fils David – son énorme coiffe à plumes de paon blanches lui a valu une multitude de compliments. Dieu merci Colin portait une couronne, sinon il aurait pu être jaloux, et quand la princesse l'a élevé au rang de « roi de Moustique » pendant le bal, il était évident qu'il exultait, se félicitant que tout le monde ait joué aussi bien le jeu.

Colin avait organisé le bal de manière à ce que chaque invité puisse faire une entrée remarquée. Jerry

Hall, qui se pavanait dans une robe presque identique à la mienne, a observé : « Vous portez la même couleur que moi. » J'aurais voulu lui répondre : « Non, c'est vous qui portez la même couleur que moi », mais je ne l'ai pas fait.

Le bal concluait en beauté les festivités du week-end, comme le Golden Ball avait constitué le bouquet final de ses cinquante ans. Pour la presse, ces fêtes étaient « décadentes » et « dissolues ». Il aurait été difficile de la contredire – Colin avait affrété un nouveau voilier, le *Windstar*, pour la semaine, sur lequel nos convives pouvaient trouver des masseurs et des chefs cuisiniers. Il avait aussi mis à disposition une collection de films pornographiques qui accaparaient les plus jeunes, et Colin leur a reproché de passer trop de temps dans leurs cabines.

À bord de ce bateau, on avait l'impression d'être sur une île mouvante. Colin avait réfléchi au moindre détail, y compris aux vêtements. Nous étions allés deux fois en Inde pour nous en occuper. Il avait commandé des tee-shirts pour marquer l'occasion et des habits traditionnels pour les fêtes – la sélection était vaste, permettant aux invités de choisir ce qui leur plaisait.

Nous avons fait le tour des îles, nous arrêtant pour déjeuner ou jouer – Colin s'était donné énormément de mal pour se procurer des silhouettes en carton grandeur nature de plusieurs personnalités, dont une de la reine, en vue des chasses au trésor organisées sur Bequia. Il était venu les cacher un peu partout en amont. Les invités qui ont trouvé la reine au bar d'un restaurant ont poussé des cris, et quelqu'un s'est exclamé en gloussant : « La princesse Margaret est dans la jungle ! »

La vraie princesse était restée à Moustique, où elle préparait la fête qu'elle allait donner : un pique-nique à Macaroni Beach. Elle avait envoyé une invitation à tout le monde, mais la solennité de la chose s'arrêtait là. On aurait dit une kermesse somptueuse, avec chamboule-tout, baignoire à pattes de lion remplie de champagne et de punch au rhum. Les gens ont afflué, passant tout l'après-midi à jouer et tituber, au son de grands éclats de rire, jusqu'au petit matin.

Dès qu'une fête se terminait, une autre débutait. Nous avions mis le temps et les responsabilités sur pause, et nous nous laissions porter d'une île à une autre. Raquel Welch, l'actrice américaine, a organisé une réception avec son mari, André, sur leur bateau – ils avaient créé un décor de velours rouge et de lustres évoquant un bordel. La princesse Margaret était toujours légèrement irritée par Raquel : l'étiquette imposait que les membres de la famille royale arrivent en dernier, mais c'était impossible avec Raquel, systématiquement en retard.

À Moustique, tout le monde se détendait et s'amusait au point qu'on aurait pu croire qu'il s'agissait d'une immense propriété privée. C'était d'ailleurs l'un de ses attraits évidents, surtout pour les célébrités – elles se sentaient à l'abri des regards. C'est une des raisons pour lesquelles l'île est encore prisée aujourd'hui. Colin avait eu la grande intelligence d'insister sur ce point : personne ne pouvait venir sur l'île à moins d'avoir loué une villa ou une chambre à l'hôtel. Ce qui signifiait que la presse, même si elle parvenait à atteindre le débarcadère, était refoulée. La Cotton House ne possédait que douze chambres, et le prix d'une maison à la location était exorbitant ; ainsi, l'île est toujours restée un endroit huppé, et donc préservé.

Les visites de la reine ont renforcé l'idée que Moustique était aussi un terrain de jeu pour l'aristocratie, ce qui était sans doute, tout compte fait, plus proche de la vérité, ne serait-ce que parce que la plupart des invités étaient des membres de ma famille ou de celle de Colin, considérablement plus nombreux que les stars du rock. La première visite de la reine a eu lieu en 1977, avec le duc d'Édimbourg, qui me rendait nerveuse – il avait cet effet sur tout le monde et le savait. Lorsque la princesse Margaret nous avait informés que la reine prévoyait un voyage à Moustique, nous avons aussitôt su que nous devions lui présenter l'île sous son meilleur jour. Les villageois n'avaient pas de vêtements élégants, et il n'y avait aucun endroit où en acheter, même à Saint-Vincent. Colin a donc appelé sa mère, Pamela, et l'a chargée de trouver des chemises pour les hommes et des robes pour les femmes.

Pamela nous a livré tous les colis de vêtements personnellement, en bateau. Après les avoir traînés jusqu'à la maison, nous les avons ouverts pour découvrir, à notre grande horreur, que Pamela avait acheté des lots d'anciennes tenues victoriennes.

« Qu'est-ce qui t'a pris enfin ? lui a demandé Colin.

— J'ai pensé que ce serait plus sympa pour tout le monde. » Cette idée la réjouissait.

Nous avons distribué les habits aux villageois sans leur préciser qu'ils étaient complètement démodés. Ils en ont déduit que ceux-ci étaient adaptés à une visite de la reine d'Angleterre. Et en un sens, c'était le cas… mais pas cette reine-là ! J'ai aidé les femmes à enfiler leurs crinolines pendant que les hommes revêtaient leurs pantalons rayés et leurs hauts-de-forme. En dépit de la chaleur accablante, ils étaient enchantés.

J'ai appris aux femmes à faire la révérence, et aux hommes à s'incliner. Ils ont tous descendu des chaises sur le quai afin de guetter l'apparition du *Britannia* à l'horizon. On leur avait dit de se lever dès que la reine et le duc d'Édimbourg poseraient le pied à terre, pourtant ils n'ont pas bougé. Je ne suis pas certaine qu'ils aient été très impressionnés – à mon avis, ils s'attendaient à voir arriver la reine avec son manteau royal et sa couronne.

La première chose que la reine ait dite à sa sœur a été : « Je ne me doutais pas qu'à Moustique le temps s'était arrêté à l'époque victorienne. »

La première chose que le duc d'Édimbourg ait dite à Colin, lui, a été : « Je constate que vous avez détruit cette île. » Cette remarque l'a anéanti, d'autant plus qu'il s'était donné du mal et qu'il avait pensé au duc au moment de déterminer l'itinéraire.

Heureusement, son organisation a fini par payer : le duc d'Édimbourg s'est régalé de sa séance de plongée au milieu des requins qui mettaient bas dans Black Sand Bay, pendant que la princesse Margaret avait la joie de montrer à sa sœur Les Jolies Eaux – elle était si fière de la vie qu'elle s'était créée à Moustique. Puis elle a pique-niqué avec la reine, qui est ensuite allée se baigner. C'était exceptionnel, car elle nageait rarement, sans doute parce qu'elle craignait d'être photographiée. La presse étant absente, elle s'est autorisé un bain dans Macaroni Bay.

Le duc d'Édimbourg a révisé son opinion sur l'île. Lors de son départ, il s'est tourné vers Colin. « J'aime beaucoup votre île. J'ai vraiment passé un moment délicieux ici. »

La semaine suivante, Nick Courtney, le directeur général de la Mustique Company, la société de gestion de l'île dont la fonction initiale était de vendre des villas, faisait visiter l'île à de potentiels clients et lorsqu'ils sont arrivés à Macaroni Bay, il a déclaré : « La reine s'est baignée ici la semaine dernière et nous n'avons pas changé l'eau depuis. »

La visite royale n'avait pas grand-chose à voir avec celle de la princesse Margaret dix-sept ans auparavant, en 1960, quand elle avait quitté le *Britannia* lors de sa lune de miel. La reine n'a pas été confrontée à des souris volantes ou à des chaises en plastique ficelées à une remorque tirée par un tracteur. Elle n'a pas non plus eu à boire du sorrel ni à porter un pyjama rayé avec de la ficelle autour des chevilles et des poignets pour se protéger des moustiques. L'île était devenue le paradis que Colin avait toujours eu en tête.

Moustique ne rencontrait que des succès et pourtant, en mon for intérieur, j'en voulais à Colin de continuer à organiser des fêtes si coûteuses – jusqu'à des centaines de milliers de livres pour certaines. Je ne pouvais rien faire pour juguler tant d'extravagance, pour canaliser mon époux. L'argent filait à toute allure, or nos réserves n'étaient pas infinies, contrairement à ce qu'il semblait penser.

Glen était aussi un gouffre financier, surtout pendant et après la crise pétrolière de 1979, qui a impacté la banque des Tennant. Les montants des factures se sont envolés.

Lorsque nous étions à cours de liquidités, Colin avait une solution simple : il vendait un ou deux tableaux. Il répétait toujours que cela ne le dérangeait pas de renoncer à une toile une fois qu'il était passé devant assez souvent, et qu'il lui suffisait de fermer les yeux pour la voir – ou d'aller à la Tate si elle lui manquait trop. Ainsi s'est-il séparé d'un tableau remarquable, *L'Inauguration du pont de Waterloo*, de Constable, comme ça, pour régler une dette. Je n'étais pas attachée à toutes les œuvres, mais j'ai été très fâchée quand il a décidé de se défaire de *Jeune femme dans un lit*, qui était un portrait de mon amie de jeunesse Caroline Blackwood, réalisé par son mari de l'époque, Lucian Freud. Lucian ne l'a pas mieux pris que moi : il a été vexé que Colin cède la totalité de sa collection de peintures, et ce geste a sonné le glas de leur amitié.

À l'époque du Peacock Ball, au milieu des années 1980, Colin avait déjà écoulé tous nos biens de valeur et se trouvait à court de solutions. Il a néanmoins conclu que le jeu en valait la chandelle, car les fêtes avaient fait la célébrité de Moustique, devenue, par conséquent, plus rentable. Je crois que, de ce point de vue, il avait raison : l'île a attiré les plus grandes stars du rock, de David Bowie, qui a acheté Mandalay Villa, à Bryan Ferry, le chanteur du groupe Roxy Music – et le petit ami de Jerry Hall avant qu'elle ne le quitte pour Mick Jagger –, sans oublier Bryan Adams et quantité d'autres célébrités du monde entier. Non seulement celles-ci se rendaient sur l'île, mais elles ne se contentaient pas d'y venir bronzer en paix, certaines plus que d'autres : depuis qu'il a acheté sa maison, il y a maintenant trente ans, Mick Jagger s'est toujours efforcé

Ma grand-mère paternelle, Marion Coke. La première d'une série d'aristocrates raffinées à avoir eu une aventure, bien qu'étant mariée, avec le prince de Galles, qui deviendrait le roi Edward VIII.

Ga, ma si chère grand-mère maternelle originaire de Nouvelle-Zélande, avec ma mère, Lady Elizabeth Yorke.

Le mari de Ga, mon grand-père, Charles Hardwicke, huitième comte de Hardwicke. Leur union malheureuse s'est conclue par un divorce.

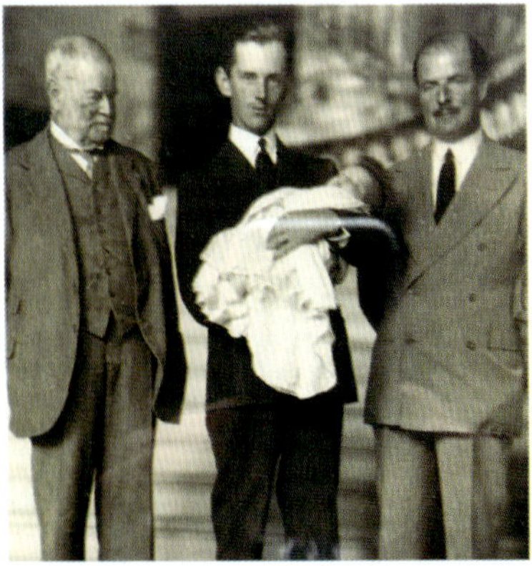

La pire des déceptions.
Le jour de mon baptême, en 1932, dans les bras de mon père, entouré par le troisième comte de Leicester, à gauche, et le vicomte Coke, à droite. J'avais pourtant tout fait pour être un garçon.

En train de m'amuser avec ma mère et ma sœur Carey, à droite.

Mon père, à droite, dans son rôle d'écuyer, avec le duc d'York, qui deviendrait le roi George VI, partant se baigner.

Ma chère grand-tante Bridget,
redoutable championne
de la Science chrétienne.

À gauche, mes cousins Ogilvy, David et Angus. Au milieu, la princesse Elizabeth considérant sévèrement la princesse Margaret qui fixe mes chaussures argentées avec convoitise.

Mon fils Henry dans les bras du prince Charles, à Holkham, sous le regard de la princesse Anne, avec ma mère en arrière-plan.

Le cliché que ma mère a fait de Carey et moi déguisées en domestiques et prenant la pose pour le prince Philip.

À la sortie de l'abbaye de Westminster (après une répétition pour le couronnement) avec deux autres demoiselles d'honneur. Je me trouve au centre, habillée exactement comme ma mère.

Cet instant terrible où j'ai été piégée par des photographes après la dernière répétition, dévoilant ma robe pour la cérémonie.

Un grand moment de fierté. Nous calions notre pas sur celui de la reine pour traverser l'abbaye en une procession parfaite. Je suis la seconde demoiselle d'honneur sur la droite.

Le jour de mon mariage, le 21 avril 1956, dans l'escalier en marbre de Holkham, avec ma robe dessinée par Norman Hartnell, photographiée par Antony Armstrong-Jones.

La reine mère, qui agite la main et sourit lors de mon mariage. Elle est accompagnée de la princesse Margaret et de mon père. La reine Elizabeth était absente, elle fêtait son anniversaire – mon père ne s'est rendu compte de son impair que plus tard.

Au bal organisé pour l'entrée dans le monde de ma sœur Sarah, à Holkham, en juin 1962. Je suis tout à droite, à côté de Sarah. Ma mère et ma sœur Carey se trouvent à gauche. Seules les femmes mariées pouvaient porter des diadèmes.

Dans la végétation dense de Moustique, au tout début.

Notre cadeau de mariage à la princesse Margaret, la villa qui avait tant d'importance pour elle, Les Jolies Eaux, dans le coin isolé de Gellizeau Point.

Avec Colin à la Great House, en 1973. Colin porte un de ses pyjamas rayés, filés avec le coton qu'il se vantait d'avoir fait pousser lui-même.

Ma coiffeuse personnelle, la princesse Margaret. Je ne suis pas certaine que mon coiffeur habituel, Simon, aurait apprécié son travail.

Ma mère et la princesse Margaret, au milieu des années 1970.

Roddy Llewellyn, la princesse Margaret, moi et Charlie.

Une soirée divertissante à Glen, en 1975. La princesse Margaret, Henry, Colin et Roddy.

Glen, ce château magique dans le sud de l'Écosse, dont Colin a hérité en 1963.

Avec la princesse Margaret à Sandringham. Je n'ai jamais autant ri avec personne d'autre.

La princesse Anne à Balmoral, veillant à ce que la cuisine portative de la reine soit parfaitement rangée, sous l'œil attentif de son fils Peter, à gauche.

Charlie avec un chaton,
à quatre ans.

Une journée frisquette,
sur la plage de Holkham,
avec Henry et Charlie.

Notre merveilleuse nanny,
Barbara Barnes, avec les
jumelles, May et Amy.

Avec Colin et Bianca Jagger pour le Golden Ball de 1976 ;
je porte un maquillage doré si peu seyant que je n'osais pas sourire.

La princesse Margaret avec un danseur et sa noix de coco dorée placée à un endroit stratégique, au Golden Ball.

Au centre de l'attention, entourée de Mick Jagger
et de Rupert Everett à Moustique, au milieu des années 1980.

Au Peacock Ball, en
1986. Colin venait de
m'apprendre que Henry
avait le sida. Charlie me
considère avec inquiétude.
Je ne sais pas
très bien comment
j'ai tenu toute la soirée.

Avec un prince Philip enchanté, à Moustique, en 1977.

La reine qui contribue enfin à notre célébrité en débarquant à Moustique en 1977, accueillie par la princesse Margaret. Le yacht royal, le *Britannia*, a jeté l'ancre juste à côté.

Avec la princesse Margaret, dans mon rôle de dame d'honneur (tout à droite), en 1975 à Sidney, chez le gouverneur si guindé, Sir Roden Cutler VC, sur ma droite.
Son épouse, Lady Cutler, est à la droite de la princesse.
Nigel Napier se trouve sur la dernière marche, à droite.

Avec la première dame des Philippines, Imelda Marcos, en 1978.

Le roi Sobhuza II du Swaziland, au milieu à gauche, en tenue traditionnelle, qui devait recevoir une décoration de la reine, en 1978 – la princesse Margaret a eu bien du mal à savoir où l'accrocher.

Tous nos enfants réunis à Hill Lodge, en 1986. De gauche à droite : Henry, May, Charlie, Christopher et Amy.

Le mariage de Henry et Tessa à Moustique en 1984, avec Amy et May pour demoiselles d'honneur.

Henry avec Euan.

Le mariage de Charlie
et Sheilagh à Londres, en 1993.

Christopher, à sa sortie du coma,
avec la fameuse mallette
de stimulation sensorielle.

Sur la plage à Madras, soutenue
par ma grande amie
Margaret Vyner, en 1988.

Avec le prince Charles, chez moi, dans le Norfolk.

Le mariage de May avec Anton Creasy en 2009, dans l'église où je me suis unie à Colin en 1956 – St Withburga, à Holkham.

Le bicentenaire de la victoire de Trafalgar à Burnham Overy Staithe dans le Norfolk, en 2005 – après quelques Nelson's Blood.

de participer à la vie locale, que ce soit en finançant la construction d'une nouvelle école ou en jouant au cricket avec les villageois – ce que Patrick Lichfield aimait aussi faire.

Il m'arrivait souvent, quand j'étais chez Basil, de voir Mick se joindre à un chanteur pour jouer en acoustique. Une année, pour le 31 décembre, nous avons prévu un sketch dans lequel Mick endossait le rôle d'un médecin, et nous avons fait passer le mot qu'il cherchait des gens pour interpréter ses patients. Évidemment, toute l'île s'est présentée au casting, rêvant d'être auscultée par le chanteur des Rolling Stones. David Bowie était lui aussi un homme délicieux. Il a pris les jumelles sur ses genoux lors de sa première venue sur l'île, à Pâques, aussi à l'aise que si nous étions tous de vieux amis.

Pour un endroit aussi petit, Moustique a de toute évidence dépassé les attentes que j'avais placées en elle la première fois que j'avais posé le pied à terre. Et c'est d'autant plus étonnant qu'elle ne possède toujours pas tout le confort moderne qu'on trouve ailleurs – il n'y a qu'une supérette pour faire ses courses, aucun parcours de golf ou marina, ni même boîte de nuit. Je crois que si elle est aussi appréciée aujourd'hui, c'est parce qu'elle a su conserver l'esprit typiquement bohème de Colin et se l'approprier.

Elle continue à attirer le même genre de personnes qu'autrefois, membres de la famille royale et élite. Le duc et la duchesse de Cambridge y emmènent leurs enfants, la dernière génération de Jagger y a grandi et une partie du monde de la mode continue à être attirée par l'île : Poppy et Cara Delevingne, deux sœurs mannequins, petites-filles mondaines de Janie Stevens,

Tom Ford, qui a nommé l'un de ses rouges à lèvres « Moustique », et enfin Tommy Hilfiger, qui a envoyé Basil à New York pour le lancement d'une de ses campagnes, afin qu'il prépare sa recette de punch au rhum.

Je dois avouer que je suis soulagée qu'il n'y ait plus de fêtes costumées – qu'il s'agisse de les organiser ou d'y participer, et je ne me recouvrirai plus jamais le visage de peinture dorée. Mon activité préférée à Moustique reste, aujourd'hui, celle de l'époque : nager. Colin m'accompagnait rarement, car depuis qu'un de ses amis d'Oxford s'était noyé il ne supportait pas de ne pas avoir pied. Lorsqu'il venait à la plage, il paniquait rapidement et nous criait, à moi ou aux enfants, de revenir, inquiet de nous voir nous éloigner trop. Il préférait rester près du rivage, à manger des mangues juteuses avec les enfants, si heureux de pouvoir se rincer immédiatement les mains.

Contrairement à la plupart des gens, qui venaient à Moustique pour ses fêtes extraordinaires, j'aimais, moi, me réveiller de bonne heure et descendre seule à la plage. Car il est difficile de rivaliser avec celles que l'on trouve là-bas : il n'y a pas d'immense hôtel en béton, de parking ou quoi que ce soit d'autre pour détourner l'attention de la beauté naturelle. Les vagues viennent s'échouer sur les coraux, si bien que l'eau mousse près du rivage et qu'on a l'impression de se baigner dans du champagne. J'ai toujours aimé la mer. Pendant les douze années où nous avons, Colin et moi, dirigé Moustique comme une plantation de coton, j'avais les magnifiques plages pour moi. J'étais seule – sans robe élégante, sans mise en scène, sans punch. Il n'y avait que moi et la mer : le bonheur absolu.

Chapitre 12

Une tournée royale

Durant l'âge d'or de Moustique, la princesse Margaret et moi alternions entre ces soirées costumées insensées et les voyages dans le cadre de ses engagements royaux, aux quatre coins du monde. Au cours des trois décennies où j'ai été sa dame d'honneur, je l'ai accompagnée lors de plusieurs tournées royales à l'étranger, du Canada, où nous portions d'élégantes tenues victoriennes et où nous avons vu un rodéo, au Caire, où nous avons assisté à une représentation du Royal Ballet en compagnie de Mme Mubarak, l'épouse du président égyptien – lorsqu'elle a vu les danseuses tomber, elle les a applaudies avec enthousiasme, ne comprenant pas qu'elles avaient perdu en réalité l'équilibre à cause du sol trop glissant, une véritable catastrophe !

Si toutes ces tournées ont été mémorables, certaines se sont distinguées plus que d'autres. Pour la première, j'ai découvert l'Australie, où je n'avais jamais été, donc. J'ai été folle de joie lorsque la princesse Margaret m'a proposé de l'accompagner en octobre 1975, pour un circuit de dix jours à travers le pays, ponctué de nombreux rendez-vous. C'est à peu près à cette époque que des articles sur le mariage de la princesse Margaret ont fait leur apparition dans la presse britannique, même s'ils étaient encore, à ce stade du moins, très mesurés. La presse australienne, elle, s'est montrée nettement moins respectueuse ; le déluge de questions et de commentaires a débuté dès notre descente de l'avion. Les journalistes, aussi effrontés que grossiers, ont apostrophé la princesse : « Pourquoi n'avez-vous pas amené Tony, Majesté ? », « Où est Tony ? ».

Je voyais bien qu'elle était contrariée et déstabilisée par ces attaques, alors nous avons conçu un plan, Nigel Napier et moi, dans l'espoir d'apaiser les journalistes. La princesse, ce n'était pas un secret pour nous, savait s'y prendre avec les hommes de tous âges, nous avons donc organisé un cocktail à bord du train, auquel nous avons convié une grande partie de la presse. À l'issue du voyage de douze heures, de Canberra à Melbourne, tout le monde était sous le charme de la princesse, et elle a eu droit, par la suite, à des gros titres nettement plus plaisants.

À notre arrivée à Melbourne, nous sommes allées directement assister aux courses, sous des trombes de pluie. Les chaussures de la princesse étaient si mouillées que lorsque nous avons pris place à table, pour le déjeuner, j'en ai profité pour les apporter au vestiaire dans l'espoir qu'elles sécheraient. Quand la fille du vestiaire me les a rendues, un peu plus tard, elles étaient presque méconnaissables. Elles étaient déformées et complètement raides. J'ai demandé ce qui s'était produit et elle m'a répondu, avec fierté : « Je les ai mises au micro-ondes. » La princesse, qui n'avait d'autre choix que de les remettre, a passé sa journée à boitiller et à me foudroyer du regard.

De Melbourne, nous sommes parties pour Sydney, où nous logions à la Government House chez Sir Roden Cutler VC, un diplomate australien, gouverneur de Nouvelle-Galles du Sud, et son épouse, Lady Cutler. Ils étaient affreusement guindés. Sir Roden abordait son rôle de représentant de la reine avec une telle exigence que rien n'était jamais simple et que le moindre détail confinait à l'absurde. Pour marquer la différence entre la princesse et moi, je me suis entendu dire que je n'étais pas autorisée à me servir de l'escalier principal, à moins de me trouver en sa présence. Dans le cas où j'étais seule, je devais emprunter celui de service, au fond de la maison. Quand je descendais avec la princesse, nous avions droit à un cérémonial parfaitement ridicule. Sir Roden et Lady Cutler se tenaient au pied des marches, face à face, impassibles, en attendant que la princesse entame la descente. Dès que son pied touchait la première marche, tels les soldats d'une horloge mécanique, ils se détournaient l'un de l'autre pour se placer face à nous. Lady Cutler exécutait alors une révérence, tandis que Sir Roden s'inclinait. Cette habitude grotesque nous donnait des fous rires, à la princesse et à moi, dès que nous étions seules.

Au fil du séjour, il est devenu évident que Sir Roden avait le sentiment de savoir tout ce qu'il y avait à savoir sur la famille royale et plus particulièrement sur la reine. Un jour que j'étais assise à côté de lui pour le déjeuner, j'ai évoqué le souhait de la princesse Margaret de trouver de l'artisanat aborigène. « Faire des achats ? s'est-il étonné. Je ne pensais pas que la famille royale s'aventurait dans les boutiques. Je représente la reine et je n'ai jamais entendu parler d'une telle chose. »

Je n'ai pas pu m'empêcher de lui répliquer : « Sachez au contraire que la reine adore aller dans les magasins. Elle s'est récemment rendue chez Harrods pour choisir des cadeaux de Noël. » Il m'a dévisagée, sidéré. « Et de quelle autorité tenez-vous cette information ? m'a-t-il rétorqué avec incrédulité.

— Ma mère est Lady of the Bedchamber, et elle l'a accompagnée. »

Cette information l'a réduit au silence et j'ai eu le sentiment qu'il me voyait sous un autre jour. Il s'est en tout cas montré légèrement moins distant avec moi durant la fin de notre séjour, mais pas au point de m'inviter à utiliser l'escalier principal sans la princesse Margaret.

Il était prévu, à Sidney, que nous nous rendions à Bondi Beach ; une séance photo devait avoir lieu sur la plage avec les sauveteurs. En l'apprenant, la princesse s'est rebiffée. L'idée de s'enfoncer dans le sable lors d'une visite officielle ne la tentait guère. Bien consciente qu'elle ne pourrait pas se plaindre de l'inconfort de la situation sur place ni prendre le temps de retirer le sable de ses chaussures et de ses pieds, elle a tout bonnement refusé, au prétexte que ses talons hauts ne lui permettaient pas de marcher dans le sable : elle acceptait de se rendre dans la banlieue de Sidney, à Bondi, mais pas sur la plage.

Quand je m'en suis ouverte aux organisateurs, ils ont été très déçus et m'ont demandé de tenter de la faire changer d'avis. J'avais déjà été dans la situation où la princesse refusait de se prêter au jeu. Je devais alors m'efforcer de trouver un compromis qui satisfaisait tout le monde. Ce n'était pas une tâche aisée – il fallait faire preuve de diplomatie et, au fil des ans, j'ai parfait ce talent des plus subtils. J'ai ainsi promis aux organisateurs de m'y employer et avant notre départ j'ai glissé, dans mon sac, une paire de ballerines lui appartenant.

Plus tard ce jour-là, alors que nous traversions Sidney et approchions de Bondi, je me suis lancée : « Majesté, vous savez, ils aimeraient vraiment que vous alliez sur la plage. Pour eux, c'est un geste aussi important que celui d'embrasser la pierre de Blarney en Irlande.

— Anne, a-t-elle riposté d'une voix où l'irritation était perceptible, regardez mes chaussures. C'est tout bonnement impossible. Je devrai rester sur le bitume et l'admirer de loin.

— Justement, Majesté, j'ai prévu une paire de rechange plus adaptée », ai-je dit en lui montrant les ballerines dans mon sac.

Son regard est passé de moi aux chaussures avant de revenir se poser sur moi. « Très bien, Anne, a-t-elle conclu avec laconisme. Vous avez gagné pour cette fois. »

Elle a enfilé les ballerines et elle est descendue sur la plage, plus charmante que jamais, sans trahir le moindre sentiment de gêne. De retour dans la voiture, tandis qu'elle retirait le sable dans ses chaussures, elle s'est tournée vers moi pour m'asséner : « J'espère que vous êtes contente. » Je n'ai pas eu le temps de répondre que déjà elle ajoutait : « Ces sauveteurs… quelle déception, non ? »

C'était elle tout craché. Elle ne pouvait s'empêcher de s'intéresser aux hommes, surtout jeunes, et dans le cas présent il fallait bien lui donner raison. En lieu et place des dieux bronzés que nous espérions, nous avions rencontré des secouristes effroyablement pâles : c'était le début de la saison.

« Oui, très, ai-je convenu, surtout avec leurs affreux bonnets de bain.

— Ça, pour ne pas être seyants, ils ne l'étaient pas », a-t-elle conclu d'un ton sans appel.

Si j'ai « gagné » cette fois-ci, la princesse a obtenu sa vengeance peu après, au zoo de Sydney. À son arrivée, on lui a proposé de prendre un koala dans les bras. Elle a rétorqué, sans la moindre hésitation : « Non, je n'y tiens pas, mais je suis certaine que ma dame d'honneur aimerait beaucoup le faire, elle. »

Je n'ai pas eu le temps de refuser. Elle savait que je n'étais pas très à l'aise avec les animaux, et pourtant, quelques instants plus tard, je me suis retrouvée à tenir le koala. Encore plus mal à l'aise que moi apparemment, il s'est empressé d'uriner sur ma plus belle robe.

« Je vous remercie, Majesté, lui ai-je dit dans la voiture sur le chemin du retour, de m'avoir offert cette occasion unique d'approcher un koala. »

Elle a ri à gorge déployée avant de me présenter ses excuses, l'air parfaitement satisfaite d'avoir trouvé le moyen de me rendre la monnaie de ma pièce après l'incident de la plage.

Le reste de notre séjour à Sidney s'est déroulé sans encombre, et, juste avant notre départ pour l'Angleterre, Lady Cutler est venue me trouver pour me poser une question : « Pensez-vous que la princesse Margaret accepterait un cadeau ? Il est assez spécial.

— Je suis certaine qu'elle en serait enchantée. Souhaitez-vous me dire de quoi il s'agit ?

— Une couverture boomerang. »

Je suis partie informer la princesse du présent en effet étrange qui l'attendait. Je n'ai pas pu retenir un immense sourire en lui lançant : « Majesté, vous ne devinerez jamais ce que Lady Cutler a l'intention de vous offrir. Une couverture boomerang. »

La princesse a éclaté de rire. « Mais comment diable connaît-elle la taille de mon boomerang ? »

Bien sûr, le cadeau ne correspondait pas du tout à ce que nous avions imaginé. Il s'agissait d'une courtepointe en patchwork qui avait fait le tour du pays et à laquelle avaient contribué les membres de différentes branches du Women's Institute. D'où son nom : elle avait fait des allers et retours comme un boomerang. Nous n'avons pu retenir un fou rire, et Lady Cutler n'a pas très bien compris la cause de notre hilarité.

Je crois que jamais je n'ai autant ri avec personne qu'avec la princesse Margaret. Elle avait un sens de l'humour assez cruel et n'avait pas perdu cette malice que nous partagions, enfants, quand nous nous amusions à faire peur aux valets de pied de Holkham. Elle essayait parfois de me faire rire dans des moments où nous savions toutes deux que j'aurais dû m'en empêcher, parce que je pleure dès que je suis hilare, ce qui la divertissait beaucoup. Elle s'amusait donc à me mettre dans cette situation délicate lorsqu'il y avait du public, avant de déclarer d'un ton impassible : « Je ne sais pas pourquoi ma dame d'honneur est en larmes. »

Passer autant de temps avec la princesse me donnait un but et me distrayait. Je me raccrochais aux bons moments que nous passions ensemble, surtout quand le reste de mon existence n'était pas aussi rose. Au milieu des années 1970, ma vie de famille était devenue difficile.

Trouver le bon établissement pour Charlie s'était révélé une tâche impossible – il voulait désespérément intégrer Eton, et Colin avait fait tout un foin pour lui dénicher un professeur particulier avant l'examen, que Charlie avait néanmoins raté. Il avait tenté sa chance une seconde fois, sans obtenir davantage de succès, et il avait donc fini par entrer à Clifton College, un pensionnat pour garçons très strict près de Bristol.

Henry, lui, avait réussi haut la main les examens d'entrée à Eton, où il a brillé dans toutes les matières et s'est fait de nombreux amis. Même si nous étions, naturellement, heureux que Henry soit à ce point dans son élément et s'épanouisse, c'était dur pour Charlie de voir son cadet vivre les rêves auxquels il avait tant aspiré : son échec lui semblait d'autant plus cuisant.

Charlie avait quatorze ans et il était encore à Clifton College lorsque je suis devenue dame d'honneur en 1971. Nous ignorions tout de sa consommation de cannabis et d'acides – il lui était facile de nous la cacher grâce à la distance. L'idée que nos enfants puissent être concernés par des problèmes de drogue aussi jeunes ne nous avait tout simplement pas effleuré l'esprit. Nous savions seulement que Charlie avait des difficultés scolaires et il faisait toujours grise mine à son retour à la maison, pour les vacances, ne voulant pas repartir. Pendant quelques années, Colin m'a rassurée : Charlie finirait par trouver sa place. Je me suis efforcée de ne pas trop m'inquiéter, de me raccrocher à cet espoir. De leur côté, Henry, Christopher et les jumelles vivaient une enfance heureuse.

Charlie s'en serait peut-être mieux sorti en restant à Clifton et pourtant… En 1973, l'année de ses seize ans, il était toujours malheureux et désespéré, tyrannisé par des élèves plus âgés. Colin l'a donc changé d'établissement pour l'inscrire dans un lycée mixte du Surrey, Frensham Heights, où la tolérance était plus grande.

Nous n'imaginions pas à quel point. La liberté est montée à la tête de Charlie, et il a commencé à plonger, ce que nous n'avons pas tout de suite remarqué. Pendant un temps, nous avons même cru que nous avions pris la bonne décision, tant il semblait plus heureux. Nous n'avons mesuré la gravité de la situation que lorsqu'il est rentré à la maison, deux trimestres après sa rentrée, avec une lettre d'exclusion temporaire pour avoir été surpris en train de voler avec une bande d'amis. La lettre a rendu Colin fou de rage. Pour ma part, j'ai été davantage inquiétée par la mine atroce de Charlie, et par son odeur pestilentielle. Colin l'a pressé de questions afin de comprendre pourquoi il était aussi débraillé, et Charlie a avoué qu'il n'avait pas pris un seul bain de tout le second trimestre. Nous en avons été horrifiés, n'ayant jamais entendu parler d'un établissement au règlement aussi laxiste. Nous avons décidé de ne pas l'y renvoyer. Nous avons engagé des professeurs particuliers pour le scolariser à domicile dans l'espoir qu'il ne serait pas trop difficile de le remettre dans le droit chemin.

Ce n'est que des années plus tard qu'il a admis que son hygiène désastreuse était due à son trouble obsessionnel compulsif non diagnostiqué – son esprit malade l'avait convaincu que s'il se lavait ou changeait de vêtements, des « esprits maléfiques » prendraient le contrôle de son âme. Quand on sait qu'il y avait, pour lui, une autre réalité parallèle, on imagine aisément qu'une exclusion était le cadet de ses soucis.

La présence de Charlie à la maison nous a permis de toucher du doigt qu'il n'avait en aucun cas tourné la page des rituels compulsifs, mais il était d'un naturel si décontracté et joyeux qu'il était difficile de mesurer leur ampleur et l'effet qu'ils avaient sur lui. Il balayait nos inquiétudes d'un revers de main, insistant pour dire que tout allait bien et, n'étant pour ainsi dire pas conseillés en la matière, nous ne savions pas à quel point nous devions prendre ce problème au sérieux.

Colin n'a jamais usé de prétextes ou de fausses excuses pour justifier les étranges manies de Charlie devant nos amis, pas plus qu'il n'a tenté de le cacher ou de lui coller une étiquette de fou. De mon côté, je redoutais d'apprendre qu'il était dérangé. Colin démontrait une patience inhabituelle, compatissant au sort de notre fils, sans pour autant savoir comment l'aider.

La princesse Margaret n'a jamais fait la moindre remarque sur le comportement de Charlie, elle a toujours pris le temps de lui parler. Lorsqu'il se mettait à bondir d'avant en arrière sur le seuil d'une pièce ou d'une maison, elle ne bronchait pas, acceptant simplement que Charlie était ainsi.

Nos autres enfants se sont habitués aux toquades de leur frère aîné. Quand nous devions sortir tous ensemble, ils patientaient sagement dans l'entrée que Charlie réussisse à franchir la porte. Cela durait souvent une éternité, chaque fois qu'il s'échappait de sa chambre et longeait le couloir pour quitter la maison, il faisait demi-tour parce que quelque chose ne lui convenait pas. Il se mettait à allumer et éteindre la lumière, à taper du pied sur le sol, à tourner sur lui-même plusieurs fois. Brusquement, il se précipitait jusqu'à la porte d'entrée, pour mieux s'arrêter, retourner dans sa chambre et recommencer. Un jour, May se trouvait sur son chemin et il l'a percutée lors de sa énième tentative. Il s'est mis en colère, affirmant qu'il s'apprêtait justement à réussir. De retour dans sa chambre, il a passé la demi-heure suivante à chercher une issue. Son trouble était devenu une composante intégrante de notre vie de famille. Descendre King's Road avec lui, une fois dehors, était parfois assez éprouvant, puisque nous devions attendre qu'il touche, dix ou vingt fois, un réverbère ou le rebord du trottoir, qu'il tourne sur lui-même.

En comparaison, Henry était un adolescent très facile. Bien qu'ayant du tempérament, il se laissait rarement déborder par celui-ci. Il était aimable, intelligent, doux et parfaitement normal – aussi bien par rapport à Charlie qu'à Colin. Quant à Christopher et aux jumelles, ils étaient heureux et stables grâce à la routine quotidienne instaurée par Barbara. Elle s'occupait si bien d'eux qu'ils ne souffraient pas de mes absences. Je leur rapportais des cadeaux et leur racontais toutes sortes d'anecdotes, ce qu'ils adoraient.

Christopher s'était pris de passion pour les voitures, à la grande joie de Colin. Lorsque celui-ci était arrivé à Glen, pendant les vacances, au volant d'une Jaguar flambant neuve, il s'était réjoui de voir Christopher aussi fou de joie et l'avait ramené à Londres à tombeau ouvert – 225 kilomètres/heure. Christopher avait été enivré par la sensation de la vitesse, ce qui avait renforcé le lien entre son père et lui.

Les jumelles étaient encore jeunes et vivaient dans leur bulle – elles avaient inventé un langage qu'elles étaient les seules à comprendre. Elles n'ont jamais aimé les poupées dont j'avais rêvé pour mes filles, et préféraient jouer avec les *Action Men* de Christopher.

Le quotidien suivait son cours, même si Londres était de plus en plus sous tension à cause des attaques à la bombe perpétrées par l'IRA. En 1974, environ une demi-heure après que Christopher fut allé poster une lettre que je lui avais confiée au bout de Tite Street – il adorait ça –, la boîte sauta. J'étais à la maison avec lui, les jumelles et Barbara, nous avons tous entendu l'explosion. Vingt et une minutes plus tard, une autre bombe, plus grosse, cachée dans une haie à côté de la boîte aux lettres, fut déclenchée à son tour, faisant plus de vingt blessés parmi les personnes attirées sur les lieux par la première détonation. Cette menace était absolument terrifiante : j'étais toujours sur mes gardes dès que je me rendais à pied quelque part, consciente qu'il y avait, même dans les rues tranquilles, un risque. Je traversais dès que j'apercevais une boîte aux lettres.

La sécurité fut renforcée autour des palais et, chaque fois que je me rendais à Kensington, ma voiture était inspectée à l'aide de l'une de ces longues tiges au bout desquelles est fixé un miroir, et qui permettent de repérer les bombes.

La princesse Margaret réagissait comme d'habitude face aux événements, balayant la peur au prétexte qu'elle ne servait à rien. Je me souviens d'une traversée de l'Atlantique en plein orage. Les éclairs fouettaient les ailes de l'avion et la panique montait en moi. La princesse m'a serré fermement la main et m'a dit : « Anne, ça ne sert à rien de vous inquiéter ainsi. Soit nous nous en sortons, soit nous y restons, et dans un cas comme dans l'autre nous n'y pouvons rien. »

Peu après l'épisode des bombes, nous avons quitté Tite Street pour nous installer chez la mère de Colin, à Campden Hill. Pamela avait emménagé dans une maisonnette du jardin. À sa mort, celle-ci est devenue parfaite pour les enfants, elle leur offrait l'indépendance à laquelle ils aspiraient en grandissant.

À cette époque, mon père était très malade. Pendant la guerre il avait contracté la malaria et on lui avait administré d'importantes doses de quinine, qui avaient endommagé les valves de son cœur, empêchant le sang d'irriguer correctement son cerveau. Son état s'était progressivement détérioré les dernières années, le pauvre. Il prenait ma mère et ma plus jeune sœur Sarah pour Vera Lynn et Gracie Fields. Il se faisait si insistant qu'elles lui chantaient des chansons comme « The Biggest Aspidistra In The World ». Si ma mère possédait de très nombreux talents, le chant n'en faisait pas partie.

Ce n'était d'ailleurs pas la seule requête surprenante qu'elle acceptait de bon cœur. Mon père avait pris l'habitude de faire du gringue à des femmes dans le train pour Londres, puis de les inviter à Holkham, où il les faisait monter sur le fourgon d'incendie, les encourageant à sonner l'alerte. Ce n'était pas cela qui posait problème à ma mère. Non, c'étaient les maris, qui accompagnaient invariablement ces femmes et qui restaient avec elle dans la maison. Elle était obligée de leur faire la conversation jusqu'au retour de leurs épouses.

Les crises de mon père étaient intermittentes, si bien qu'un jour il pouvait être terriblement désorienté, le lendemain dans un état de confusion moins grand, et le surlendemain parfaitement normal. L'ennui étant qu'à chaque visite du médecin, mon père parvenait à faire bonne figure. Le médecin a fini par être témoin d'une de ses crises, et il l'a fait interner à St Andrew's, dans le Northampton, un célèbre hôpital psychiatrique. Au fil des années, cet établissement avait accueilli nombre de personnalités, comme Gladys, la duchesse de Marlborough, qui y a passé les quinze dernières années de sa vie, Lucia, la fille du romancier irlandais James Joyce, et Violet Gibson, la femme qui a tenté d'assassiner Mussolini.

Je l'ai accompagné à St Andrew's, m'efforçant de contenir ma peur au moment de pénétrer dans l'unité avec lui, pour m'employer à le réconforter alors que les patients s'agglutinaient autour de nous, curieux de découvrir l'identité du nouvel arrivant. Ne comprenant pas ce qui se passait, il s'est accroché à moi en pleurant, dévasté d'être arraché à son cher domaine. Voir mon père dans un tel état m'a fendu le cœur : lui qui avait été si compétent et si fiable – le roi puis la reine s'étaient toujours appuyés sur lui –, si apprécié par ses amis des Scots Guards. À son âge, la soixantaine, beaucoup continuaient à se retrouver pour chasser ou dîner au Guards Club, alors qu'il se retrouvait enfermé contre sa volonté dans un établissement psychiatrique, ayant perdu peu à peu le contact avec la réalité. Nous avons fini par nous arranger pour qu'il puisse rentrer à la maison sous la surveillance de deux ou trois infirmières. Nous savions que retrouver Holkham le rassurerait.

Ce n'était pas facile pour ma mère et, quand le déclin de mon père s'est accentué et qu'il s'est mis à avoir des accès de violence dirigés contre elle, elle a décidé de s'installer dans la maison qui lui reviendrait à la mort de mon père, à quelques kilomètres de là. Elle allait déjeuner tous les jours avec lui, si bien qu'il ne s'est jamais rendu compte qu'elle ne vivait plus sous le même toit. Il s'est éteint à l'âge de soixante-huit ans, le 3 septembre 1976.

Mon père était, en substance, un homme adorable. Je crois qu'il avait conscience d'être méticuleux à l'excès, toutefois c'était plus fort que lui. Il incarnait tout ce que j'avais connu. Sans lui, je n'avais plus accès à ma maison d'enfance, et donc à mon identité. Il avait vécu une existence rassurante parce que prévisible, ponctuée de parties de chasse, rythmée par la gestion du domaine. J'avais du mal à imaginer le Norfolk sans lui. Les gardes-chasses ont été très peinés, et le silence qui s'est abattu sur Holkham nous a rappelé celui qui était survenu lors de la mort du roi, vingt-quatre ans auparavant.

La princesse Margaret a continué à être un soutien pour moi, ne connaissant que trop bien la peine causée par la perte d'un père, elle me comprenait comme seuls ceux qui ont déjà pleuré un parent peuvent le faire. Le temps a passé et Eddy, mon cousin issu de germain, a repris Holkham. Il avait grandi en Afrique jusqu'à ce que mon père le fasse venir en Angleterre pour lui enseigner les rouages du domaine. Il a toujours été très gentil avec moi, avec ma mère et mes sœurs, nous associant aux décisions. Nous avons été enchantées d'apprendre que sa seconde épouse, Sarah, reprendrait l'atelier de poterie. Même si son arrivée signait la fin d'une époque, Holkham était entre de bonnes mains, et je me suis donc concentrée sur mes devoirs de dame d'honneur et sur l'appui dont Colin avait besoin à Moustique.

Grâce à la Mustique Company, que Colin avait établie avec succès, la gestion de l'île était aux mains de plusieurs personnes, ce qui lui laissait le temps de se consacrer à d'autres occupations, notamment une carrière politique de courte durée : la famille Tennant appartenait depuis longtemps au camp libéral, et tout le monde avait donc été surpris quand, en 1976, Colin avait postulé pour être le candidat du parti national écossais – un parti « social-démocrate » et indépendantiste – dans les circonscriptions de Roxburgh, Selkirk et Peebles.

Pendant une période, Glen a hébergé des fêtes interminables pour le PNE, ce qui a permis à Colin de se bâtir une réputation de brillant orateur, et ainsi de devenir populaire. Le parti a pourtant choisi un avocat d'Édimbourg qui avait, selon eux, de plus grandes chances face à l'opposition. Colin est devenu président de la branche locale du parti, et Glen a continué à organiser des « soupers de Burns » – pour commémorer le célèbre poète écossais Robert Burns – au nom du PNE.

Colin s'est ensuite lancé dans de nouvelles aventures commerciales, en achetant une entreprise qui fabriquait des timbres. « Plus l'île est petite, plus le timbre est gros ! » disait-il alors que sa nouvelle passion grandissait. Il se trouve qu'il faisait fabriquer ses timbres sur les petites îles de Tuvalu dans le Pacifique sud.

En 1978, la princesse Margaret devait s'y rendre au nom de la reine, pour donner leur indépendance aux îles. Ce minuscule archipel est à peine plus qu'un banc de sable, il fallait donc vraiment une coïncidence pour que Colin y possède un bureau. Enthousiasmé par ce hasard du destin, il a contacté la princesse Margaret. « J'ai pensé que vous seriez heureuse de pouvoir utiliser mon bureau à Tuvalu, c'est le seul endroit de l'île qui soit climatisé.

— Je vous remercie, lui a-t-elle répondu. Comme vous connaissez les lieux, je crois qu'il serait judicieux que vous nous accompagniez. »

Colin était fou de joie. De mon côté, j'étais un peu nerveuse à l'idée qu'il vienne avec nous même si, ironie du sort, il s'était presque toujours bien conduit dans les contextes officiels. C'est Davina Alexander qui servait de dame d'honneur à la princesse pour le voyage, et j'étais là, avec Colin, pour lui apporter mon aide amicale.

Nous avons été accueillis par des femmes qui se déhanchaient, vêtues de leurs jupes végétales dorées… et de pas grand-chose d'autre. On nous a passé des colliers de fleurs autour du cou, en signe d'amour et d'affection. Ceux-ci avaient beau être jolis, ils étaient surtout trempés, au grand agacement de la princesse : « Ces fleurs vont abîmer ma robe », a-t-elle grommelé avant de les retirer le plus vite possible.

Pour le dîner de bienvenue, nous avons tous dû nous asseoir par terre en tailleur. La princesse a refusé, arguant qu'elle n'était pas capable de rester ainsi et s'est donc assise sur le côté, jambes repliées. Colin était particulièrement à son aise dans ce genre de situation, il charmait tout le monde et adoptait avec aisance les coutumes les plus exotiques, acceptant sans mal de manger dans de grandes feuilles vertes. Les femmes qui continuaient à onduler sont apparues dans notre dos et ont déposé un monticule de substance grise sur ces feuilles. Nos tournées royales et nos séjours à Moustique nous avaient habituées, la princesse et moi, à manger des choses qui ne nous mettaient pas forcément en appétit. La chaleur ne nous posait pas davantage de problèmes, même si la climatisation dans le bureau de Colin était la bienvenue et que nous avions pris l'habitude de nous y retrouver. La frégate sur laquelle logeait la princesse, fournie par la marine royale néo-zélandaise, en était aussi équipée, par chance.

Malheureusement, les allers-retours incessants entre les températures extrêmes à l'extérieur et la climatisation ont conduit la princesse à tomber malade, et le dernier jour, alors que devait se tenir la fête pour l'indépendance, elle était si mal en point qu'elle avait du mal à respirer. C'était très impressionnant, parce qu'elle s'était couchée sans le moindre symptôme. Le lendemain nous étions tous à son chevet, sur cette minuscule île, au milieu du Pacifique, en nous demandant dans quel hôpital la conduire. Nigel Napier n'a pas perdu une minute : non seulement il a donné son indépendance au Tuvalu, mais il a aussi contacté la Royal Air Force australienne, qui a envoyé un avion de transport militaire dans lequel un lit avait été rivé au sol, et qui nous a tous rapatriés en Australie.

À notre arrivée, la princesse Margaret a été installée dans la maison du gouverneur, à Sidney, où elle a été auscultée par des médecins qui ont confirmé qu'elle souffrait de pneumonie.

Elle aurait dû aller aux Philippines, puis à Hong Kong. Au lieu d'annuler ces visites, elle m'a demandé de l'y représenter, afin que je puisse expliquer la raison de son absence, dans le but de se montrer respectueuse des efforts mis en œuvre pour elle. Je devais remettre une lettre d'excuses, de sa main, à la première dame, Imelda Marcos, et à son dictateur de mari, Ferdinand Marcos, avant de faire la même chose à Hong Kong. Nous nous écartions ainsi du protocole officiel, mais la princesse Margaret connaissait la susceptibilité d'Imelda Marcos, qui aurait pu voir un affront dans l'annulation pure et simple de sa venue.

Je n'avais jamais été chargée de représenter la princesse, encore moins dans deux pays différents, j'étais donc à la fois nerveuse et impatiente, tant Imelda Marcos m'intriguait.

J'ai entrepris ce voyage avec Colin – la princesse pensait qu'il pourrait m'être d'autant plus utile que les femmes de chambre et les habilleuses restaient avec elle. Nous avons pris un vol en première pour les Philippines, sans trop savoir à quoi nous attendre. Nous avons été accueillis par l'ambassadeur britannique, qui avait été prévenu de l'état de santé de la princesse Margaret, tout comme la première dame, puis conduits dans l'une des maisons que les Marcos possédaient dans l'enceinte du palais de Malacañan. C'était assez étrange, car nous ne croisions personne. Le quartier avait été bouclé par peur des manifestants après la promulgation de la loi martiale, quelques années auparavant.

Nous avons été informés que Mme Marcos était très matinale et que nous devions donc être prêts à 8 heures le lendemain matin pour entamer notre visite de Manille. Elle est venue, à l'heure dite, nous chercher dans un énorme bus. Elle s'est montrée extrêmement souriante et amicale, bien que déçue de l'absence de la princesse Margaret. Elle pensait, sans aucun doute, que le séjour d'un membre de la famille royale britannique aux Philippines aurait contribué à consolider un peu plus leur statut, à son mari et à elle.

Elle nous a accueillis à bord de son bus telle une guide touristique élégante, et nous avons visité des tas d'endroit différents – le musée du coquillage, que la princesse aurait adoré, et un hôpital qui faisait la fierté de Mme Marcos et semblait réservé à sa famille. Il y avait quelques patients pour la forme, mais le reste de l'établissement était immaculé, rempli de matériel de pointe et de médecins, alors que les lits étaient presque tous vides.

Pendant que nous traversions la ville, nous avons eu, Colin et moi, l'impression qu'elle ne nous montrait que ce qu'elle voulait que nous voyions – nous n'avons qu'entrevu les quartiers plus pauvres. Imelda Marcos semblait très populaire : les pervenches et les balayeuses de rue, toutes des femmes, qui portaient des robes bleues et des ceintures jaunes, agitaient frénétiquement la main, ou leur balai, au passage du bus. Quant à ses dames d'honneur, surnommées les « dames bleues » à cause de leurs robes, elles se montraient très curieuses, m'interrogeaient sur mon rôle auprès de la princesse, me demandaient des conseils.

Après une première journée bien remplie, nous avons eu une demi-heure pour nous changer. Puis Imelda Marcos est revenue nous chercher pour nous conduire dans absolument tous les hôtels de la ville, à ce qu'il nous a semblé. Nous la suivions dans le salon de réception de chacun d'eux, où un orchestre se produisait. Dès que les clients l'apercevaient, ils se mettaient à la saluer. Elle montait alors sur scène pour chanter. La première fois, Colin et moi en sommes restés sans voix. Je ne pouvais pas imaginer d'autres premières dames faire une chose pareille. Elle avait plutôt une belle voix, et je dois reconnaître que son audace m'a épatée. Nous nous sommes demandé, bien sûr, si elle agissait de la sorte à cause de nous, mais il nous a semblé qu'elle s'amusait trop pour cela.

Après sa tournée de chant, qui s'est prolongée jusqu'à 3 heures du matin, elle nous a déposés à la maison, où elle est revenue nous chercher à 8 heures le lendemain matin. La présence de Colin était un véritable atout, même si après les premiers jours de divertissements intenses sous la houlette de Mme Marcos il m'a déclaré : « Je ne peux tout simplement plus supporter cela. Je n'ai jamais rien fait d'aussi épuisant. Je rentre. »

Liée par mon engagement envers la princesse, je n'avais pas la possibilité de partir, je suis donc restée seule avec Imelda Marcos pendant quatre jours supplémentaires tout aussi chargés que les précédents. Elle m'a conduite sur plusieurs parcours de golf. J'ai dû passer, à côté de son mari, un dîner très pénible, tant la conversation manquait de fluidité.

Si j'avais appris à apprécier Mme Marcos, qui était amicale et débordante d'énergie, il était évident que son existence consistait principalement à dépenser de l'argent. Elle était particulièrement fière de sa collection de chaussures, qu'elle m'a montrée avec une grande fierté. Celle-ci était si imposante qu'une maison entière lui était dédiée. J'en ai fait le tour, ébahie par la quantité d'escarpins, qui représentaient des milliers de livres et qui, pour une grande partie, n'avaient jamais été portés.

Je n'ai donc pas été surprise quand, des années plus tard, elle a été condamnée pour corruption – aucun gouvernement n'avait réalisé un tel détournement de fonds (des milliards de dollars prélevés dans les caisses de l'État), après que son mari fut renversé en 1986 par une révolution populaire et qu'ils eurent fui à Hawaï.

Des Philippines, je me suis rendue à Hong Kong, où j'ai transmis la même lettre d'explication et les mêmes excuses au nom de la princesse Margaret. Ce voyage a été presque aussi insensé que le séjour que je venais de passer avec Imelda Marcos, parce que l'armée m'a emmenée, en pleine nuit, après m'avoir équipée de jumelles à vision nocturne, voir les centaines de Chinois qui cherchaient désespérément à franchir la frontière entre le continent et Hong Kong. Sous mes yeux, des membres de la brigade des Gurkhas, cette unité d'élite de l'armée britannique composée de Népalais, ont arrêté tous ceux qui tentaient de traverser. Ces soldats étaient terrifiants, mais les Chinois ne renonçaient pas pour autant. Après coup, je me suis demandé si l'un d'entre eux réussirait et ce qui lui arriverait dans ce cas.

Histoire de rendre ce séjour encore plus surréaliste, on m'a aussi emmenée voir les fameux casinos de Macao, pleins de vieilles dames croulant sous les bijoux, et aux ongles d'une longueur impensable. Un décor idéal pour un film de James Bond, avec son atmosphère légèrement menaçante.

Heureusement, Hong Kong était la dernière destination de ce voyage, et j'ai été ravie de rentrer chez moi. Entre-temps la princesse s'était remise sur pied et avait regagné Londres. J'étais impatiente de lui raconter les séances de karaoké de Mme Marcos et les casinos de Macao dignes d'Ian Fleming.

J'aime penser qu'après cette tournée j'étais aussi douée que la princesse Margaret pour m'adapter à chaque pays et chaque culture, aussi imperturbable. Elle devait supporter en souriant les situations les plus inhabituelles – se plaindre aurait été une impolitesse et un manque de reconnaissance, et elle m'a appris à accepter les coutumes étrangères sans sourciller. Je devrais encore adopter cette attitude lors de nombreuses tournées ultérieures. Celle qui nous a conduites au Swaziland – renommé depuis Eswatini – au sud de l'Afrique, n'a pas fait exception.

La princesse Margaret était censée remettre au roi Sobhuza II une décoration de la part de la reine, pour célébrer son quatre-vingtième anniversaire. En échange de cet honneur, il avait promis de faire construire un village de huttes pour l'hébergement de la princesse. Nous nous demandions comment un tel village pourrait être pourvu de salles de bains, et nous nous amusions à imaginer la princesse sortant d'une hutte avec un diadème.

À notre arrivée, le village n'était pas terminé, nous avons été conduites dans une maison qui, à notre grand soulagement, était en briques. Je défaisais ma valise quand la princesse a frappé à ma porte. « Anne, m'a-t-elle dit, pourriez-vous venir jeter un œil dans ma chambre ? Il y a quelque chose d'étrange… » Je m'habituais aux bizarreries à force de la seconder dans ses tournées, mais il était vrai que cet endroit avait quelque chose de singulièrement original. À commencer par le majordome, qui semblait écouter en permanence aux portes. Les tables de chevet étaient si éloignées l'une de l'autre que cela laissait supposer qu'un immense lit se trouvait là auparavant. Nous avons étudié la chambre avec méfiance et découvert, ensemble, un miroir sans tain.

Plus tard, nous avons appris qu'à cette époque les maisons closes étant interdites en Afrique du Sud, les gens venaient assouvir leurs désirs au Swaziland. Nous étions horrifiées, mais critiquer les conditions dans lesquelles nous étions reçues aurait été une faute protocolaire, et nous n'avons donc rien dit.

Nous avions l'impression de participer au tournage du plus étrange des films : nous quittions une maison close pour aller saluer le roi Sobhuza II, plus britanniques que jamais avec nos manteaux boutonnés jusqu'au menton et nos chapeaux. Le roi était vêtu du costume national, qui ne laissait pas beaucoup de place à l'imagination. Il ne portait qu'une sorte de tablier en cuir et avait de longues plumes dans ses cheveux. Nous nous sommes retrouvées plusieurs fois dans les jours précédant la cérémonie, à des déjeuners ou des dîners chez des ambassadeurs. Le roi s'y présentait soit en tenue traditionnelle, soit en uniforme militaire.

Nous avons commencé à nous soucier de ce qu'il porterait lors de la cérémonie, et la princesse Margaret m'a fait part de son inquiétude : où allait-elle accrocher la décoration qu'elle était censée lui décerner à cette occasion ? « S'il ne porte rien en haut, je ne sais pas où je vais bien pouvoir la mettre ! » Elle était perplexe. « Et s'il porte des plumes, je n'arriverai jamais à lui enfiler le ruban ! »

Au dîner, la veille des festivités, j'ai fait directement part des préoccupations de la princesse au roi. « Majesté, la princesse Margaret espère que vous porterez votre uniforme demain. » Il a hoché la tête en souriant, mais n'a rien dit. Sans réponse franche, nous ne savions pas à quoi nous préparer pour le lendemain.

Nous avons dû attendre l'apparition du roi pendant des heures dans le stade de Mbabane. Celui-ci était rempli de monde, certains avaient marché jusqu'à trois semaines pour venir de leur campagne reculée à la capitale afin de l'apercevoir. L'atmosphère était électrique, la foule brûlait d'impatience.

Le prince Kabani était assis près de moi et j'en ai profité pour lui demander comment son père serait habillé, mais il n'a pas voulu me répondre. Nous n'avions décidément pas d'autre choix qu'être patientes.

Suffoquant dans nos vêtements anglais, nous avons regardé, la princesse et moi, les divertissements qui se déroulaient sous nos yeux. Il y avait beaucoup de danseurs, qui se mouvaient en rythme, parfaitement synchronisés, et j'ai admiré leurs tenues, sachant combien Colin aurait aimé porter des plumes dans ses cheveux et parader au son d'un tambour retentissant.

De son côté, le roi ne semblait pas pressé d'arriver. Nous avons donc attendu, encore et encore. L'irritation de la princesse montait peu à peu. Elle ne cessait de me lancer des regards en désignant sa montre.

Une limousine noire étincelante finit par s'arrêter devant nous. Le roi Sobhuza II en descendit. Il portait une tenue similaire à celle de la veille : son pagne en cuir et d'immenses plumes dans ses cheveux. L'humeur de la princesse s'est assombrie un peu plus, une lueur de désespoir s'est allumée dans son œil.

Les filles du roi sont sorties de la limousine derrière leur père. Elles étaient grandes et ne portaient aucun vêtement en haut, elles non plus. Elles se sont donc présentées avec leurs imposantes poitrines dénudées et leurs immenses sourires. La foule, enchantée de les voir, les a acclamées. La princesse Margaret m'a alors fait signe et m'a glissé tout bas : « Pouvez-vous demander au prince Kabani de régler la question des plumes du roi ? Je ne pourrai jamais lui passer le ruban sinon. »

J'ai transmis le message, et le prince a hoché la tête. Rien ne s'est passé pourtant. Nous sommes encore restées là des heures, à regarder des gens danser et la totalité de l'armée du Swaziland défiler. Enfin est arrivé le moment crucial où la princesse devait décorer le roi. Par bonheur, quelques instants auparavant, le prince Kabani a retiré plusieurs plumes de la coiffe de son père pour lui faciliter la tâche. Toutefois, si elle a pu lui passer aisément le ruban, elle a dû ensuite s'affairer autour de son entrejambe pour déterminer l'endroit le plus susceptible d'être « épinglé ». Lorsque nous avons enfin quitté le stade, elle s'est tournée vers moi, l'air exaspéré, et m'a dit : « Je vais faire savoir à la reine que je refuserai désormais de décorer toute personne qui ne sera pas correctement vêtue. »

Avant notre départ du Swaziland, ainsi que le veut la coutume britannique lors des visites à l'étranger, la princesse a remis plusieurs cadeaux au roi. Elle s'attendait, comme le veut aussi la coutume, à recevoir des cadeaux en retour. Rien de tel n'est arrivé. Nigel Napier a décidé d'enquêter. Il s'est entendu répondre que le garçon en charge de la clé du coffre-fort avait disparu. La princesse Margaret n'a pas cru un mot de cette histoire, convaincue qu'elle était privée de présents parce que le roi n'avait pas aimé les siens. Au moment de notre départ, cependant, la mère de cérémonie du roi, dont le titre officiel était « La Grande Femme Éléphant », a remis à la princesse un vase en argile. Cela ressemblait un peu à un rattrapage maladroit, toutefois la princesse l'a accepté poliment, et elle m'en a confié la garde.

Comme on ne nous avait fourni aucun emballage en dépit de sa fragilité, je l'ai gardé sur mes genoux tout le long du vol, veillant à ce qu'il ne lui arrive pas malheur. Si j'avais su le sort qui l'attendait, je ne me serais pas donné autant de mal…

En effet, six semaines après notre retour, je déjeunais avec la princesse dans son appartement quand j'aperçus le vase sur le rebord d'une fenêtre.

Remarquant mon regard, la princesse me dit : « Voyez-vous, Anne, je crois que ce vase aura bientôt un petit accident. » Et bien sûr, je ne le revis plus jamais. J'en fus un peu attristée ; j'avais veillé sur lui comme sur la prunelle de mes yeux.

Chapitre 13

Une année au palais de Kensington

Si j'accompagnais la princesse pour ses engagements officiels et lui avais offert un refuge dans le Norfolk, à Glen ou à Moustique, de son côté, elle nous invitait Colin et moi à passer des week-ends avec elle à Balmoral et au Royal Lodge, la maison de la reine mère à Windsor.

La famille royale avait une passion pour les pique-niques, même si leur conception de la chose dépassait sans doute celle du commun des mortels. Pour citer la princesse, « impossible d'organiser un pique-nique sans maître d'hôtel ». Quant à la reine, elle avait une approche très tatillonne de la question. Un été, nous étions à Balmoral pour l'anniversaire de la princesse Margaret. Tous les soirs de notre visite, la famille royale – la reine, le duc d'Édimbourg et leurs enfants, la princesse Margaret et la reine mère – nous emmenait, avec d'autres convives, dans un pavillon de chasse sur le domaine. Le dîner était servi à l'aide d'une cuisine mobile fabriquée pour l'occasion – elle ressemblait à une petite caravane remorquée par la Land Rover. À l'intérieur de cette invention incroyable chaque ustensile avait une place bien précise. La reine supervisait son utilisation, mettant elle-même la table puis enfilant ses gants en caoutchouc après le repas pour ranger.

La première fois que nous avons assisté à l'un de ces pique-niques hors normes, nous avons voulu l'aider à débarrasser, Colin et moi. Nous avons soudain entendu la princesse Anne nous crier : « Que faites-vous ?

— Nous rangeons la vaisselle… en espérant que nous mettrons tout au bon endroit. »

Nous nous sommes interrompus pour nous retourner. Et soudain nous avons compris la raison de son regard féroce. « Je l'espère pour vous, parce que sinon la reine va se mettre sacrément en colère contre vous. » Nous avons failli nous évanouir, Colin et moi. À l'idée que nous pourrions provoquer la colère de la reine, nous avons renoncé à mettre la main à la pâte, comprenant un peu tard que, pour elle, l'ordre primait sur tout le reste.

Pendant les années 1970 et 1980, la reine mère et la princesse Margaret nous ont souvent invités, Colin et moi, au Royal Lodge. À l'exception du salon, avec sa ravissante fresque réalisée par Rex Whistler, la maison était plutôt modeste. Le linoléum de la salle de bains était craquelé et plusieurs autres pièces auraient eu besoin d'être rafraîchies, mais la reine mère ne voulait toucher à rien : c'était là qu'elle avait vécu, avec le roi, à l'époque où ils étaient duc et duchesse d'York, avant l'abdication d'Edward VIII, et elle l'aimait telle quelle.

Ces week-ends étaient toujours amusants et variés. L'été, nous passions des après-midi à nous prélasser dans le jardin, déjeunant dehors puis nous baignant dans la piscine. En hiver, nous étions invités à des parties de chasse. Les femmes rejoignaient les chasseurs vers 11 h 30 : les hommes buvaient des *bull shots* – composés de vodka et de consommé de bœuf – pour se réchauffer après une matinée glaciale dans les champs. La princesse adorait les servir dans de petites tasses en argent et les distribuer. Elle nous emmenait ensuite, toutes les femmes présentes et moi-même, nous promener dans le magnifique jardin de Savill Garden, au sein de l'immense domaine de Windsor. Puis nous rentrions au Royal Lodge pour retrouver les hommes et savourer un très long déjeuner.

Ces parties de chasse étaient beaucoup plus détendues que celles à Holkham, où les hommes emportaient un sandwich qu'ils mangeaient à l'abri d'une haie autour de midi, avant que mon grand-père puis mon père ne leur crient d'y retourner.

Peu importait la saison, tous les soirs nous prenions un verre dans le salon Whistler, où nous trouvions souvent la reine mère devant la télévision, dans un coin, subjuguée par *Dad's Army*, une sitcom sur la Seconde Guerre mondiale. Le protocole impose de rester debout si l'un des membres de la famille royale l'est – il faut attendre que celui-ci s'asseye pour pouvoir le faire. Et j'avais l'impression qu'ils étaient toujours debout ! Nous patientions donc le temps que la reine mère regarde sa série télévisée préférée – elle adorait son héros, le capitaine Mainwaring –, en dégustant un martini. Elle riait jusqu'à la toute fin du générique.

Une fois la diffusion terminée, nous nous retrouvions tous dans la salle à manger pour dîner. La reine mère aimait la nourriture très riche, comme les œufs Dumkilbo – des œufs durs avec du homard et des crevettes –, et il y avait toujours une ribambelle de desserts, soufflés froids garnis de crème et de chocolat. Chaque repas était arrosé de vin et nous avions donc plusieurs verres : des petits pour le porto et les liqueurs, d'autres à pied long pour le vin rouge, et à pied encore plus long pour le vin blanc, sans oublier les ravissants verres à eau.

La reine mère avait pour habitude de porter des toasts lors de ces dîners, et ce rituel en était le temps fort. Elle prononçait les noms de toutes les personnes qu'elle appréciait en levant son verre au-dessus de sa tête. Et nous, nous l'imitions. Lorsque venait le tour des personnes qu'elle n'appréciait pas, elle baissait son verre sous la table en disant leurs noms, et nous faisions de même. Cela durait une éternité, parfois tout le temps d'un plat, le tout accompagné d'éclats de rire tonitruants et d'une quantité généreuse d'alcool.

Après le dîner, nous retournions dans le salon où la princesse Margaret se mettait au piano et où nous chantions tous. Elle était très douée pour ces « séances de chant » comme elle les appelait, celles-ci constituaient son passe-temps préféré à cette heure de la journée. Quand nous avions épuisé nos voix, nous jouions parfois au mime. Si l'humeur était à moins d'animation, il y avait toujours un puzzle à disposition dans un coin de la pièce, même si, pour ma part, je préférais m'asseoir pour écouter le gramophone. Lorsque nous étions particulièrement joyeux, nous dansions.

La princesse adorait nous gâter. Elle était extrêmement attentionnée et utilisait tous les moyens à sa disposition pour laisser libre cours à son imagination. Ainsi, un jour, elle nous a emmenés à l'île de Wight en avion pour un déjeuner à Osborne House suivi d'une promenade sur le domaine. Une autre fois, nous avons dîné à la tour de Londres – et nous avons pu voir les joyaux de la Couronne. Nous nous sommes aussi rendus au palais de Kew et à la Maison de la Reine, dans le parc de Greenwich, construite pour Anne de Danemark, l'épouse de Jacques Ier, afin d'admirer les peintures de Lowry, Turner et Canaletto, sans oublier le célèbre *Portrait de l'Armada*, représentant Elizabeth Ire. Lors de nos séjours au Royal Lodge, elle nous emmenait à la bibliothèque du château de Windsor, où elle s'arrangeait avec le bibliothécaire pour qu'il nous montre une pièce unique, comme les lettres de la reine Victoria au prince Albert, ou des documents remontant à l'époque d'Henry VIII. Nous allions aussi parfois admirer la magnifique vaisselle en porcelaine ou les maisons de poupées.

Ces week-ends au Royal Lodge étaient toujours très divertissants, en dépit des petites chamailleries entre la reine mère et la princesse Margaret, dont la relation était parfois tendue. L'une d'elles pouvait, par exemple, se mettre à ouvrir toutes les fenêtres, et l'autre à les refermer juste après. Ou l'une d'elles faisait une suggestion que l'autre rejetait aussitôt. Peut-être se ressemblaient-elles trop – je ne crois pas que ce genre de situation soit si inhabituelle entre une mère et sa fille. D'autant qu'elles se retrouvaient, en quelque sorte, en tête-à-tête alors que leur famille avait compté, à l'origine, quatre membres.

Nous avions, Colin et moi, beaucoup d'amis qui se pliaient en quatre pour divertir leurs convives, mais j'ai toujours été particulièrement reconnaissante à la princesse Margaret, qui apportait autant de soin à l'organisation de ces week-ends que Colin à ses fêtes. Sa générosité était telle qu'elle m'a proposé de vivre un temps avec elle au palais de Kensington, dans les années 1990, lorsque Colin m'a annoncé qu'il avait vendu Hill Lodge, notre maison londonienne – et que nous n'avions que quinze jours pour vider les lieux. Il m'a rapidement avoué qu'il avait déjà emballé une grande partie de mes affaires. Je me suis mise en colère et lui ai demandé pourquoi il n'avait pas attendu mon retour. Il a perdu son calme. « Non ! non ! non ! » a-t-il hurlé, alors que c'est moi qui avais été flouée.

Je n'avais nulle part où aller, et la princesse m'a proposé de m'héberger. « Je ne m'imposerai pas longtemps. Dès que j'aurai trouvé un appartement à ma convenance et que je l'aurai fait aménager à mon goût, je partirai… Pourrais-je rester trois semaines ? » Elle n'y a vu aucun inconvénient, et j'ai emménagé avec elle.

La princesse occupait l'appartement 1A, dans l'aile nord du palais, à côté du duc et de la duchesse de Gloucester, et elle livrait une guerre permanente aux chats du prince et de la princesse de Kent, encourageait son chauffeur à leur rouler dessus et les visait avec le tuyau d'arrosage dans le jardin. Quand j'étais là, elle me le tendait et me criait : « Allez-y, Anne, ne les loupez pas ! », tandis que je leur courais après, en veillant bien à ne pas l'asperger par mégarde. Je n'ai jamais réussi à toucher un seul des chats, qui étaient bien trop rapides et qui me narguaient en allant se jucher sur le mur.

La princesse avait emménagé au palais en 1960, lorsqu'elle avait épousé Tony. Leurs travaux de rafraîchissement avec été critiqués par la presse, qui leur reprochait d'être déraisonnables, partant du principe que les lieux étaient en parfait état puisqu'ils faisaient partie du palais. En réalité, le jeune couple avait trouvé une coquille vide, en ruines, lors de son emménagement. La maison n'avait pas été rénovée depuis 1891. Habitués à être calomniés ou encensés par la presse, la princesse et Tony n'avaient pas prêté attention à ces critiques.

Leur mariage s'était terminé plus de dix ans auparavant, mais il restait évident que leur duo de génie – le sens créatif de Tony et le goût remarquable de la princesse – avait accompli des merveilles dans ce lieu. Main dans la main, ils avaient réussi à créer un cadre charmant et original, qui, bien que situé au sein du palais de Kensington, était à la fois confortable et détendu.

Des doubles portes séparaient le salon de la salle à manger, où la table était suffisamment longue pour accueillir vingt personnes. Juste à côté de l'entrée se trouvait la pièce que la princesse avait consacrée aux coquillages, pleine de vitrines dans lesquelles elle exposait sa collection. Je la connaissais bien, car une fois par an je l'aidais à nettoyer les coquillages, je les plongeais dans la baignoire remplie d'eau et de liquide vaisselle, avant de les sécher et de les lustrer, un par un.

Dans tout l'appartement, les fenêtres étaient constamment ouvertes et les portes entrebâillées, parce que la princesse avait toujours besoin d'air, de plus d'air, peut-être parce qu'elle fumait beaucoup. Comme son logement se trouvait au sein du palais, il était bien gardé, et c'était une bénédiction pour moi de ne pas avoir à m'inquiéter de la sécurité, de pouvoir laisser les fenêtres et les portes ouvertes, la clé sur le contact dans ma voiture. Un luxe dont la princesse n'avait sans doute pas conscience, mais que j'estimais infiniment pour ma part.

À l'étage, elle avait la plus magnifique des chambres, flanquée d'une salle de bains époustouflante, dessinée par Carl Toms et Tony, avec son carrelage gothique, ses murs roses et son immense baignoire à pieds. Ma chambre était sublime elle aussi, avec ses tentures de soie bleue, et je dormais dans un lit à baldaquin. J'avais une vue sur le jardin. La chambre était reliée par une porte à un musée, ouvert au public, et j'entendais souvent les visiteurs qui l'arpentaient. Je craignais toujours d'avoir oublié de fermer à clé et de me retrouver soudain nez à nez avec ceux-ci, qui me découvriraient au lit.

Quand j'ai emménagé, la princesse m'a dit : « Nous nous croiserons de temps en temps. » En réalité, nous avons passé l'essentiel de mon séjour ensemble. Dès que nous étions toutes deux présentes à la maison, nous mangions ensemble. À mon retour d'une soirée à l'extérieur, j'étais souvent épuisée et rêvais de me coucher, mais la princesse Margaret, qui veillait toujours tard, aimait avoir de longues discussions. J'essayais de me faire le plus discrète possible, longeant le couloir à pas de loups, et pourtant je l'entendais m'appeler : « Anne, est-ce vous ?

— Oui, Majesté.

— Bonsoir. Venez me voir… nous allons prendre un dernier verre. »

Je ne me couchais pas avant plusieurs heures. J'avais l'habitude, ayant passé du temps avec elle à Glen et à Moustique, sauf que là-bas nous nous relayions pour lui tenir compagnie. Il m'arrivait de ne pas tenir longtemps avant de lui dire : « Voulez-vous bien m'excuser ? Je dois aller me coucher maintenant. »

Un jour, elle m'a proposé de l'accompagner à Washington pour assister à une représentation du Royal Ballet. La danse était sa grande passion et j'ai toujours regretté, secrètement, que ce ne soit pas l'opéra, qui avait ma faveur. J'ai néanmoins été enthousiasmée par cette offre que j'ai acceptée sur-le-champ. Nous sommes allées trois fois à Washington voir la compagnie britannique se produire, et chaque fois nous en avons profité pour visiter la Maison-Blanche : deux fois sous la présidence de Ronald Reagan, une fois sous celle de George Bush.

Mes rencontres avec les deux présidents et leurs premières dames m'ont laissé un sentiment mitigé. Contrairement à Nancy Reagan, Barbara Bush était absolument charmante et très accueillante, s'efforçant de m'inclure à chaque étape de la visite. Elle était simple et plutôt drôle, n'avait aucun mal à faire la conversation et mettait tout le monde à l'aise.

Nancy Reagan était son exact opposé. À notre arrivée à la Maison-Blanche, nous nous sommes toutes dirigées vers l'ascenseur menant aux appartements privés. Je n'ai pas eu le temps de poser un pied dans la cabine que Nancy Reagan me disait : « Oh, non, Lady Glenconner, pas vous. Mlle Brown va vous emmener en bas, voir la salle des cadeaux. »

La princesse Margaret n'a pas caché qu'elle n'avait aucune envie d'être séparée de moi. Elle se faisait justement accompagner d'une dame d'honneur pour avoir quelqu'un de son entourage en permanence près d'elle. Elle a articulé en silence les mots « Au secours ! » alors que les portes de l'ascenseur se fermaient, cependant nous n'y pouvions rien, ni l'une ni l'autre.

J'étais très curieuse de découvrir le bureau ovale, et pourtant j'ai été conduite dans une immense salle, en sous-sol, pour admirer les cadeaux reçus par le Président. Mlle Brown a fini par me reconduire à la princesse, ravie de me revoir.

De retour à la Maison-Blanche quelques mois plus tard, je redoutais d'être à nouveau envoyée dans la salle des cadeaux. Or, cette fois, je fus confrontée à un incident inédit. Au moment où je descendais de la voiture, le Président Reagan, qui s'attendait à ce que la princesse Margaret fasse son apparition de ce côté-ci, se trompa sur mon identité. Me prenant par le bras, il me dit : « Bonjour, ma petite dame. »

Comme nous ne nous ressemblions pas le moins du monde, j'ai été très surprise et j'ai immédiatement voulu rectifier son erreur, mais il n'a rien voulu entendre. Alors qu'il m'entraînait, j'ai vu la princesse et Nancy Reagan se décomposer, même si j'ignore après qui elles en avaient – lui ou moi. J'ai réussi à me tirer de ce mauvais pas, et la princesse a repris sa place.

Je ne nourrissais aucune rancœur à l'encontre du Président et de sa première dame bien sûr, et lorsque nous leur avons rendu visite des années plus tard, chez eux en Californie, Ronald Reagan était très malade et ne s'est pas joint à nous pour le déjeuner. Il souffrait d'Alzheimer et c'était perturbant de l'entendre gémir au fond de la maison, lui qui avait joué un rôle si proéminent sur la scène mondiale. Perturbant et très triste, tant sa santé déclinait vite. Je me suis demandé s'il ne montrait pas déjà des signes de démence quand il m'avait prise pour la princesse Margaret.

Tout mon temps n'était pas occupé par des choses aussi exceptionnelles. Pendant que je partageais le toit de la princesse, nous avions des activités très ordinaires, comme écouter la radio ou faire une virée dans un grand magasin. Il nous arrivait de sortir déjeuner : son endroit préféré était le Ritz, et elle répétait constamment que c'était à ses yeux « la plus jolie salle à manger de Londres ». Nous y retrouvions des amis – Carolina et Reinaldo Herrera lorsqu'ils venaient de New York, Rupert Loewenstein, Colin s'il était à Londres. Le directeur de l'hôtel nous accueillait dans le hall et nous accompagnait à notre table. Les gens remarquaient la présence de la princesse, cependant elle n'était accompagnée que de son chef de la sécurité, John Harding, et nous évitions donc l'agitation ; en général, les gens étaient respectueux de son intimité et très polis. Après le déjeuner, surtout si Colin était des nôtres, la princesse proposait de faire un tour dans Bond Street, où il lui achetait invariablement un cadeau, par exemple un objet en verre bleu, qu'elle collectionnait, ou un bijou qui retenait son attention.

La plupart du temps, nous déjeunions chez elle, puis nous sortions marcher dans le jardin de Kensington, ce qu'elle aimait en dépit de sa détestation des écureuils – elle avait lancé une vendetta contre eux. Il suffisait qu'elle avise soudainement une femme assise sur un banc occupée à les nourrir joyeusement pour qu'elle fonde dans cette direction et donne de grands coups de parapluie aux écureuils. John Harding devait intervenir, suggérant poliment à la princesse de poursuivre son chemin et de les laisser tranquilles. Quant à la femme qui les nourrissait, elle en restait comme deux ronds de flan.

Les trois semaines que je devais passer au palais se sont prolongées, encore et encore. Il a fallu une éternité pour que l'appartement que j'avais acheté à Holland Park soit terminé. La princesse Margaret n'en a pas pris ombrage. Au bout du compte, j'ai passé toute l'année 1990 sous son toit, n'emménageant chez moi qu'au début 1991. J'avais passé un moment délicieux. Elle était si facile à vivre… Je crois que je lui inspirais le même sentiment. Ce qui n'avait rien de très étonnant, sachant que nous avions vécu avec Tony et Colin.

Chapitre 14

Les disparus

Si mes années de dame d'honneur aux côtés de la princesse m'ont permis de faire toutes sortes d'expériences exaltantes, nous avions, Colin et moi, connu l'enfer à bien des reprises, le temps que Charlie sorte de l'adolescence. Car, en plus de ses manies étranges, il s'attirait des ennuis. Il était beau, possédait une énergie débordante et un naturel espiègle. Et surtout, il trouvait le monde de la drogue trop attirant pour y résister. Il voulait tout essayer et, bientôt, il a consommé toutes les drogues possibles et imaginables, s'offrant sa première dose d'héroïne en 1973, à seize ans.

Nous avons remarqué qu'il avait changé avant de comprendre ce qui se passait, trop tard : la dépendance était déjà installée. Lorsque Colin l'a découvert, il est entré dans une rage noire : « Charlie, tu devrais avoir honte ! Terriblement honte ! » Le cannabis était une chose, mais l'héroïne nous terrifiait. Il était évident que la patience dont Colin avait su faire montre s'était révélée inefficace, tout comme son idée de scolariser notre fils aîné à domicile. Et sa colère était alimentée par la peur. À ce stade, les mots ne servaient plus à rien. Charlie m'a avoué plus tard que pendant les six années où il avait été héroïnomane, il avait eu l'impression d'être prisonnier d'un étau.

Pour notre famille, c'était un désastre. Je n'étais pas préparée à faire face à ce genre de problème. Je n'avais jamais touché aux drogues de ma vie, et j'ignorais comment m'occuper d'un fils héroïnomane. Charlie était émacié, lunatique et souvent sous l'influence de la drogue. Il n'était plus digne de confiance, et il nous a, au cours des ans, volé des montants considérables pour pouvoir acheter ses doses. Il se montrait de plus en plus imprévisible, et j'avais peur que son attitude finisse par affecter nos autres enfants.

C'était une période surréaliste. J'étais, moi, plongée dans une vie d'apparat, alors que mon fils aîné plongeait dans la dépravation. Consciente que Colin savait bien mieux y faire, j'ai renoncé à m'en mêler pour me concentrer sur nos autres enfants, tandis qu'il tentait de régler le problème à sa façon.

Les jumelles n'avaient que cinq ans quand Charlie s'est mis à consommer de l'héroïne, et j'avais peur qu'elles tombent sur des aiguilles ou soient effrayées de surprendre leur frère en plein « trip ». Nous les surveillions de près, Barbara et moi, tout en nous efforçant de leur garantir une vie la plus normale possible. Nos deux autres fils étaient tellement innocents en comparaison : Henry s'épanouissait à Eton, acceptant tout sans broncher, et Christopher, qui était à l'école primaire, rêvait de voitures. Sa plus grosse bêtise avait été de casser la fenêtre du bureau de son directeur lors d'un lancer trop enthousiaste au cricket.

Pendant toute la seconde moitié des années 1970, Charlie a fait des cures de désintoxication dans plusieurs cliniques, où il retrouvait invariablement d'autres membres de la haute société, comme Andrew Cavendish, le duc du Devonshire, ou Jamie Blandford, l'actuel duc de Marlborough. Voyant que les cures se soldaient par un échec, Colin l'a envoyé plus loin, dans l'espoir que la distance, associée à un dur labeur, ferait la différence, mais Charlie semblait décidé à ne pas revenir dans le droit chemin. Il y a eu un élevage de moutons en Australie, où il n'a même jamais mis les pieds parce qu'il s'en était vu refuser l'entrée, et un domaine dans les Highlands, tout au nord de l'Écosse, où il a réussi, on ne sait comment, à se procurer de la drogue, réduisant à néant toute la manœuvre.

De retour à Londres, il replongeait.

Il est ensuite parti pour New York, qui était sans doute, à la fin des années 1970, le pire endroit possible pour un drogué. Il y a été adulé, séduisant instantanément l'artiste pop Andy Warhol, ainsi que la star montante de la photographie, Robert Mapplethorpe, et découvrant – pour son plus grand malheur – le paradis des junkies, l'emblématique Studio 54. Je me souviens qu'il m'a appelée un jour de son hôtel pour me dire : « Maman, la seule chose que je veux faire dans la vie, c'est commander des repas dans ma chambre. » Il racontait aux gens qu'il aspirait à devenir « héroïnomane professionnel », à accéder à la célébrité pour avoir été capable de survivre à des quantités astronomiques de drogue.

À son retour en Angleterre, il était dans un état calamiteux, et nous l'avons renvoyé en cure, mais les médecins ne cessaient de nous répéter la même chose. Tant qu'il ne l'aurait pas décidé, il ne cesserait pas de consommer. Ils nous ont conseillé de lui couper les vivres dans l'espoir que, privé d'argent et du confort d'une maison, il finirait par toucher le fond et prendrait la résolution de tout arrêter.

C'est extrêmement difficile à entendre pour des parents – sans parler de passer à l'acte –, si bien que durant des années nous n'avons pu nous y résoudre. Avec le recul, il est bien possible que notre amour ait précipité sa chute. Si, de nos jours, il serait sans doute affublé de l'étiquette de « gosse de riche typique », il restait notre petit garçon, notre « Charlie chéri », qui avait, nous ne savions comment, perdu pied. Il aurait très bien pu suivre la trajectoire de bien des adolescents rebelles qui avaient essayé les drogues sans tomber dans la dépendance. Cela n'aurait évidemment pas été idéal, mais bien moins pire que la réalité à laquelle nous étions confrontés.

Plutôt que de l'abandonner, Colin l'a emmené à Moustique, qui semblait être le seul endroit au monde où Charlie ne pouvait pas se procurer d'héroïne. Ce qui peut paraître étonnant tant l'île était réputée pour ses fêtes hédonistes... Si d'autres drogues y avaient leur place, comme le cannabis, l'héroïne ne faisait pas partie du décor. Pour Charlie, Moustique était « une prison paradisiaque », où il a sombré dans la dépression, se sentant pris au piège et vivant mal le sevrage brutal.

Bien sûr, dès que Colin lui lâchait la bride, ce qu'il était bien contraint de faire de temps à autre, Charlie trouvait un dealer, avant même d'atteindre Londres. Nous connaissions, son père et moi, des vagues d'angoisse successives – l'instant après avoir espéré que Charlie pouvait enfin être tiré d'affaire, nous comprenions qu'il avait, en réalité, replongé plus que jamais. Lorsqu'il était à Moustique, je parvenais à me détendre un peu, sachant que Colin le surveillait de près.

J'avais appris à cloisonner mes inquiétudes, je me forçais à me changer les idées et à me concentrer sur d'autres aspects de mon existence. C'était le seul moyen de supporter la situation, et puisque aucune solution ne semblait éloigner durablement Charlie des drogues, j'ai appris à vivre avec ce sentiment de malaise permanent. Quand nous étions ensemble, Colin et moi, nous envisagions toutes les options, mettions toutes sortes de plans au point. Colin a fini par se convaincre que Charlie était tombé dans la drogue pour fuir ses responsabilités. Il l'avait souvent menacé de le déshériter, et pourtant notre fils s'entêtait sur cette voie, il ne prenait pas la menace au sérieux, ou était incapable de s'arrêter. Si je ne parvenais pas à trancher entre les différentes interprétations, je comprenais le raisonnement de Colin.

Convaincu que Charlie ne voulait pas se retrouver en charge du vaste domaine familial, il en a conclu que cette pression ne faisait qu'ajouter à ses problèmes. Nous redoutions aussi que Charlie décide tout bonnement de vendre Glen à la première occasion s'il arrivait malheur à Colin.

C'est pourquoi en 1977, alors que Charlie avait dix-neuf ans et qu'il consommait de l'héroïne depuis plusieurs années déjà, Colin a pris la décision difficile de retirer Glen de son héritage. Il se verrait attribuer tous les actifs dans les Caraïbes, qui étaient, à l'époque, conséquents. Ainsi, le domaine familial serait protégé. Je l'ai soutenu dans cette décision : Charlie n'était pas en position de reprendre les rênes et ne le serait peut-être jamais.

Lorsque Colin lui a remis le contrat, Charlie a accepté de le signer à deux conditions : il toucherait une allocation mensuelle plus élevée et Colin s'engagerait à régler ses futurs frais médicaux. Nous y avons vu le signe qu'il n'avait toujours pas pris la mesure de la situation. Au contraire, même, ces conditions semblaient destinées à entretenir sa dépendance, et elles nous ont convaincus que nous avions pris la bonne décision. Ayant reçu l'aval de Colin, Charlie a signé. C'était désormais officiel : à la mort de Colin, Glen reviendrait à Henry. S'il arrivait souvent que de jeunes héritiers s'essaient aux drogues, il était en revanche très rare que l'un d'eux se retrouve ainsi dépouillé. Cette décision a porté un coup énorme à notre famille. Notre échec était patent et à peine compensé par la réussite de notre second fils, susceptible d'hériter du domaine. Toutefois, en relativisant un peu, déshériter Charlie n'était rien en comparaison de la raison qui nous y avait poussés, et nous nous souciions surtout de savoir comment le faire renoncer à l'héroïne.

Après l'avoir déshérité, Colin l'a laissé quitter Moustique pour une clinique aux États-Unis, mais le cycle infernal a continué. Pendant les trois années suivantes, Charlie était drogué une moitié du temps, retenu à Moustique l'autre moitié.

Nous avons connu un moment particulièrement difficile à la fin 1978, après un été à Glen, au cours duquel Colin avait organisé un divertissement. Le casting était impressionnant : Bianca Jagger a ouvert le spectacle en exécutant quelques pas de danse, puis Charlie a imité Elvis Presley chantant « Blue Suede Shoes ». La princesse Margaret, déguisée en Brunehilde, avec un casque à cornes et une perruque, a ensuite mimé « La Chevauchée des Walkyries », de Wagner, encadrée par les jumelles. Ces mini-Walkyries de huit ans étaient aux anges, un sourire jusqu'aux oreilles. Roddy Llewellyn leur a succédé : costumé en sorcier, il a adressé sa chanson au crâne dans sa main.

Ce week-end était une réussite. Pourtant, peu après notre fête, des photos de la princesse Margaret se sont étalées dans les journaux. Les reconnaissant avec effroi – c'était les miennes ! – je suis allée chercher mon album photo pour constater qu'elles avaient été arrachées. Je n'ai pas eu beaucoup de mal à imaginer ce qui avait pu se passer et à diriger mes soupçons vers Charlie. Je l'ai interrogé et il m'a avoué qu'il les avait vendues à un ami qui portait le nom douteux de Muddy Waters – « Eaux troubles » –, lequel les avait ensuite cédées au *Daily Mail.* J'étais furieuse.

Au début, il m'avait volé de l'argent. Avec les années, il m'avait aussi subtilisé des affaires, notamment une paire d'objets décoratifs qui avaient une grande valeur sentimentale, bien plus que financière d'ailleurs, encouragé par la sœur de Colin, Emma, qui compatissait avec lui chaque fois qu'il se plaignait de manquer d'argent. Cette fois, il avait franchi un nouveau cap. Je ne m'inquiétais pas seulement pour lui mais pour ma réputation et ma position de dame d'honneur. La princesse s'est montrée plus que compréhensive, ne s'appesantissant guère sur cet incident, qu'elle a aussitôt effacé de sa mémoire pour pardonner à Charlie.

J'étais hors de moi. J'ai tenté de le raisonner. Quand je lui ai dit que je préférerais qu'il demande de l'argent au lieu de me piéger de la sorte et de me décrédibiliser, j'ai bien vu combien il se sentait mal. Il n'était pas naturellement mauvais, mais la drogue avait changé sa personnalité, le rendant manipulateur et sournois. Sa réaction m'a conduite à ressentir une lueur d'espoir : il était toujours là quelque part derrière les affreux oripeaux de la dépendance, et j'ai décidé d'engager le dialogue avec lui pour tenter de lui faire comprendre qu'il devait se ressaisir une bonne fois pour toutes et mettre un terme à ses bêtises. Je crois qu'il a commencé à prendre la mesure des souffrances qu'il avait causées autour de lui, et j'ai eu l'impression qu'il ne voulait plus duper les gens de son entourage.

Malgré ses efforts apparents, il n'a pourtant pas réussi à changer suffisamment, et nous nous sommes retrouvés, Colin et moi, dans une position intenable. Lorsqu'il a été arrêté à l'aéroport de Heathrow parce qu'il était en possession de drogues, Colin a refusé de payer sa caution, dans l'espoir qu'un petit séjour en prison constituerait un choc suffisant et définitif. Cependant, après nous avoir suppliés puis abreuvés de promesses, dès qu'il a été libre, il a replongé.

Cela faisait maintenant six ans qu'il prenait de l'héroïne. Ce n'est que quand nous avons atteint ce point de non-retour que nous avons décidé de lui couper les vivres, puisant dans notre courage pour suivre enfin le conseil des médecins. Cela a été terriblement difficile de lui tourner le dos, bien plus que le déshériter, et pourtant c'est cette décision qui a fini par interrompre le cycle infernal.

Nous l'avons regardé, Colin et moi, s'asseoir sur le trottoir devant notre maison londonienne. Colin a aussitôt voulu aller le chercher. Lutter contre notre instinct s'est révélé presque impossible, et néanmoins j'ai tenu bon, en me disant que c'était peut-être notre dernière chance de le sauver.

Le voir aussi désespéré et désorienté était finalement bien moins terrible que de ne pas savoir où il se trouvait – ce qui est arrivé lorsqu'il a fini par partir. J'étais en permanence accablée par un mauvais pressentiment, craignant de recevoir un coup de fil nous informant qu'il lui était arrivé un malheur.

Au bout de plusieurs semaines sans nouvelles, Charlie est rentré et nous a annoncé qu'il voulait décrocher. Nous l'avons écouté, et nous nous sommes réjouis en silence. C'était une première. Il nous avait déjà promis d'arrêter, mais il n'avait jamais dit qu'il en avait le souhait. Il était crucial que l'impulsion vienne de lui, c'était sa seule chance d'y parvenir.

Colin lui a acheté une petite maison à Fulham, suffisamment proche pour que nous puissions passer le voir, tout en lui garantissant son indépendance – nous avions conscience qu'une trop grande promiscuité avec nous pourrait le détourner de son objectif. Tout reposait, de toute façon, sur sa détermination. Ce choix lui appartenait.

Lorsqu'il a rejoint un centre de désintoxication de son propre chef, nous n'avions pas grand espoir, nous avions perdu confiance en lui et en sa parole. Et pourtant, le jour où il est passé à la méthadone, nous avons commencé à nous réjouir, modérément. Le changement était perceptible : il faisait de réels efforts. Il est monté passer un peu de temps à Glen, et ce séjour a marqué le début du reste de sa vie. Les Parsons louaient une des fermes du domaine et gagnaient leur vie en fabriquant des bougies à la rose. Mme Parson était aussi thérapeute, et elle a immédiatement apporté son soutien à Charlie. Bientôt il s'est mis à fabriquer ses propres bougies, très différentes des leurs. C'est à moi qu'il envoyait ses créations psychédéliques, et si je ne savais pas très bien quoi faire des têtes de mort noires et des immenses créations violettes que je recevais par la poste, je me réjouissais qu'il ait trouvé une occupation. L'idée qu'il puisse se débarrasser de sa dépendance était, à ce stade, aussi impensable que l'avait été sa découverte au début.

Pendant ce temps-là, les autres enfants s'épanouissaient. En pleine adolescence, Christopher découvrait les affres du milieu scolaire, même s'il était très apprécié et qu'il aimait la vie. Lorsqu'il rentrait à la maison pour les vacances, il sortait en douce en boîte de nuit avec des amis, passant la fin de la nuit dans le pavillon d'été. Il avait vu les conséquences de l'héroïne sur Charlie, et n'était pas tenté de suivre ses traces, heureusement.

En grandissant, les jumelles se sont rapprochées de leurs frères. Elles admiraient Christopher, et lorsque Charlie est entré dans sa période de stabilisation, nous écoutions tous ensemble ses disques de reggae dans le salon de Glen. Henry a appris les échecs aux filles, qui étaient fascinées par son talent aux cartes – il était particulièrement doué au gin-rami. Je continuais à m'occuper de mes œuvres de bienfaisance et emmenais May et Amy avec moi lors des événements, elles aidaient à la tombola et rencontraient un franc succès auprès des participants.

En 1979, à l'âge de dix-neuf ans, Henry est tombé amoureux, alors qu'il se trouvait au Machu Picchu pour son année de césure. Il y a fait la connaissance d'une jeune femme du nom de Tessa Cormack, qui l'avait sorti d'un trou dans lequel il était tombé. Alors que leur rencontre était purement fortuite, et qu'elle s'était produite loin de chez eux, ils avaient beaucoup en commun. Tessa avait aussi grandi en Écosse – elle était la petite-fille de l'un des pairs du royaume, le progressiste Lord Davies. Ils partageaient de nombreuses valeurs et avaient le même sens de l'humour. Nous étions tous fous de joie en apprenant, quelques années plus tard, leurs fiançailles.

Leur mariage en 1983, à Moustique, a été un régal. Nos deux familles ont œuvré de concert pour décorer la jeep et le bateau avec des feuilles de palmes et des fleurs. C'était une belle journée et nous étions tous réunis pour célébrer dans la joie cette union. Il n'y a eu aucun mélodrame, personne n'était de mauvaise humeur. Un mariage parfait.

Malheureusement, c'est la dernière fois que ma mère est venue sur l'île. Elle était atteinte d'un emphysème – elle avait fumé comme un pompier toute sa vie –, et sa santé se dégradait rapidement. C'était une maladie cruelle, et j'ai souffert de voir sa respiration devenir de plus en plus laborieuse, jusqu'à sa mort, en 1985. Tout le monde en a été infiniment attristé. Elle avait apporté un tel élan d'optimisme dans nos existences à tous, et Colin était très attaché à elle. Tout le monde avait de l'affection pour elle, y compris la reine, qui m'a écrit une lettre particulièrement touchante pour me dire combien ma mère avait compté pour elle. Le prince Charles, qui avait passé beaucoup de temps à ses côtés dans son enfance, a été aussi très affecté. Il est resté un ami incroyablement loyal et gentil, veillant toujours sur moi.

Parmi les nombreux enseignements de ma mère, j'avais retenu la nécessité d'être forte pour ma famille, et je m'efforçais d'afficher un air de détermination en toutes circonstances, ainsi qu'elle l'avait fait. La vie avait déjà dressé des obstacles en travers de ma route – un mariage tumultueux puis un fils héroïnomane –, mais des épreuves bien plus douloureuses m'attendaient encore.

Pendant un temps, j'ai cru que Henry et Tessa vivraient heureux jusqu'à la fin des temps. En 1984, ils eurent un fils, Euan, et il n'y avait aucune raison de douter de leur bonne entente. Henry s'occupait de ses affaires – après avoir importé des fruits de l'île de Trinidad, il s'était lancé dans l'industrie des fournitures de bureau. Il avait aussi monté une boîte qui s'appelait « Henry's Help » : les gens qui avaient besoin d'un plombier, d'un électricien ou d'un bricoleur pouvaient l'appeler et il les mettait en contact avec un artisan. Il était en avance sur son temps. À cette époque, il avait découvert le bouddhisme et il jouait un rôle de plus en plus important dans la vie de May et Amy : il était le frère calme et aimant à qui elles pouvaient parler. May parlait de lui comme de son « gourou », et elle buvait la moindre de ses paroles. Il avait des petites attentions pour elles, il leur enregistrait des compilations sur cassettes pour emmener en pension, il leur apprenait des mantras – ainsi qu'à Christopher.

Tessa est devenue très proche de notre famille, nous étions tous impressionnés par sa carrière : dotée d'une grande intelligence, militante passionnée, elle était une pionnière, puisqu'elle a cofondé l'un des premiers fonds d'investissement verts du Royaume-Uni. Elle avait un emploi du temps si rempli que c'est principalement Henry qui s'est occupé de Euan quand il était bébé. Et je pouvais les voir très souvent, car ils vivaient dans l'appartement au sous-sol de notre maison de Hill Lodge.

Un jour de 1985, Henry nous a demandé à Colin et moi de descendre les voir, Tessa et lui. Il avait un drôle de ton, et j'ai aussitôt été saisie par l'atmosphère étrange de l'appartement. J'ai compris que quelque chose n'allait pas, sans suspecter un seul instant ce qui allait suivre. Pendant que nous nous asseyions tous les quatre, Henry a lâché : « J'ai emménagé ailleurs parce que je suis homosexuel. »

Je n'en croyais pas mes oreilles. Il n'était pas efféminé, contrairement à Stephen, l'oncle de Colin ; il n'était même pas aussi extravagant que Colin ou Charlie. Bref, à mes yeux, il n'affichait aucun signe extérieur de son homosexualité, et cette révélation m'a donc fait l'effet d'un choc, d'autant plus qu'il semblait couler un bonheur parfait avec son épouse et leur fils.

Si son orientation sexuelle ne me posait aucun problème – je ne voulais que son bonheur –, j'étais très embêtée qu'il ait épousé une fille aussi charmante, avec laquelle il avait eu Euan, pour mieux à présent tourner le dos à l'existence qu'il s'était construite. Tessa se montrait calme, elle abordait la situation avec élégance et empathie. Elle n'a jamais divorcé de Henry, même lorsqu'il a emménagé avec son ami Kelvin O'Mard, un acteur de la Royal Shakespeare Company. Il est devenu évident que Henry voulait cesser de vivre dans le mensonge et épouser sa sexualité – et pour cela, il devait se séparer de Tessa. Étonnamment, celle-ci est devenue très proche de Kelvin.

Colin a été, lui aussi, plus compréhensif, prenant la nouvelle bien mieux que moi. Il a accepté la décision de notre fils, heureux que ce dernier se sente suffisamment en confiance pour nous en parler. À l'époque, l'homosexualité était non seulement un tabou – il avait fallu attendre 1967 pour qu'elle ne soit plus considérée comme un crime dans notre pays, et elle faisait encore l'objet de nombreux a priori négatifs –, mais aussi terriblement risquée.

Car oui, en 1980, être gay constituait un danger. L'épidémie de sida explosait. Cette maladie peu connue, née sur le continent africain, s'était répandue sur l'ensemble du globe. On ne savait pas alors comme elle s'attrapait. La seule certitude était qu'elle tuait des milliers de personnes chaque année, et qu'elle touchait tout particulièrement la communauté des hommes gays.

Mon inquiétude s'est déportée de sa famille brisée à sa santé. Je l'ai mis en garde si souvent, lui répétant : « Si tu multiplies les partenaires, tu dois te protéger et être prudent. »

En 1986, le gouvernement britannique avait diffusé plusieurs campagnes d'information, à la télévision et dans la presse, pour avertir la population qu'une personne sur cinq contracterait ce virus, en s'appuyant sur le slogan *Don't die of ignorance* – « Ne mourez pas par ignorance ».

Malheureusement, Henry n'a pas été assez précautionneux. Une fois son homosexualité révélée, il a voulu la vivre pleinement, se sentant, je suppose, libéré. En décembre 1986, peu avant le début de la fameuse fête d'anniversaire de Colin à Moustique, son Peacock Ball, il m'a appris que Henry avait le VIH. Pourquoi a-t-il choisi ce moment pour m'annoncer cette nouvelle ? Je ne le saurai jamais. La soirée était déjà suffisamment surréaliste en soi, avec la princesse Margaret en turban couronnant Colin « roi de Moustique ». Découvrir la condamnation à mort de mon fils alors que je portais une robe brillante et accueillais une foule d'invités m'a donné l'impression de vivre une sorte de cauchemar sibyllin.

Soudain, je me retrouvais avec un fils atteint du virus le plus redouté au monde, et un autre héroïnomane. J'étais désespérée, convaincue d'avoir touché le fond. Et pourtant, quelques mois seulement après avoir su que Henry avait commencé à prendre des quantités invraisemblables de médicaments pour tenter d'empêcher le VIH d'évoluer vers le sida, Christopher a été victime d'un accident qui a bien failli lui être fatal. C'était en 1987, lors de son année de césure.

Christopher était très beau, il avait un air à la Elvis Presley. À sa sortie du lycée, il était l'un des garçons les plus populaires de terminale. Affectueux, drôle et solaire, il attirait aussitôt la sympathie. Juste avant son départ, je suis allée à l'agence de voyages récupérer ses billets et l'homme au comptoir m'a demandé si je l'avais assuré. « Non », lui ai-je répondu. Ça ne m'avait pas traversé l'esprit. Après l'avoir entendu m'expliquer en quoi cela pourrait être utile – l'expérience lui avait enseigné que les jeunes voyageurs perdaient souvent des documents importants, et il leur arrivait d'avoir besoin de recevoir des soins médicaux à l'étranger –, j'ai souscrit une assurance, même si la somme de 150 livres me semblait exorbitante. Cet échange m'a sensibilisée aux dangers qu'il pourrait rencontrer, surtout s'il se montrait imprudent, et je lui ai donc dit, en lui remettant ses billets : « S'il te plaît, pas de moto, d'accord ? Fais ce que tu veux, mais ne monte pas sur une moto. »

Évidemment, ses amis et lui n'en ont fait qu'à leur tête. Ils avaient dix-neuf ans et ils goûtaient à la liberté pour la première fois. Ils ont donc loué des motos dès leur arrivée. Les cartes postales écornées que Christopher nous envoyait de loin en loin ne laissaient aucun doute sur le fait qu'il s'amusait comme un fou, lors de cette traversée du Mexique puis du Guatemala. Dans ses messages griffonnés au dos, il disait poliment qu'il regrettait mon absence, et j'avais la certitude que c'était faux.

Pour la dernière étape de leur périple, Christopher et ses amis sont arrivés à la frontière entre le Guatemala et le Belize à la tombée de la nuit, pour s'entendre rétorquer qu'ils ne pouvaient pas entrer dans ce pays sans régler une somme conséquente pour leurs motos. N'ayant pas l'argent nécessaire, une des motos ainsi qu'un casque ont fait office de paiement. Voilà pourquoi Christopher est monté derrière un de ses amis, tête nue. Arrivés à l'auberge de jeunesse, les deux autres membres de la bande les ont attendus longtemps, très longtemps, en se demandant où ils étaient.

Au lever du jour, ils étaient si inquiets qu'ils sont remontés sur leurs motos pour refaire le trajet de la veille en sens inverse. Et ils ont découvert une scène cauchemardesque. Fatigué par les routes sinueuses au revêtement irrégulier, le conducteur avait percuté de plein fouet une barrière qui n'était pas éclairée. Christopher avait aussitôt été éjecté et sa tête avait heurté une pierre. L'autre garçon avait une épaule cassée. Apparemment, après l'accident, plusieurs personnes étaient passées sur la route mais aucune n'avait voulu s'arrêter, de crainte que les deux motards soient des bandits feignant d'être blessés.

Leurs amis ont prévenu les secours, qui ont conduit les victimes à l'hôpital le plus proche. Les médecins ont considéré qu'ils ne pouvaient plus rien pour Christopher.

Ils ne lui ont donc apporté aucun soin, le laissant mourir dans un hamac, au fond d'une pièce isolée.

Pendant ce temps-là, Colin faisait sa valise, à Londres, pour rejoindre Moustique, où il accueillerait Christopher et ses amis – ils avaient prévu de terminer leur année de césure là-bas. Juste avant son départ, le téléphone a sonné. J'ai décroché et écouté l'ami de Christopher me raconter l'accident. J'ai retenu Colin alors qu'il était déjà sur le pas de la porte. À ma voix, il a tout de suite compris que quelque chose de grave s'était produit.

Nous avons immédiatement cherché un moyen de nous rendre au Belize. Nous n'avions pas les idées claires, nous ne parvenions pas à trouver la meilleure solution, j'ai donc appelé le standard de Buckingham et demandé à être mise en relation avec la princesse Margaret de toute urgence. J'espérais qu'au nom de notre amitié, et grâce à ses relations, elle saurait quoi faire. Dès qu'elle a appris la nouvelle, elle m'a dit de téléphoner à Nigel Napier. Il a aussitôt remué ciel et terre, se rapprochant du ministère des Affaires étrangères, qui a alerté la garnison britannique présente au Belize. Ce n'était pas un traitement de faveur en soi, mais l'intervention de Nigel, qui savait exactement qui contacter et qui l'avait fait sans tarder, a permis d'accélérer les choses. Et c'est ce qui, sans le moindre doute, a sauvé la vie de Christopher.

Suite aux appels de Kensington, l'armée britannique est rapidement entrée en jeu : elle a envoyé un hélicoptère pour conduire Christopher à la garnison, où il a été opéré sur-le-champ, dans l'une des tentes. Par un immense coup de chance, un chirurgien en visite ce jour-là a réussi à stabiliser l'état de Christopher en laissant sa blessure à la tête ouverte afin d'éviter la formation de caillots supplémentaires. Puis l'armée l'a transporté dans un grand hôpital à Miami.

De notre côté, avec Colin, nous avons eu un autre gigantesque coup de chance : le Concorde se rendait à Miami une fois par semaine, le samedi. Et nous étions un samedi. Nous avons donc jeté quelques affaires indispensables dans une valise et couru à l'aéroport pour attraper le vol in extremis.

Le voyage s'est très mal passé, j'étais en état de choc et je n'arrêtais pas de pleurer, ce qui exaspérait Colin. Je n'ai jamais versé autant de larmes de toute mon existence. Ma retenue britannique avait disparu : mon fils était dans un état critique. Contrairement au VIH de Henry, rien ne pouvait nous préparer à cette annonce tragique, et le fait que Christopher soit suspendu entre la vie et la mort rendait la situation encore plus traumatisante – serait-il toujours vivant à notre arrivée à l'hôpital ?

Pour ajouter à l'horreur, l'hôpital refusait d'opérer tant que nous ne l'aurions pas payé, et Colin a donc dû régler cette question avant de voir son fils. Et s'assurer que l'opération pourrait avoir lieu sans tarder, car il savait qu'il fallait intervenir au plus tôt.

Pendant ce temps, je suivais une infirmière dans un couloir de cet hôpital très chic et plutôt futuriste – un endroit intimidant en somme. Lorsqu'elle s'est arrêtée près du lit d'un jeune homme inerte et inconscient, couvert de sang et relié à plusieurs appareils, je me suis dit : « Non, non, ce n'est pas mon fils. » Elle n'a pas bougé pourtant, et j'y ai regardé de plus près. Je n'arrivais pas à le reconnaître et, pendant plusieurs minutes supplémentaires, je suis restée persuadée qu'il ne s'agissait pas de lui. Plus tard, j'ai compris que mon esprit refusait la réalité. Ce patient ne ressemblait en rien au Christopher à qui j'avais dit au revoir quelques mois plus tôt. Et surtout, il aurait fallu admettre que mon fils était grièvement blessé, perspective si surréaliste et terrifiante que mon esprit trouvait des ruses.

Les médecins nous ont expliqué que Christopher était dans un coma profond et qu'ils étaient dans l'incapacité de nous dire s'il s'en sortirait. Et s'il survivrait, il pourrait demeurer dans un état végétatif jusqu'à la fin de ses jours. Même si cette perspective était effrayante, elle était moins insoutenable que celle de sa mort. Je voulais tellement qu'il survive. J'ai eu bien du mal à accepter ces nouvelles. Je déambulais dans un état second d'angoisse insupportable et d'épuisement, tant j'avais l'impression que nous ne sortirions jamais des limbes où nous errions depuis un moment.

Ma sœur Carey s'est chargée de joindre la pension d'Amy et May pour les prévenir. Elles étaient justement dans leur dortoir, en train de s'extasier, avec leurs amies, sur la beauté de Christopher. Carey a minimisé la gravité de l'accident pour ne pas terrifier les filles, déjà bouleversées par la version édulcorée qu'elle leur a servie. Avant de raccrocher toutefois, Carey leur a demandé de prier pour leur frère, elles ont alors compris qu'il était dans un état critique. Elles devaient néanmoins rester sur place, car elles étaient en pleine période d'examens. Carey, elle, a pris un avion pour Miami avec Henry qui, en dépit de son propre état de santé, voulait apporter son soutien à son petit frère. Leur arrivée a été une véritable aubaine pour nous : leur optimisme nous a apaisés, Colin et moi – nous avions tellement de mal à faire front.

Christopher a été transféré dans une salle circulaire, au centre de laquelle se trouvait le bureau des infirmières. Comme tous les autres patients, il était branché à toutes sortes de machines. On n'entendait que la succession de bips, ainsi que le couinement des chaussures des soignants. Les patients, eux, étaient plongés dans un silence et une immobilité sinistres. La configuration des lieux n'était pas rassurante : les infirmières semblaient veiller sur eux de loin, et il était très compliqué d'approcher Christopher à cause de tous ces appareils. Je comprenais bien qu'ils œuvraient pour le maintenir en vie, et pourtant je n'avais qu'une envie, le prendre dans mes bras, ce qui m'était défendu. On ne m'a laissée lui toucher la main qu'une seule fois.

Puis il a fallu être patient. Nous avons passé quinze jours à Miami, chaque minute durait une éternité. Heureusement, Carey était d'un immense soutien, elle s'efforçait de me distraire de l'horreur de la situation.

Au bout de deux semaines, bien que toujours dans le coma, Christopher a été jugé suffisamment stable pour être rapatrié à Londres en avion privé. Celui-ci était si chargé, entre le matériel spécialisé et les deux équipes de médecins et d'infirmières, que nous n'avons pas pu y embarquer. Nous avons donc dû entreprendre la traversée de l'Atlantique de notre côté, en sachant que Christopher pouvait très bien plonger sans que nous soyons présents. Le voyage a été presque aussi pénible qu'à aller.

À notre retour à Londres, il était encore trop tôt pour prédire ce qui lui arriverait, mais au moins il était sur le sol anglais. Et Dieu merci l'agence de voyages m'avait poussée à souscrire une assurance. Ce montant de 150 livres avait autant de valeur qu'un billet de loterie gagnant : au bout du compte, la compagnie d'assurances a réglé plus d'un million de livres de factures.

À ce stade, j'avais conscience que les jours de Henry étaient vraisemblablement comptés et que l'avenir de Charlie était incertain. À présent la vie de Christopher ne tenait plus qu'à un fil. Comment cela pouvait-il nous arriver ? Si je n'avais rien pu faire pour Henry et Charlie, j'étais déterminée à sauver mon dernier fils, par tous les moyens à ma disposition.

Chapitre 15

Cauchemar et miracle

Avec l'accident de Christopher, la vie a changé du tout au tout. J'ai dédié mon existence entière à tenter de sauver la sienne. J'en étais convaincue : en lui apportant toute mon attention, il pourrait guérir. J'ai donc momentanément mis mes devoirs de dame d'honneur de côté pour m'installer au chevet de mon fils.

Au début, il était dans le service des soins intensifs de Wellington, une clinique près du Lord's, le stade de cricket au nord de Londres. Il était relié à un respirateur et à toutes sortes d'autres appareils. Nous passions toutes nos journées près de lui, Colin et moi, ne sachant toujours pas ce que l'avenir nous réservait.

Si Colin avait été distant avec tous nos enfants dans leur enfance, il avait construit des relations avec chacun d'eux au fil du temps, et Christopher était le seul avec lequel Colin ne perdait jamais son calme. Je les entendais même souvent rire aux éclats ensemble. Christopher nous répétait sans arrêt combien il nous aimait, ce qui rendait encore plus douloureuse sa présence dans ce lit d'hôpital, inconscient.

Les jumelles l'adoraient, et la situation fut d'autant plus difficile pour elles qu'elles avaient été retenues par leurs examens au début. Quand elles purent enfin le voir, elles furent sonnées en découvrant le tuyau qui sortait de son cou. J'ai eu beaucoup de mal à les réconforter. Je les ai encouragées à se manifester auprès de leur frère. « Embrassez-le, il sentira que vous êtes là », leur ai-je dit en priant pour que ce soit le cas.

Charlie et Henry venaient tous deux le voir dans l'espoir qu'il finirait par se réveiller, mais rien ne fonctionnait. Henry, dont la santé se dégradait, conservait malgré tout sa force et son calme, insistant pour que je me concentre sur son petit frère, qui avait davantage besoin de moi que lui. Je me sentais déchirée, même s'il est vrai que Henry, lui, pouvait encore marcher et parler.

Quelques semaines plus tard, les médecins nous ont annoncé que Christopher ne mourrait pas. Il était cependant impossible de prédire s'il allait rester encore dans le coma pendant des semaines ou des mois. Comme son état était jugé stable, Colin s'est rendu, à contrecœur, à Moustique, pour régler toutes les affaires urgentes qui s'étaient accumulées depuis l'accident.

Je consacrais tout mon temps à Christopher, pourtant il ne donnait toujours aucun signe de réaction, prisonnier de son corps inerte et abîmé. Je n'arrêtais pas de repenser au jeune homme vivant et énergique d'autrefois qui aujourd'hui souffrait d'escarres. Entre-temps, tous ses amis, même s'ils ont toujours été d'un grand soutien, avaient fait leur entrée à l'université, le laissant au bord du chemin.

Un défilé de spécialistes sont venus le voir, et aucun n'a eu les paroles rassurantes dont j'avais tant besoin. Tout était si incertain et épuisant. Au bout de plusieurs semaines sans évolution, le stress a commencé à laisser des traces, et j'ai senti que, peu à peu, je baissais les bras. J'en venais à douter que quoi que ce soit puisse faire la moindre différence. Si j'avais toujours eu une solide foi chrétienne – j'allais à l'église tous les dimanches – je n'avais jamais eu l'impression d'avoir véritablement engagé un dialogue avec Dieu. À présent, je priais souvent, sans relâche. Et alors que je m'apprêtais à perdre espoir, je reçus une aide inattendue.

J'avais entendu parler d'une guérisseuse, Mme Black, qui vivait en Écosse et qui, après avoir obtenu des miracles avec des chevaux, avait compris que ses mains avaient le pouvoir de guérir. En temps normal, j'aurais été sceptique, mais j'étais une mère au désespoir, prête à tout pour sauver son fils. Je suis donc entrée en contact avec elle. Elle a accepté d'essayer de m'aider, et a proposé de travailler par téléphone.

Aujourd'hui encore, cela me paraît ridicule, et pourtant cela a semblé fonctionner. Après chaque séance, durant laquelle elle canalisait toute son énergie en direction de Christopher, priant le Christ de le guérir, son état connaissait une petite amélioration – un léger tressaillement ou une réaction à une stimulation. C'était ténu, et un œil non averti n'aurait sans doute rien remarqué, mais je l'observais depuis plus d'un mois à ce stade. Ces séances m'ont rendu espoir.

Mme Black descendait une fois par mois pour une séance plus intensive. Lors de l'une d'elles, j'ai senti ses mains, qui étaient bouillantes – on aurait vraiment dit qu'elle transmettait, à travers elles, son pouvoir à Christopher. Entre deux séances, elle m'appelait pour prendre de ses nouvelles. Un jour j'étais si fatiguée que j'arrivais à peine à parler. « Anne, je peux vous aider, m'a-t-elle dit. Demain matin, à 10 heures, installez-vous dans un fauteuil confortable et faites le vide dans votre esprit. Je me connecterai à vous, vous sentirez la différence. »

J'ai accepté sa proposition, même si j'étais comme saint Thomas. À 10 heures, je me suis assise sur une chaise, à des centaines de kilomètres de Mme Black, me demandant si j'étais en train de perdre la tête. Tout à coup, à mon grand étonnement, j'ai eu l'impression que du champagne coulait dans mes veines. J'étais revigorée. C'est la seule fois de ma vie qu'une telle chose m'est arrivée. Je ne peux pas vraiment l'expliquer, sinon que j'ai eu la sensation que le Christ me rendait visite et apposait les mains sur moi, me donnant la force de continuer, m'emplissant littéralement d'énergie, d'espoir et de force. Sa force à lui je suppose.

Cette expérience miraculeuse a eu lieu juste à temps, parce que peu après j'avais rendez-vous avec un médecin. Notre conversation insensée s'est tenue dans une salle d'opération vide. Je m'étais juchée sur le coin d'une table. « J'ai une longue expérience des patients dans le coma, m'a-t-il dit, et je peux maintenant vous affirmer que Christopher restera un légume toute sa vie. Il n'y a plus d'espoir pour lui. » Il s'est interrompu le temps de me dévisager, avant de poursuivre, de son ton factuel, comme s'il n'avait pas conscience de la gravité de ce qu'il m'annonçait – ou alors parce qu'il avait déjà tenu ces propos trop souvent par le passé. « À votre place, je cesserais d'espérer un changement et je reprendrais le cours de ma vie. »

Pour certains, ces mots auraient sans doute été une forme de soulagement, une permission de cesser le combat, un prétexte pour sortir de ces limbes déchirants et exténuants. Si je n'avais pas fait l'expérience du pouvoir extraordinaire de la guérisseuse, je crois que j'aurais pu être de ceux-là, mais ma perspective sur le monde avait changé. Je refusais de croire ces paroles. Avec l'aide de Dieu et de tous ceux qui souhaitaient le réveil de Christopher, je n'acceptais pas cette issue.

J'étais plus résolue que jamais, même si j'avais conscience de devoir mettre au point un plan, et de m'y tenir, afin de rester concentrée sur mon objectif. Par un miracle inattendu, Barbara Barnes m'a appelée : « Je vais me libérer pendant les six mois qui viennent et faire tout mon possible pour vous aider. » Nous lui avions dit au revoir à l'occasion du départ des jumelles en pension, et elle venait de quitter les princes William et Harry, dont elle était la nanny. Elle voulait aider

Christopher. C'était le premier bébé dont elle s'était occupée, et elle lui portait un amour aussi inconditionnel que celui d'une mère. J'étais enchantée et soulagée d'avoir de ses nouvelles. Ensemble, nous avons entrepris cet incroyable voyage.

À compter de ce jour-là, j'ai mis en place un dispositif pour tenter de sortir Christopher de son état végétatif. J'ai trouvé un médecin dont le propre fils avait été dans le coma, et il a souligné l'importance pour la famille de faire des choses avec le patient. Il m'a expliqué que rester assise à son chevet en ruminant mon impuissance ne servirait qu'à nous rendre tous malheureux. « Vous devez entrer en contact avec lui par tous les moyens, m'a-t-il dit, stimuler ses cinq sens. » Il m'a remis une mallette qu'il avait fabriquée pour aider son fils. Elle contenait toutes sortes d'ustensiles permettant d'aiguillonner les sens d'un patient dans le coma, comme une brosse à poils rigides, un morceau de tissu velouté et des objets qui avaient différents parfums. Selon lui, il fallait solliciter Christopher quinze minutes par heure, tous les jours pendant des semaines. Alors seulement il aurait une chance de s'en sortir. Il m'a aussi mise en garde : ce ne serait pas facile et je n'y arriverais qu'en me dédiant entièrement à cette mission avec rigueur.

Ses conseils et son soutien ont changé la donne du tout au tout. Non seulement j'avais retrouvé l'espoir, mais je pouvais enfin faire quelque chose. Ce sentiment d'impuissance totale avait été l'une des composantes les plus difficiles de la situation. Désormais, j'avais un objectif.

Nous nous sommes retroussé les manches, Barbara et moi : toutes les heures, nous utilisions la mallette, pendant quinze minutes, mettant sous le nez de Christopher une de ses paires de baskets, malodorante, avant de lui faire sentir un parfum, de l'herbe coupée ou un sandwich au bacon – des odeurs fortes, bonnes et mauvaises, familières et exotiques. Nous chantions, nous parlions, nous riions. Nous lui mettions de la musique, bas puis fort, du rap ou du Mozart. Nous lui caressions la peau avec du velours puis du papier de verre ou une brosse – nous espérions que la diversité de textures et de sensations qui en découlaient provoqueraient une réaction de sa part. Nous lui appliquions une serviette chaude, puis froide, afin que la différence de température le fasse réagir. Nous lui lisions ses albums illustrés préférés, et son ancien maître d'internat avait enregistré une cassette avec ses amis pour que nous puissions les lui faire entendre.

Voyant à quel point nous étions épuisées, des amies nous ont proposé leur aide. J'ai mis en place un roulement avec les plus proches d'entre elles, Margaret Vyner, Sarah Henderson, Ingrid Channon et Zannah Johnston se relayaient pour stimuler Christopher ou lui parler. L'atmosphère était plus détendue, nous lui disions pour plaisanter qu'un gynécée entier tentait de l'amadouer pour l'attirer vers le monde des vivants. C'est devenu un travail d'équipe, ensemble nous avions davantage d'énergie et de motivation, et nous pouvions aussi partager des idées. Avec Barbara, nous avons eu la plus folle qui soit : reconstituer la scène de sa naissance dans l'espoir qu'une sorte d'instinct primal pourrait donner l'impulsion nécessaire à son cerveau.

Nous avons réussi à convaincre les infirmières de nous laisser sortir Christopher de son lit pour l'installer par terre afin que je puisse le bercer dans mes bras : j'étais convaincue qu'entendre les battements de mon cœur aurait un effet positif sur son état. Il était encore relié à plusieurs machines et je savais que mon idée n'avait rien de conventionnel, mais plus on m'opposait de refus et plus j'étais persuadée d'avoir raison. Je me suis donc retrouvée par terre, écrasée sous le poids de cet immense jeune homme de dix-neuf ans que j'essayais de traiter comme un bébé dans l'espoir de réveiller un vieil instinct. La réaction n'a pas été immédiate, cependant nous n'avons pas baissé les bras.

La princesse Margaret prenait régulièrement des nouvelles des progrès de Christopher qui étaient, à ce stade, presque inexistants. Pourtant, avec le temps, j'ai pu commencer à lui décrire de minuscules évolutions, et elle m'a encouragée à poursuivre mes efforts.

Il y a eu un changement de taille lorsque, alors que Christopher était encore dans le coma, les médecins ont décidé de débrancher le respirateur pour le laisser respirer seul. Il n'était toujours pas capable de déglutir, pourtant. Un jour, Barbara est arrivée avec un biberon. Déconcertée, l'infirmière de garde lui a demandé ce qu'elle comptait faire avec. « Je compte l'essayer sur Christopher, lui a-t-elle répondu. Il adorait ce biberon, petit. Est-ce que je peux lui mettre la tétine dans la bouche pour voir ? Je me dis que ça pourrait l'encourager à déglutir. »

L'infirmière a haussé les sourcils mais elle lui a donné son autorisation, convaincue que cela ne marcherait jamais. Alors que… Christopher s'est mis à téter, et ce mouvement l'a conduit à déglutir. Les vieux réflexes s'étaient réveillés. L'infirmière refusait d'y croire, et Barbara lui a montré. Ce fut une avancée majeure.

Au bout du compte, Christopher a passé quatre mois dans le coma – les mois les plus longs de mon existence. Je n'oublierai jamais le jour où il a fini par se réveiller. Il venait d'être transféré au Royal Free, un hôpital public à Hampstead, pour recevoir des traitements particuliers. Lors de ma première visite, je l'ai trouvé en larmes. Je suppose qu'il a dû sentir que son environnement avait changé et qu'il en était inquiet. En temps normal, on n'aime pas voir pleurer ceux qu'on aime. Moi, j'étais folle de joie. Ces larmes signifiaient qu'il ressentait quelque chose. Qu'il était là, quelque part.

Je l'ai bercé dans mes bras pour le rassurer, et je lui ai parlé des voitures qu'il aimait tant. Même si je me sentais un peu ridicule, je lui ai dit : « Allons, arrête de pleurer. Tu dois sortir d'ici, tu m'entends ? Je te promets de t'offrir une voiture dès que tu sortiras. Quel modèle te ferait plaisir ? »

Naturellement, je ne m'attendais pas à ce qu'il me réponde. Pourtant il l'a fait. Son premier mot depuis l'accident a donc été : « Lamborghini. »

Je n'en croyais pas mes oreilles. Je lui parlais depuis des mois sans obtenir de réponse… et aujourd'hui il me réclamait une voiture de sport. Je ne me suis jamais sentie aussi soulagée de toute mon existence, car à cet instant j'ai su que Christopher s'en sortirait.

À compter de ce jour, il est lentement revenu à la vie. Bien qu'à nouveau conscient, il restait prisonnier d'une enveloppe charnelle qui ne savait plus fonctionner. Tout était épuisant et lent – il avait du mal à former les mots, ses muscles étaient faibles, comme si son corps et son esprit étaient à peine reliés. Il devrait réapprendre à marcher mais, dans l'immédiat, ce défi ne surviendrait que bien plus tard. Rien de tout cela n'avait d'importance alors : c'était un tel miracle qu'il ait les yeux ouverts et qu'il puisse prendre connaissance de son environnement.

Ses frères et sœurs étaient fous de joie, et Colin aussi, infiniment fier de mes efforts et sincèrement reconnaissant à Barbara et aux amis loyaux qui nous avaient apporté leur secours, de la princesse Margaret à Nigel Napier, qui lui a, sans le moindre doute, sauvé la vie, sans oublier le chirurgien militaire qui l'a opéré et tous les médecins, toutes les infirmières, tous les proches qui lui ont rendu visite, semaine après semaine.

Une fois que Christopher a eu recouvré assez de forces, Diane Lomax, une kinésithérapeute renommée, s'est mise à l'ouvrage, lui réapprenant à se servir de son corps. Toute une équipe de soignants l'a aidé à renforcer ses muscles, même si la marche restait un objectif à très long terme. Loin de se laisser abattre ou de s'irriter, il conservait son enthousiasme. Son sens de l'humour ne l'a jamais quitté. Tout le monde l'adorait.

Il a séjourné dans un centre de rééducation à Barnes pendant des mois, avant d'être transféré dans celui de Headley Court, appartenant à l'armée, parce que le chirurgien qui l'avait opéré au Belize tenait à lui témoigner son soutien. D'autres personnes nous ont apporté leur aide, notamment les parents de Helena Bonham Carter, Raymond et Elena. En 1979, Raymond, à la suite de l'ablation d'une tumeur au cerveau, était resté paralysé. Leur appui m'a été immensément précieux, car personne de ma connaissance n'avait traversé ce genre d'épreuve.

Au bout d'un an quasiment, une fois que sa coordination élémentaire a été jugée suffisamment bonne, il est rentré chez nous, à Hill Lodge. Il ne pouvait toujours pas marcher – il n'avait pas retrouvé l'équilibre. Les médecins m'ont prévenue qu'il allait « recommencer toute sa croissance », passant progressivement du stade du jeune enfant qui fait ses premiers pas à celui d'adolescent. Ils m'ont aussi mise en garde : la personnalité des patients qui avaient été plongés dans le coma pouvait changer, ils étaient souvent lunatiques et malpolis, le risque de dépression était élevé. Pour me préparer à la suite des événements, j'ai engagé des infirmières et des jeunes filles au pair, tout en m'efforçant de me concentrer sur le chemin qu'il avait déjà parcouru.

Les gens pensaient que j'aménagerais la maison en installant une chambre au rez-de-chaussée et en faisant poser des rampes, un monte-charge ou un monte-escalier, cependant j'étais convaincue au fin fond de moi qu'il ne fallait pas aider Christopher de la sorte. J'étais certaine que, sinon, il s'appuierait sur ces instruments et que ses progrès en seraient retardés. C'était un jeune homme sportif de vingt ans qui portait un regard positif sur la vie. J'étais convaincue que mon attitude était la bonne.

Sa chambre se trouvant à l'étage, il devrait descendre deux volées de marches tous les matins, et les remonter tous les soirs. Si notre maison londonienne n'a rien à voir avec la demeure de Holkham, elle reste vaste pour un garçon qui doit se traîner dès qu'il veut se rendre d'un point A à un point B. Et pourtant il l'a fait.

Sa détermination n'a jamais vacillé, il a accepté l'idée qu'il lui faudrait littéralement des heures pour remonter dans sa chambre. La descente était un peu plus rapide – il dévalait les escaliers sur son derrière.

Plus d'une fois j'ai douté de ma décision. Le voir se débattre sur le sol, progressant centimètre après centimètre, me semblait cruel, et j'ai dû souvent étouffer mon instinct qui me dictait de l'aider. Il m'arrivait de céder, mais la plupart du temps je me contentais de paroles encourageantes. Cela me mettait au supplice, toutefois j'étais convaincue qu'il s'agissait de la meilleure solution. Il ne se plaignait jamais, ce qui contribuait à me rassurer, tout comme le fait que je voyais sa motivation à se déplacer seul – il serait resté dans sa chambre sinon. Je sais que ce type d'approche n'est pas adaptée à tout le monde, cependant notre relation était fondée sur la confiance et l'amour, et il a conservé tout du long son optimisme et sa détermination.

Quand il a cessé de ramper pour recommencer à marcher, il est souvent tombé, ce qui ne semblait pas le déranger. Il attendait que quelqu'un l'aide s'il ne réussissait pas à se relever tout seul.

Au bout de nombreux mois, ses progrès l'ont encouragé à persévérer. Il ne devait ses succès qu'à lui-même, ce qui lui a permis de se les approprier et de s'appuyer sur eux. Il était si courageux, si fort, sans pour autant jamais se départir de son caractère affectueux ni se laisser atteindre par la déprime.

J'ai eu envie, pendant qu'il se reconstruisait, de partager mon expérience avec d'autres : nous avons écrit, Barbara et moi, un article pour la prestigieuse revue médicale *The Lancet*, et j'ai organisé une levée de fonds pour envoyer des mallettes de stimulation sensorielle dans plusieurs hôpitaux. Mon expérience m'a valu d'être contactée par des parents saoudiens dont le fils était plongé dans le coma suite à une chute de poney. Je me suis rendue à l'hôpital et j'ai trouvé un jeune homme qui réagissait aussi peu que Christopher. Il était entouré de femmes silencieuses en burqas. Ne sachant pas quoi faire, elles n'avaient pas essayé d'établir le contact avec lui. Il régnait, dans la chambre, une atmosphère familière de désespoir muet.

Je leur ai dit de retirer leur voile et leurs gants, de lui tenir la main. Je leur ai dit de lui parler, et je leur ai montré le contenu de la mallette, en leur faisant une petite démonstration : j'ai agité du parfum sous le nez du patient, passé différentes matières sur sa peau. Elles ont pris le relais et, quelques mois plus tard, elles m'ont contactée pour me remercier de tout leur cœur, car le jeune homme était sorti du coma.

J'ai du mal à me replonger dans les souvenirs de cette époque de ma vie. Ma souffrance et mon désespoir étaient si grands… J'ai tellement de chance que tout se soit bien terminé. Ce qui m'étonne le plus, c'est que Christopher n'a jamais nourri aucun ressentiment. Je crois qu'il ne réécrirait pas l'histoire, même s'il en avait le pouvoir. Aujourd'hui encore, je suis éblouie par son courage.

Chapitre 16

Jeunesse éternelle

En 1988, un an et demi après son accident, Christopher avait encore un long chemin à parcourir, mais il était bien entouré – les soutiens affluaient littéralement. Du côté de Charlie et de Henry, c'est malheureusement l'inverse qui s'est produit.

De nos jours, on parle plus ouvertement de santé mentale, d'addiction ou du sida, même si ces fléaux continuent à faire partie des plus grands tabous de la société. Dans les années 1980, on n'évoquait pas librement les problèmes psychiques ou les drogues. Le sida restait la maladie la plus redoutée au monde tant elle était mal connue. Après l'avoir d'abord rattachée aux homosexuels, les médecins se sont rendu compte qu'elle pouvait être transmise aux bébés par les mères contaminées. Un lien a alors pu être établi entre les aiguilles et le sang. Plus le sida semblait étendre son emprise plus les gens paniquaient, craignant qu'il puisse se transmettre aussi facilement qu'un banal rhume.

Ces craintes, nées pour l'essentiel d'un manque d'information, ont eu pour conséquence l'abandon par leurs familles terrifiées de nombreux jeunes hommes atteints du sida, qui mouraient seuls. Henry a eu le courage de prendre la parole lorsque son VIH s'est transformé en sida, dans l'espoir de réussir à déjouer les a priori contre cette maladie. Je l'ai mis en garde, car je savais qu'il prenait le risque d'être ostracisé, mais il avait arrêté sa décision. Il s'est adressé à la presse, convaincu qu'il lui revenait, comme aux autres jeunes hommes malades, de tout dévoiler. Les journalistes se sont évidemment délectés de son empressement à parler, lui qui était l'un des premiers aristocrates à contracter le sida, et le tout premier à accepter de le révéler au grand jour. Le scoop était énorme.

Sans surprise, l'aveu public de Henry a poussé certains de nos amis à prendre leurs distances avec nous. Et même si cela a rendu les choses plus difficiles pour nous, j'ai compris leur réaction : les gens font ce qu'ils pensent devoir faire pour se protéger et protéger leurs enfants.

J'étais moi-même consciente des risques, et je m'inquiétais pour ses frères et sœurs, même si je ne voulais surtout pas qu'il se sente exclu. Nous n'avions alors aucune certitude sur la maladie, et comme les médecins faisaient sans arrêt de nouvelles découvertes, je me réfugiais dans le compromis. Je lui ai ainsi acheté un nouvel ensemble de serviettes de toilette, d'une couleur distincte, que je lavais séparément. Je lui servais aussi à manger dans une vaisselle qui lui était réservée. En revanche, je ne prenais jamais mes distances avec lui. Aujourd'hui je sais que ces précautions étaient inutiles, mais je l'ignorais à l'époque, et elles me semblaient plus prudentes.

La princesse Margaret est l'une des rares personnes de notre entourage dont l'attitude n'a pas changé d'un iota. Non seulement elle a continué à nous fréquenter, Colin et moi, venant à Glen avec ses enfants comme elle l'avait toujours fait, mais elle rendait aussi visite à Henry lorsqu'il était hospitalisé, soucieuse de nous apporter son secours. Je lui ai été immensément reconnaissante pour son attitude et sa loyauté. Je me sentais plus solide grâce à elle, elle m'apportait la force que ma mère ne pouvait plus me donner, et qui m'aidait à supporter la situation.

Plus l'état de Henry se détériorait, plus c'était difficile, parce qu'il devait aller à l'hôpital et que seule une partie d'entre eux acceptaient les malades du sida. Pour ne rien arranger, il mesurait près de deux mètres, et aucun des lits n'était assez long pour lui – je devais placer une table au pied du sien. Un jour où il était très mal en point et attendait une place à St Mary's, il s'est allongé par terre, au milieu de la salle d'attente des urgences, qui s'était vidée à son arrivée – il n'était pas en état de s'asseoir, le pauvre. Nous avions l'impression d'être des lépreux. La réaction des gens ne faisait qu'augmenter ma détermination à le soutenir. Je me suis assise en tailleur pour prendre sa tête sur mes genoux et le bercer pendant des heures. J'avais l'impression terrible de revivre celles que j'avais passées avec Christopher, pourtant je puisais de la force dans le souvenir de cette période sombre : je tenais à faire de mon mieux pour Henry aussi, je ne voulais surtout pas qu'il se sente seul.

Avant la visite de la princesse Diana à la London Lighthouse de Notting Hill – le premier centre de soins palliatifs dédié aux malades du sida –, en 1989 avec une armada de photographes, la princesse Margaret avait contribué à son ouverture et participé à son inauguration officielle en 1988. Elle a ensuite parrainé le Terrence Higgins Trust, la principale association caritative britannique de lutte contre le sida. Elle n'a pas tenu la main des patients, ne les a pas caressés, contrairement à la princesse Diana, parce qu'elle n'était pas aussi tactile, mais elle les a fait rire, elle leur a raconté des histoires.

Cet établissement est arrivé juste à temps pour Henry, dont l'état déclinait rapidement à ce stade. Il était couvert de taches violettes et n'avait plus de cheveux, à cause du sarcome de Kaposi, un type de cancer de la peau. C'était tout le problème du sida : le système immunitaire était si affaibli que Henry ne pouvait même plus lutter contre un simple rhume. Alors qu'il était atteint de ce sarcome, d'autres malades succombaient à la pneumonie.

Henry a accepté la situation sans sourciller, ce qui n'était pas étonnant venant de lui. Il cherchait constamment à apaiser mes craintes, alors que nous le savions tous deux condamné. Il a réussi à trouver la paix dans le bouddhisme. Lorsque le diagnostic était tombé, en 1986, il s'était aussitôt rendu dans un monastère, au Japon. J'ai encore la carte postale qu'il m'avait envoyée, où il avait écrit : « Je regarde le mont Fuji et si je meurs demain, ça me sera égal, parce que j'aurais été au paradis – je peux voir les cieux. » Je me consolais avec l'idée que la religion réconfortait Henry, que grâce à elle il avait moins peur de la mort.

À la fin de l'année 1989, il voulait plus que tout rentrer fêter Noël à la maison avec nous, mais je craignais que son apparence puisse effrayer son fils, Euan, qui était encore tout petit. Le personnel de la London Lighthouse a été incroyable : on m'a dit de ne surtout pas m'inquiéter. Habituée à accompagner de nombreux malades du sida, la London Lighthouse avait engagé, pour cette raison très précise, une équipe de maquilleurs. Henry est arrivé coiffé d'un chapeau turquoise et le visage recouvert d'une épaisse couche de fond de teint. Trop faible pour tenir debout ou même parler, il s'est allongé dans le salon, et nous avons tous pris notre déjeuner de Noël sur un plateau. Euan a ouvert ses cadeaux à côté de lui. Il n'arrêtait pas de répéter : « Papa, viens jouer avec moi. » Henry lui répondait : « Papa est très fatigué, apporte-lui ton jouet plutôt. » Ce qu'Euan faisait. C'était aussi réjouissant que cela pouvait l'être.

Ne sachant quoi offrir à son frère, May avait fini par opter pour une peluche amusante – une grenouille vert vif avec un bonnet de nuit à rayures rouges et blanches. Henry l'a adoré et il a mis le bonnet de nuit sur-le-champ, tandis que nous l'entourions tous. Il était devenu très proche des jumelles : pour leurs dernières années de lycée, elles avaient décidé de s'inscrire dans des établissements différents afin d'apprendre à s'autonomiser, mais il leur en coûtait. Henry avait tenu à leur apporter son soutien, et il avait parfois été les chercher, chacune leur tour, pour les emmener en excursion. Je ne sais comment nous avons tous survécu à cette journée de Noël. J'avais le cœur brisé, et pourtant je me suis efforcée de faire bonne figure.

L'état de santé de Henry s'est aggravé après ce 25 décembre, et il a dû être transféré à St Mary's, qui venait d'ouvrir une aile spéciale pour les patients du sida. Comme tous les autres jeunes patients très affaiblis, Henry a été installé dans une chambre individuelle. La plupart des malades ne recevaient la visite que de leur cher et tendre qui restait en silence à leur chevet. Henry, lui, voulait être entouré d'une vingtaine de ses amis bouddhistes. Aller le voir m'était de plus en plus pénible, parce que chaque fois je devais enjamber une foule de personnes psalmodiant des mantras : elles étaient si absorbées par leur transe qu'elles ne remarquaient pas ma présence. Je n'ai jamais pu être seule avec Henry pendant ces ultimes semaines.

Le jour de ma dernière visite, alors que j'ouvrais la porte et m'apprêtais à me frayer un chemin dans la marée de bouddhistes, une infirmière m'a agrippée fermement par le bras pour m'empêcher d'entrer. « Lady Glenconner, pourriez-vous me suivre ? » Mon cœur s'est serré. L'hôpital possédait une pièce réservée aux gens endeuillés, et c'était là qu'elle m'emmenait. J'ai compris ce qui m'attendait, et pourtant cela n'a en rien atténué la violence du coup. Elle m'a annoncé, avec beaucoup de douceur : « Henry vient de mourir. »

J'ignore ce que j'ai ressenti – une désolation indescriptible. Non seulement mon fils venait de nous quitter, mais à quelques minutes près j'aurais pu lui dire adieu.

J'éprouvais aussi une rage pure. Je lui en voulais d'avoir été aussi imprudent. Je l'avais mis en garde, si souvent, et il ne m'avait jamais écoutée. Henry s'est éteint dix-huit mois après avoir appris qu'il avait le sida, en janvier 1989. Il n'avait que vingt-neuf ans.

Toute notre famille en a été dévastée. Charlie, qui avait toujours été jaloux de son cadet, qui n'avait pas été en bons termes avec lui pendant plusieurs années, avait amorcé une réconciliation juste avant la mort de Henry, et à présent il se reprochait ses erreurs d'autrefois. Je me revois assise dans la cuisine de Hill Lodge avec les jumelles et Charlie qui pleurait toutes les larmes de son corps. Je ne l'avais jamais vu dans cet état, et je n'ai pas tardé à devoir consoler les jumelles, qui sanglotaient à leur tour. Elles venaient d'avoir dix-huit ans et elles étaient effondrées, elles n'auraient pas la chance d'approfondir leur relation avec Henry maintenant qu'elles étaient adultes.

Personne ne savait comment nous consoler, même si la princesse Margaret et la princesse Diana avaient, toutes deux, contribué à alléger le sentiment de honte lié à cette maladie en associant leur image à celle du sida – elles ont aussi fait beaucoup pour certains malades en particulier et leurs familles. Lorsque la princesse Diana a appris la mort de Henry, elle a tenu à avoir un geste personnel, en m'adressant une lettre de condoléances. Elle était venue le voir peu de temps avant la fin, et elle avait pris le temps de me parler. Elle était à l'hôpital pour filmer certaines de ses rencontres avec de jeunes patients afin d'éveiller les consciences. À la fin du tournage, elle avait demandé aux infirmières s'il y avait d'autres patients trop diminués pour être filmés. Les infirmières lui avaient parlé de deux personnes, et la princesse leur avait rendu visite seule, sans l'équipe de tournage. Henry était l'une d'elles.

« Oh, Majesté, lui avait-il dit avec un immense sourire, nous avons un point commun. » La princesse avait paru surprise et lui avait demandé lequel. « Eh bien, lui avait répondu Henry, Barbara Barnes a été ma nanny avant de s'occuper du prince William et du prince Harry. »

Dans sa lettre, elle m'expliquait qu'elle avait été enchantée de faire sa connaissance, en dépit des circonstances déplorables, et qu'elle tenait à souligner combien elle l'avait trouvé courageux. Elle n'avait pas peur d'évoquer la situation de façon frontale, ce qui me changeait de bien de nos connaissances, qui ne savaient tout simplement pas quoi dire. En temps normal, j'aurais eu du mal à m'identifier à une femme aussi émotive, si différente des modèles auxquels j'étais habituée, et pourtant, en ce qui concernait la mort de Henry, son approche était la bonne.

Le fait qu'elle loue son courage m'a rendue fière de lui, et c'était un grand réconfort, d'autant qu'en plus de nos anciens amis qui se détournaient il fallait composer avec les journalistes, qui agissaient en véritables vautours. Ils avaient suivi l'histoire de Henry et ils ont déferlé sur la maison après sa mort pour alimenter leurs gros titres. Henry avait voulu partager son histoire dans l'espoir de faire changer les choses, mais nous avons eu, nous, beaucoup de mal à affronter les médias juste après son décès.

Tous les matins, un nouveau journal était glissé sous notre porte, avec une photo de Henry sous un énorme titre, en général très direct. Et les journalistes continuaient à affluer, la police étant visiblement incapable de les arrêter. Ils envahissaient la rue, sonnaient à la porte à toute heure du jour et de la nuit, s'abaissant à aller se cacher dans les poubelles devant la crèche d'Euan.

Pour le protéger, nous avons demandé au prêtre de notre paroisse de venir en soutane pour pouvoir le cacher dessous et le faire sortir de la maison. La ruse a fonctionné. La presse a supposé que cet homme d'Église était simplement venu nous consoler et ne s'est pas rendu compte que nous l'avions utilisé pour exfiltrer Euan. Au lieu de nous laisser pleurer Henry en privé dans ces heures sombres, les journalistes nous ont traqués.

Déterminée à ce que leur attitude ne m'affecte pas, je me suis efforcée de maintenir l'unité de notre famille pour les autres enfants et me suis absorbée dans les préparatifs des obsèques. Pendant que ces vautours montaient sur les poubelles pour frapper aux fenêtres et aux portes, je veillais à ce que les dernières volontés de Henry soient respectées. Son cercueil était, vu sa taille, immense. Je n'ai pu m'empêcher d'avoir un tout petit sourire le jour des funérailles, parce que, ainsi que l'exigeait la coutume bouddhiste, celui-ci était recouvert d'ananas et d'autres fruits exotiques qui lui ont donné l'allure d'une gigantesque macédoine au moment où il est entré dans le crématorium.

Les mois qui ont suivi la mort de Henry ont été très difficiles. Personne ne pouvait comprendre ce que je vivais, personne ne semblait d'ailleurs très bien savoir comment m'aborder, comment parler de ce qui s'était passé. La situation était difficile pour Colin aussi, et il est retourné à Moustique, loin de la presse, tandis que je suis partie me réfugier dans le Norfolk. Dans les magasins, les gens qui en temps normal m'auraient saluée avant d'engager la conversation détalaient dès qu'ils me voyaient. Je crois qu'ils avaient très peur de commettre une maladresse ou de me faire fondre en larmes. Tout le monde était terrifié par la mort ; le sida était une maladie si redoutée et vilipendée que l'on préférait prétendre que ce n'était pas arrivé. J'étais d'une génération qui ne connaissait pas les longues conversations à cœur ouvert, qui ne partageait pas ses émotions, et je pensais que, pour le bien-être de mes autres enfants, il valait mieux se montrer fort, reprendre le cours de sa vie. Je crois qu'à part le jour de la crémation, personne ne m'a vue pleurer. J'allais prier à l'église. Après tout, que pouvais-je faire d'autre ? Rien ne me ramènerait Henry.

Ma grande amie Margaret Vyner a compris que j'avais besoin de soutien et, informée de la ferveur de Henry pour le bouddhisme, elle m'a emmenée en Inde chez notre ami commun Mitch Crites, qui avait tiré Colin d'un mauvais pas des années auparavant, alors qu'il agressait un commerçant indien. J'étais absolument éreintée et je n'avais aucune envie d'entreprendre un voyage, mais Mitch m'a convaincue que l'Inde était le meilleur des baumes. « La mort fait partie de la vie quotidienne, on assiste régulièrement à la crémation d'un corps sur un bûcher funéraire emporté par le fleuve. La culture indienne épouse la mort : les gens en parlent et ils la voient. »

Je leur ai été si reconnaissante, à Margaret et à lui… Dès mon arrivée, j'ai su que j'avais pris la bonne décision – tout ce que Mitch m'avait dit était vrai et j'ai aussitôt éprouvé une sensation de soulagement. Ils m'ont emmenée visiter différents temples jaïns du Rajasthan, qui semblent en dentelle. Nous avons observé les moines qui priaient presque entièrement nus (ils portaient juste des plumes pour cacher leur entrejambe). Les religieuses avaient des vêtements blancs qui leur couvraient entièrement le corps, si bien qu'elles ressemblaient à d'énormes meringues.

Dans un temple, nous sommes tombés sur une famille qui pleurait l'un des siens et qui était en plein puja, un rite hindou. Ils étaient serrés les uns contre les autres, et psalmodiaient en tapant dans leurs mains, bougeant en rythme dans un ensemble parfait. Mitch est allé les trouver. « Je suis avec une dame dont le fils vient de mourir. Il était bouddhiste. Est-ce que vous voyez un inconvénient à ce qu'elle vous regarde ?

— Non, non, elle ne doit pas nous regarder, il faut qu'elle nous rejoigne ! » m'ont-ils dit en m'ouvrant leurs bras. J'ai ressenti une grande libération en étant associée à leur puja, tandis qu'ils brûlaient de l'encens et chantaient.

Nous avons visité d'autres temples, mais je commençais à m'inquiéter : les bouddhistes croient que lorsque le défunt a atteint un certain stade dans son voyage vers le nirvana, un moine doit réciter une prière pour l'aider à accéder à l'étape suivante. Ce processus touche tous les morts, et il doit avoir lieu à un moment très précis, c'est pourquoi quelques semaines après la disparition du défunt le jour dit, à l'heure dite, cette prière doit avoir lieu.

Or ce jour-là nous étions en voiture et nous n'avions pas trouvé d'endroit avec des moines pour la prière. Je savais que le créneau horaire était réduit, et j'ai donc été saisie de panique pour Henry. Nous étions au milieu de nulle part, sur une route interminable dans le désert, lorsque Mitch m'a dit : « Ne t'en fais pas. Je suis absolument certain que nous allons trouver un moine. »

J'ignorais ce qui lui permettait d'être aussi affirmatif, étant donné que je ne voyais, moi, que des dromadaires et des palmiers, mais soudain nous avons aperçu une silhouette esseulée sur le bas-côté. « Je crois que c'est ce que nous cherchons », a dit Mitch en arrêtant la voiture.

Il a exposé la situation en hindi – qu'il parlait – au moine, et celui-ci a souri en me prenant les mains pour débuter le puja dédié à Henry. Je ne pouvais m'empêcher de voir un signe dans le fait que nous n'ayons croisé personne jusqu'à ce moine. Il était là pour moi et pour Henry. Mon fils irait bien. Il trouverait la paix.

J'ai alors éprouvé un tel épuisement que j'ai failli m'effondrer. Je crois que c'était l'association du chagrin et du soulagement. Je suis remontée dans la voiture et j'ai dormi pendant des heures. Ce voyage fut le plus important de toute mon existence et, sans doute pour cette raison, il fut à la fois aussi exténuant que fortifiant. La force qu'il m'a apportée ne m'a jamais quittée et il me suffit encore de penser à Henry pour me sentir capable de faire face à une situation.

Alors que les années 1980 se terminaient, mon existence avait changé du tout au tout. Depuis que le couperet était tombé pour Henry, suivi de près par l'accident de Christopher, j'avais revisité mes priorités pour me concentrer sur mon rôle de mère, plutôt que sur celui d'épouse, et j'avais passé bien plus de temps en Angleterre au chevet de Christopher qu'avec Colin.

Christopher remarchait, son rétablissement était impressionnant. Sa première véritable sortie a eu lieu trois ans après l'accident : nous nous sommes rendus à un bal à Holkham. Il portait une tenue de soirée et affichait un immense sourire. Je ne cessais de le considérer avec émerveillement – même si en réalité il a passé l'essentiel de la soirée appuyé sur moi. Ce qui ne me dérangeait pas le moins du monde, sinon qu'il était très grand et très lourd et que je craignais que nous ne finissions tous deux à terre.

Il lui aura fallu cinq ans pour parachever sa guérison.

Entre-temps, Moustique avait changé aussi. L'insouciance hédoniste des années 1970 et 1980 avait remporté un tel succès que l'île n'était plus la même. Colin avait vendu d'autres parts de son entreprise ; lentement mais sûrement, il avait de moins en moins son mot à dire sur la gestion de Moustique. Il ne pouvait plus imposer sa vision des choses. Il avait des opinions si rigides et une façon si radicale de les exprimer qu'il avait fini par se disputer avec un grand nombre de personnes, et il quitta l'île en 1987, après avoir vendu la Great House au troisième mari de l'héritière grecque

Christina Onassis, un ancien agent du KGB, Sergei Kauzov.

Colin s'installa alors à Sainte-Lucie, dans un domaine inexploité d'environ deux cents hectares que Henry avait trouvé avant sa mort. Cédant la moitié des terres à des promoteurs immobiliers, qui construisirent l'hôtel de luxe Jalousie Plantation, il conserva l'autre moitié pour lui. Il avait toutes sortes de projets, rêvant de recréer un lieu aussi spectaculaire que Moustique.

Ainsi que Henry l'avait suspecté, Colin tomba amoureux de cet endroit, situé entre deux pitons volcaniques, et qui descendait en pente douce jusqu'à la mer. Il y fit construire la troisième et dernière Great House. Malheureusement, ce fut la moins grandiose de toutes. Si elle possédait une immense pièce de séjour à l'étage, coiffée d'un dôme spectaculaire, les chambres au rez-de-chaussée étaient lugubres. J'avais toujours peur que la citerne, qui se trouvait sur la terrasse au-dessus de celles-ci, n'éclate sur ma tête et me noie dans mon sommeil. Je n'ai jamais eu pour Sainte-Lucie l'attachement que j'avais fini par avoir pour Moustique, devenu au fil des ans un second chez-moi.

Les jumelles, qui approchaient alors de la fin de l'adolescence, ont suivi les traces de leur père, appréciant le mode de vie des Caraïbes, tout comme Christopher, qui rêvait d'indépendance. Colin a alors eu une idée de génie. Il a trouvé une petite maison à La Soufrière, sur Sainte-Lucie, et il a proposé à notre benjamin d'y emménager. Impatient de débuter une nouvelle existence, et de s'amuser un peu plus, Christopher a aussitôt quitté l'Angleterre.

Le plan de Colin a remporté un franc succès. Christopher a adoré l'endroit et il ne s'est jamais rendu compte que son père avait engagé deux vieilles dames qui vivaient près du cottage pour garder un œil sur lui. Il pensait qu'elles étaient seulement là pour s'occuper de le nourrir et de blanchir son linge, alors qu'en réalité elles le suivaient, de loin, pour vérifier qu'il ne faisait pas de mauvaise chute et qu'il s'était bien couché. C'était un compromis idéal, qui garantissait ma tranquillité d'esprit. J'étais si heureuse de savoir qu'il était capable de vivre ainsi après tout ce qu'il avait traversé.

Nous avons retrouvé une forme de normalité et, à mesure que le temps passait, la tristesse liée à la disparition de Henry est devenue, peu à peu, plus supportable. De son côté, Charlie avait miraculeusement réussi à garder ses distances avec l'héroïne et, même s'il continuait à se voir prescrire de la méthadone, il était capable de mener une existence bien plus ordinaire. M. et Mme Parsons, le couple de fabricants de bougies, lui avaient fourni un nouveau centre d'intérêt : en un mot comme en cent, Charlie et Mme Parsons, Sheilagh, étaient tombés amoureux.

Nous avons tous été fous de joie lorsque, après son divorce en 1993, elle a épousé Charlie à Londres. Il avait hérité de son père un goût pour les tenues voyantes, et portait un pantalon écossais du clan des Tennant et un gilet léopard. Il avait loué une Cadillac rose pour l'occasion, et il est passé devant Buckingham Palace au retour de la mairie. Ils offraient un tel spectacle qu'un agent de la circulation a d'ailleurs cru qu'ils se rendaient à une garden-party de la reine. Il les a donc orientés vers une file de voitures qui attendaient d'entrer. Fou de rage, Colin est descendu pour expliquer la situation. Les invités de la garden-party en robes de cocktail et costumes ont arrondi les yeux de surprise en découvrant les occupants de cet extraordinaire véhicule.

La réception avait lieu chez nous, et nous avons tous dansé des quadrilles écossais accompagnés par un groupe traditionnel. J'espérais que Charlie aurait encore de nombreuses années de bonheur devant lui, que peut-être il s'en sortirait. Quand leur fils, Cody, a vu le jour en 1994, nous étions tous fous de joie. Puisque Charlie avait été déshérité, le domaine de Glen reviendrait donc au fils de Henry, Euan. En revanche, le titre de baron était destiné à Cody, tout comme les actifs dans les Caraïbes.

Avec l'arrivée de son fils, le regard de Charlie sur la vie a changé du tout au tout. Deux jours après la naissance de Cody, il m'a dit : « Je ne me suis jamais senti aussi heureux, j'ai l'impression que j'ai enfin compris à quoi rime l'existence. » Entendre ces mots dans sa bouche était si incroyable. Pendant des années, je n'avais pas osé espérer qu'il puisse un jour guérir de sa dépendance, sans parler de le voir devenir un époux comblé et le père d'un merveilleux fils. Personne n'y aurait cru, et lui moins que quiconque. Tout cela était à mettre au crédit de Sheilagh, qui avait réussi à le garder sur le droit chemin.

Malheureusement, malgré ce revirement, il était trop tard. Le bonheur de Charlie fut en effet de courte durée. Alors que Cody était encore tout petit, Charlie tomba malade : les médecins diagnostiquèrent une hépatite C, directement liée à ses années de consommation d'héroïne. Nous étions tous inquiets, pourtant Charlie a minimisé la gravité de la chose. Sheilagh semblait penser qu'après quelques mois un peu difficiles son état se stabiliserait. Mais les médecins n'en avaient aucune certitude, et plus le temps passait plus cette issue semblait irréaliste.

Lorsque Amy l'a appelé quelques semaines plus tard pour prendre de ses nouvelles, il a balayé ses craintes d'un petit rire, lui certifiant qu'il était inutile qu'elle monte jusqu'en Écosse pour le voir. Colin, qui s'était habitué aux hauts et aux bas de Charlie au fil des années, n'est pas rentré des Caraïbes, je suis donc allée seule passer le week-end avec lui, Sheilagh et Cody.

Après un moment délicieux à Édimbourg – nous nous sommes promenés dans le parc d'Holyrood et nous avons nourri les canards –, j'ai hésité à rentrer, ne parvenant pas à me faire une idée précise de l'état de santé de Charlie. J'en ai discuté avec Sheilagh, et elle m'a rassurée, me disant que rien n'indiquait que le temps était compté, me conseillant de vivre ma vie. Lorsque je lui ai précisé que j'étais censée accompagner Zannah et Nicky Johnston au Maroc, elle m'a répondu que Charlie se sentirait terriblement coupable si j'annulais mes projets. Je suis donc partie.

Aucun de nous n'imaginait que Charlie plongerait aussi vite. Quelques jours plus tard seulement, alors que je me trouvais au Maroc, j'ai reçu un appel dévastateur de Sheilagh, m'apprenant la mort de Charlie.

Une fois de plus, le deuil s'abattait sur notre famille. Colin était rongé par la culpabilité, se reprochant son manque de compassion croissant à l'encontre de Charlie. Christopher était bouleversé, et aujourd'hui encore May se reproche d'avoir écourté leur dernière conversation téléphonique et d'avoir reporté la visite qu'elles avaient prévu de lui faire, Amy et elle.

J'avais cru qu'il n'y avait rien de plus douloureux, pour une mère, que dire adieu à un de ses fils, avant d'en enterrer un second. Je n'ai jamais vu Colin pleurer comme il l'a fait le jour des obsèques de Charlie. J'ai repensé aux larmes que notre fils aîné avait versées à la mort de Henry.

Nous étions assaillis par toutes sortes de conjonctures le concernant. Avec le recul, j'en venais à douter de nos différentes décisions : les troubles que nous avions remarqués dans son enfance mais que nous n'avions pas voulu sonder de trop près, que nous n'avions pas été capables de résoudre, puis plus tard les problèmes dont nous avions pensé qu'ils disparaîtraient en l'envoyant dans des hôpitaux, des cliniques et des cures de désintoxication. Et cependant, même avec toute l'aide du monde, il serait sans doute resté l'esprit infiniment libre qu'il était… Sa détermination était telle que j'ignore si j'aurais été capable de l'empêcher de prendre la route qu'il avait choisie.

Une fois de plus, alors que nous avions surtout besoin d'intimité, la presse s'est montrée intrusive, ravivant cette fois le vieux mythe de la « malédiction Tennant » – qui ne reposait sur aucun fait avéré, prétendant que les membres de la famille disparaissaient de façon prématurée pour diverses raisons tragiques. La mort, à un âge si précoce, de deux de nos fils venait ainsi alimenter l'obsession des reporters pour cette « malédiction », ne faisant qu'ajouter à notre douleur.

Le jour des funérailles, la presse qui encerclait l'église était visible au-dessus des tombes. Nous étions là, à pleurer notre cher Charlie, et les journalistes frappaient à la porte de l'église dans le but d'alimenter leurs articles. Je suppose qu'à ce stade nous nous étions habitués à leur comportement inexcusable, pourtant je ne peux rien imaginer de pire que ces vautours s'imposant à un enterrement auquel ils n'avaient pas été conviés.

Avec le temps, mes angoisses se sont un peu apaisées, le chagrin s'est atténué, et j'ai entamé un nouveau chapitre de mon existence, mais rien n'a plus jamais été pareil. Aujourd'hui encore, mon cœur manque de s'arrêter lorsque le téléphone sonne un peu trop tard le soir. Je ne sais pas comment j'accueillerais la nouvelle d'une autre mort. Les jumelles avaient toujours été si fières d'appartenir à une famille nombreuse et d'avoir trois grands frères… Comme Christopher a dû nous le rappeler à toutes, et bien plus d'une fois : « Même s'ils ne sont plus là, l'amour perdure. »

Chapitre 17

Les derniers jours d'une princesse

Amie loyale s'il en est, la princesse Margaret m'a soutenue durant toutes ces épreuves. Elle m'a permis de m'éloigner de mes fonctions pour m'occuper de mes enfants, m'accueillant toujours à bras ouverts lorsque j'étais prête à reprendre mon rôle. Au fil des années, elle a passé tant de temps avec Colin et moi que nos existences étaient étroitement liées. À l'orée des années 1990, j'étais dame d'honneur depuis vingt ans.

Je me souviens qu'à mon bal de débutante j'avais pris conscience que nous avions toutes deux grandi et que nos jeux d'enfance sur la plage de Holkham étaient depuis longtemps derrière nous. En 1993, j'ai fait à peu près le même constat lorsque Peter Townsend est venu déjeuner avec la princesse au palais de Kensington, où je me trouvais par hasard. Je me suis brusquement rendu compte que nous vieillissions.

Ils ne s'étaient pas revus depuis qu'il s'était éloigné, dans les années 1950, après que Margaret avait été contrainte de choisir entre sa vie royale et lui. Je l'ai observé par la fenêtre alors qu'il descendait de voiture et se dirigeait lentement vers la maison. Il était devenu un très vieil homme. Je n'ai pas été conviée au déjeuner, mais la princesse m'a demandé de lui tenir compagnie après son départ. « Comment cela s'est-il passé ? l'ai-je interrogée.

— Il n'a pas changé du tout. »

Sa réponse m'a touchée. Quarante années s'étaient écoulées. Je ne l'avais jamais interrogée sur leur relation, et je sentais qu'à présent elle avait envie de se confier. « Majesté, comment êtes-vous tombée amoureuse de lui ? »

Elle n'a pas eu besoin que j'insiste beaucoup pour se lancer dans le récit de la tournée royale de 1947, en Afrique du Sud. Tous les matins et tous les soirs elle sortait se promener sur l'un des chevaux qui avaient été amenés par le train royal, accompagnés par un écuyer du roi, Peter Townsend. Ils étaient tombés éperdument amoureux et, même si cela remontait désormais à une éternité, elle est devenue pensive. J'étais triste pour elle, mais comme pour Johnnie Spencer et moi, il était impossible de savoir si nous aurions été plus heureuses en épousant ces hommes-là plutôt que nos maris. N'ayant pas un tempérament nostalgique, après un moment de flottement, elle a engagé la conversation sur un tout autre terrain, me laissant penser qu'elle tirait un trait sur ce sujet, ainsi que ma mère l'aurait fait.

Ce détachement nous avait réussi à toutes deux, nous permettant de rire et de nous amuser, de vivre nos vies en en tirant le meilleur parti en dépit des obstacles qui s'étaient dressés sur nos routes. Certains de nos meilleurs souvenirs étaient communs puisque situés à Moustique. À ce stade de nos existences, nous y passions tous les mois de février depuis trente ans. Et pourtant les choses avaient changé. Colin ayant quitté l'île pour Saint-Lucie, et vendu la Great House, je logeais avec la princesse Margaret aux Jolies Eaux, même si elle avait donné la villa à son fils David, qui la louait souvent en haute saison. Cela nous imposait d'y aller à des dates fixées longtemps à l'avance. Là-bas, nous faisions ce que nous avions toujours fait : nous nagions ensemble, ramassions des coquillages et buvions des cocktails chez Basil, en guettant le rayon vert à l'horizon au coucher du soleil.

Si nous étions toutes les deux au milieu de la soixantaine et que je pouvais me prévaloir d'une bonne santé, celle de la princesse déclinait régulièrement depuis son ablation partielle du poumon en 1985. Nous nous trouvions ensemble à Moustique lorsqu'elle a eu sa première attaque officielle, en 1994. Les mois précédents, j'avais remarqué qu'il lui arrivait de s'interrompre subitement au beau milieu d'une phrase. Cela ne durait pas longtemps, une seconde ou deux. Au début, je m'imaginais qu'elle avait été distraite, ou qu'elle ne voulait pas poursuivre la conversation. C'était assez déconcertant, mais j'avais balayé mes inquiétudes parce que ces absences étaient très brèves et qu'elle reprenait ensuite le fil de l'échange sans difficulté.

Un soir, au beau milieu d'un dîner chez nos amis les Harding-Lawrences – leur villa était creusée dans le flanc de la colline, comme celle d'un méchant de James Bond –, j'ai brusquement entendu la princesse prendre une inspiration, puis je l'ai vue basculer en avant. Nous nous sommes tous levés pour la transporter dans le salon, où nous l'avons allongée sur le canapé.

Par chance, il y avait un merveilleux médecin sur l'île, le Dr Bunbury, qui y vit toujours. Il est très apprécié au sein de la communauté d'expatriés, et Colin a toujours prétendu que certaines femmes se rendaient exprès à Moustique pour tomber malades. Il est aussitôt venu et a confirmé que la princesse avait eu une petite attaque. Elle n'en a conservé aucune séquelle évidente – sa diction n'était pas ralentie, ses muscles fonctionnaient parfaitement –, cependant elle a été peu à peu gagnée par une forme de lenteur, et les petits moments d'absence que j'avais déjà remarqués se sont multipliés.

Quelques années plus tard, alors qu'elle se trouvait sur l'île, elle s'est ébouillanté les pieds – ce qui a fait les gros titres au Royaume-Uni, la presse ayant eu vent je ne sais comment de l'accident. Ce n'était pas moi mais Janie Stevens, une de mes grandes amies, elle aussi dame d'honneur, qui l'accompagnait. Après avoir, comme à son habitude, petit-déjeuné au lit, la princesse était allée prendre une douche ou un bain, et Janie l'avait attendue pour l'aider à s'habiller. Ne la voyant pas venir, Janie était sortie pour le cas où la princesse serait dehors. Elle avait alors remarqué que les fenêtres de la salle de bains étaient couvertes de buée et s'était précipitée dans la villa. Elle avait tambouriné à la porte de la salle de bains, sans obtenir de réponse. Décidant d'ouvrir, elle avait découvert la princesse assise sur le rebord de la baignoire, les jambes dans l'eau. Elle ne bougeait pas alors que la vapeur l'enveloppait.

Personne ne peut affirmer si la princesse a été victime, ce jour-là, d'une attaque. Elle était en train de se laver les cheveux dans la baignoire avec le pommeau de douche, et elle avait tâtonné pour éteindre l'eau. Sauf qu'elle avait coupé l'eau froide au lieu de la chaude et, comme il y avait un problème de thermostat, le jet était devenu de plus en plus brûlant. Dans son hébétement, elle n'avait pas réagi, et si Janie avait pu la sortir du bain, ses pieds étaient dans un état déplorable. Ses brûlures la rendaient incapable de marcher.

Le Dr Bunbury a expliqué à Janie comment soigner la princesse. Lorsqu'elle a été contrainte de rentrer, c'est moi qui ai pris un avion de Londres pour la relayer. Les Jolies Eaux était loué les semaines suivantes et nous devions donc trouver un autre toit.

J'ai fini par appeler les Harding-Lawrences, qui nous ont immédiatement proposé leur maisonnette de plage, située juste en dessous des Jolies Eaux, à flanc de coteau – il fallait emprunter des marches pour descendre à la mer. Le Dr Bunbury, toujours serviable, s'est arrangé pour qu'une ambulance branlante, hors d'usage, conduise la princesse à sa nouvelle maison.

À notre arrivée sur place, elle m'a glissé : « Je ne connais pas le personnel ici, personne ne doit entrer dans ma chambre, vous devrez veiller sur moi. »

Nous y avons passé une dizaine de jours, dans les conditions les plus sinistres qui soient. Dehors le soleil brillait plus que jamais, mais la princesse refusait que l'on ouvre les rideaux, vivant dans le noir, ce qui m'imposait de tout faire à tâtons : changer ses cendriers, ranger sa chambre et lui servir les repas qui étaient déposés devant sa porte.

Le Dr Bunbury m'avait remis un bipeur, que je portais autour du cou, et dès que la princesse avait besoin de moi – c'est-à-dire presque en permanence –, elle actionnait le sien. Il m'arrivait, quand je la pensais endormie, de le retirer et de le confier à John Harding avant de dévaler les marches pour me jeter dans la mer. Pendant que je nageais, il restait sur le balcon guettant un appel de la princesse. Si elle avait besoin de moi, il agitait frénétiquement la main, et je sortais aussitôt de l'eau, montais les marches quatre à quatre tout en essorant mes cheveux pour aller voir ce qui se passait. Je n'ai jamais su si elle faisait exprès de programmer ces appels avec une précision aussi cruelle, de me laisser le temps de faire un bref plongeon avant de me rappeler, ce qui me forçait à remonter l'escalier raide puis à me rhabiller tout en courant jusqu'à sa chambre, le souffle court.

« Oui, Majesté, de quoi avez-vous besoin ?

— Où étiez-vous, Anne ? me répondait-elle avec irritation.

— Je piquais juste une petite tête, Majesté. Tout va bien, j'espère ?

— Ce n'était pas le cas justement.

— Je suis navrée, Majesté. Je suis là maintenant, je ne vais plus nulle part. »

Cela a duré près de quinze jours. Le palais a confirmé à la presse qu'il y avait eu un petit accident, tout en soulignant que le moral de la princesse était au beau fixe, ce qui n'était absolument pas le cas. Elle était au contraire très abattue, et seul le Dr Bunbury parvenait à lui rendre le sourire. Elle n'attendait pas une minute après son départ pour me dire : « Pourriez-vous rappeler le Dr Bunbury ? J'ai oublié de lui préciser un détail.

— Il vient de partir, Majesté. Attendons un peu au moins, une demi-heure ? »

Elle adoptait la même attitude avec moi : dès que je voulais la quitter après lui avoir rendu un service, elle me retenait. J'ai fini par lui demander si elle verrait un inconvénient à ce que j'occupe le second lit simple de sa chambre, et nous avons regardé des vidéos le temps qu'elle se remette suffisamment pour être rapatriée.

Elle était folle de joie. « Oh, Anne, n'est-ce pas comme la pension ?

— Oui, Majesté. Sauf qu'on ne nous laissait pas paresser au lit et regarder des films. »

Ses pieds ne guérissaient pas, pourtant, lorsque je lui ai proposé de rentrer en Angleterre, pour qu'elle reçoive des soins hospitaliers dignes de ce nom, elle a refusé. « Je ne suis pas du tout en état, Anne », m'a-t-elle rétorqué, d'un air incrédule.

Pour une fois, la seule de ma vie, j'ai contacté Buckingham et demandé à parler à la reine, qui m'a écoutée attentivement. J'ai sollicité ses conseils. Elle s'est montrée merveilleusement compréhensive, soucieuse de m'apporter son soutien, et elle a accepté de parler à sa sœur. Elle a réussi à la convaincre de rentrer, et le palais a arrangé notre retour en Concorde, dans lequel je suis montée avec une caisse en bois pour surélever les pieds de la princesse.

J'avais déjà enduré un long vol avec la princesse en mauvaise santé, par le passé, depuis La Barbade, où on lui avait fait des tests, avant de rentrer à Londres. La première classe avait été entièrement vidée de ses passagers et les sièges avaient été remplacés par deux lits simples dans la cabine déserte. Je lui avais tenu la main pendant l'essentiel du voyage. Je me souviens m'être réveillée en pleine nuit et avoir découvert le gentil médecin barbadien, au physique très imposant, penché au-dessus d'elle pour vérifier ses constantes pendant son sommeil. Je ne l'avais jamais vue aussi vulnérable. Elle s'était remise cette fois-là, mais je n'étais pas certaine que ce serait le cas à présent, tant je redoutais le verdict des médecins sur sa capacité à remarcher normalement.

De retour à Londres, la princesse a reçu des soins intensifs pour ses brûlures. Un jour elle m'a appelée. « Vous ne devinerez jamais ce qu'ils font à mes pieds. Venez déjeuner, je vous montrerai. » Je me suis donc rendue à Kensington. Après le repas, j'ai regardé l'infirmière sortir d'un sac des sangsues en provenance du pays de Galles et les placer sur les pieds de la princesse. Laquelle l'acceptait sans broncher, fascinée par l'opération. Elle buvait les paroles de l'infirmière, qui expliquait que l'on utilisait les sangsues pour le traitement des blessures depuis des siècles, depuis l'époque des anciens Égyptiens. « Les sangsues sécrètent naturellement des anticoagulants pour garder le sang fluide et s'en nourrir. Ce qui permet aux plaies de guérir plus vite. Le bénéfice est donc mutuel. » Il était évident que l'infirmière était captivée par ces parasites d'un noir brillant, qui se gonflaient. Si la princesse ne voyait aucun inconvénient à les regarder se gorger de son sang, je me félicitais, pour ma part, qu'elles ne soient pas sur mon corps.

La princesse a continué à remplir ses devoirs royaux, en chaise roulante, même si elle prenait moins d'engagements. Son existence d'autrefois se dissolvait peu à peu. Finis les couchers tardifs, après avoir ri et plaisanté jusqu'à l'aube, après avoir passé des soirées à chanter. Elle ne voulait plus voir de monde et je la trouvais dans sa chambre, en train d'écouter Radio 3 sur sa TSF.

L'été 1999, je l'ai accompagnée à Balmoral pour son anniversaire, qui coïncidait avec la visite annuelle du Premier ministre, Tony Blair à l'époque. On m'a chargée de veiller sur sa femme, Cherie. Elle est arrivée en tailleur-pantalon chiffonné et ne semblait guère enchantée de se trouver là. Lorsque je lui ai demandé si elle souhaitait voir sa chambre, elle m'a répondu : « Pour quoi faire ? »

Je lui ai expliqué que, comme chaque convive, elle aurait une femme de chambre à sa disposition qui attendait de la rencontrer pour s'assurer que tout était en ordre. Elle m'a suivie à l'étage en traînant les pieds. Une fois dans sa chambre, je lui ai expliqué qu'elle prendrait son petit déjeuner au lit, ainsi que le voulait la tradition pour les femmes, pendant que son mari retrouverait les hommes au rez-de-chaussée. Elle m'a considérée avec perplexité. « Mais Tony petit-déjeunera avec moi. » Nous rejoignant sur ces entrefaites, il a lancé : « Un petit déjeuner au rez-de-chaussée, ce sera parfait ! » De toute évidence, il cherchait à détendre l'atmosphère.

Tony est bien descendu le lendemain matin. Juste après avoir mangé, il est monté se changer et j'ai eu la surprise de l'apercevoir avec Cherie dans le vallon ; ils étaient tous deux en tenue de jogging moulante suivis de leurs agents de protection. Le temps de leur séjour, tous les matins, j'apercevais par ma fenêtre deux points de couleurs vives qui remontaient la côte en courant.

Cherie Blair a progressivement retrouvé le sourire, surtout lorsque je l'ai emmenée faire les magasins, dont elle est rentrée avec des paquets de sablés de Balmoral et de caramels. Cette virée en ville a fini par faire les gros titres lorsque Cherie a annoncé, plus tard, qu'elle était tombée enceinte par mégarde – expliquant qu'elle avait oublié son « moyen de contraception » et que la fécondation avait donc dû avoir lieu pendant son séjour. Nous avons été très amusées, la princesse et moi, par tant de précision.

La santé de celle-ci continuait à se détériorer.

Les années suivantes, elle a été victime d'un ou deux AVC supplémentaires, puis elle a commencé à perdre la vue. Très rapidement, elle est devenue quasi aveugle. Elle qui avait adoré être entourée d'hommes, elle refusait désormais leur compagnie, même celle de Colin. Elle ne se sentait à l'aise qu'avec des amies triées sur le volet.

Nous étions quelques-unes à lui faire régulièrement la lecture, et il m'arrivait de passer la nuit chez elle. Ses goûts en la matière étaient pour le moins éclectiques.

Un jour, à mon arrivée, elle était dans un grand état d'agitation. « J'ai un nouveau livre, m'a-t-elle annoncé d'une voix fébrile. Vous voudriez bien me le lire ? Il porte sur les graines. » Mon cœur s'est aussitôt serré. Un livre entier sur des graines ? Que pouvait-il y avoir de plus ennuyeux ? C'était Roddy qui le lui avait offert et, à son enthousiasme, s'ajoutait un intérêt sincère pour le sujet. J'ai réussi à atteindre le chapitre dédié aux pommes de terre avant de lui demander : « Majesté, cet ouvrage vous plaît vraiment ? Souhaitez-vous que je poursuive ? N'est-il pas un peu ennuyeux ?

— Poursuivez, Anne, m'a-t-elle répondu sans sourciller, c'est fascinant. » Et j'ai donc continué à déchiffrer ces pages effroyables, régulièrement interrompue par la princesse, qui mettait en doute ma prononciation, ainsi qu'elle l'avait toujours fait. C'était devenu une habitude.

Lorsque j'ai fini par arriver au terme de ce pensum, quelques jours plus tard, j'ai entamé un autre ouvrage sur les différentes religions, qui m'a nettement plus intéressée. J'étais au beau milieu d'un passage sur l'hindouisme, quand elle a décidé de m'interrompre pour me demander si j'étais bien sûre que tel ou tel mot « se prononçait de la sorte ». J'avais très souvent visité l'Inde et je lui ai donc répondu avec une pointe d'irritation : « Oui, Majesté, j'en suis certaine. Vous le savez, j'ai été vingt-six fois en Inde. » Elle me connaissait assez pour savoir que je ne gonflais pas ce chiffre… et pour savoir, aussi bien que moi, que je n'avais pas la moindre idée de la prononciation de certains mots.

Un jour, la reine est venue prendre le thé avec la princesse ; je suis restée dans le salon pour les laisser tranquilles. La reine s'est rendue dans la chambre de la princesse, mais je l'ai vue réapparaître peu après.

« Tout va bien, Majesté ? lui ai-je demandé.

— Non, pas du tout, m'a-t-elle répondu. Margaret écoute un feuilleton radiophonique et chaque fois que j'essaie de dire quelque chose elle m'intime le silence. Chut ! »

Je ne pouvais pas me dire surprise. La princesse s'était renfermée au point d'exclure sa sœur, quand bien même celle-ci était la reine du pays. Elle avait développé, je l'avais remarqué, une stratégie très subtile pour avoir le dernier mot, ce qui alimentait les chamailleries toujours d'actualité entre la reine mère et elle.

« Retournons-y ensemble », lui ai-je proposé.

Une fois dans la chambre, j'ai lancé à la princesse Margaret : « Majesté, la reine est ici, et son temps est compté, souhaitez-vous que je vous aide à servir le thé ? » J'ai éteint la radio, me suis assurée qu'elles avaient chacune une tasse, puis j'ai quitté la pièce.

J'ai rendu visite à la princesse quotidiennement pendant plusieurs mois. Elle aspirait à avoir de la compagnie, et nous savions toutes deux qu'elle n'était pas sur la voie de la guérison. Il était même évident, au contraire, que sa santé déclinait rapidement, et je tenais à passer du temps avec elle, à m'assurer qu'elle était aussi à l'aise que possible.

Fin 2001, à Noël, je me trouvais dans le Norfolk et la princesse à Sandringham, lorsque l'une des dames d'honneur de la reine m'a téléphoné pour m'informer que la princesse refusait de se nourrir et semblait avoir renoncé à la vie. Je suis partie sur-le-champ et je l'ai trouvée alitée, les couvertures remontées jusqu'au menton – je pouvais à peine la voir. Optant pour la fermeté, ainsi qu'elle l'aurait fait, elle, j'ai ignoré l'atmosphère morose pour la saluer avec enthousiasme.

« Majesté, c'est bientôt l'heure d'*Antiques Roadshow*[1]. Allons la regarder en prenant une tasse de thé. » Son visage s'est légèrement éclairé et elle a accepté de sortir de son lit. J'ai poussé sa chaise roulante jusqu'au salon, espérant qu'un changement de décor lui ferait du bien, puis nous nous sommes installées devant l'une de ses émissions préférées. Je suis restée avec elle toute la fin de la journée et j'ai réussi à la faire manger un peu, avant de la quitter d'humeur moins sombre.

Quand je suis redescendue, les corgis, qui somnolaient dans l'entrée, ont aboyé, ce qui a alerté la reine. Elle m'a interrogée. « Tout s'est bien passé, Majesté, la princesse a même réussi à avaler une tartelette à la confiture.

— Une tartelette à la confiture ! » Elle était réellement surprise d'apprendre que la princesse avait accepté de la nourriture, quelle qu'elle fût.

Après Noël, la princesse est rentrée à Kensington, mais à la fin de l'année 2001 et au début de l'année suivante, son état de santé s'est encore aggravé. Je continuais à lui rendre visite, à lui faire la lecture et à écouter la radio avec elle. Le soir du 8 février 2002, son secrétaire personnel, le vicomte Ullswater – qui avait succédé à Nigel Napier – m'a téléphoné. Il m'a appris qu'elle avait eu un nouvel AVC dans l'après-midi et

1. Émission télévisée britannique qui permet d'admirer des antiquités dans les coins les plus insolites du pays.

que les perspectives n'étaient pas bonnes. Je ne l'ai jamais revue.

La princesse s'est éteinte tôt le lendemain matin à l'hôpital du roi Edward VII à Marylebone. Sa mort m'a plongée dans une grande tristesse. J'étais perdue sans elle en un sens. Nous avions été si proches, nous avions passé une si grande partie de nos existences ensemble, que j'avais du mal à croire que je ne la reverrais plus. J'étais bien sûr soulagée de savoir qu'elle ne souffrait plus et qu'elle avait enfin trouvé la paix, toutefois son absence laissait un vide énorme dans ma vie.

Les funérailles de la princesse eurent lieu à la chapelle St George à Windsor, le 15 février, cinquante ans jour pour jour après celles de son père, au même endroit. En plus de mon immense tristesse, j'appréhendais la présence de certaines personnes dans l'assistance. Tony, son ex-mari serait là comme Roddy. Leur liaison avait provoqué un tel scandale à l'époque – la famille royale avait signifié sa désapprobation – que je redoutais des tensions. Pour ajouter à mon malaise, Colin avait refusé de venir. Il ne se sentait pas capable de dire adieu à la princesse, qu'il avait tant aimée, et refusait de prendre le risque de se montrer trop émotif en public.

J'ai pris place à l'avant de la nef, avec les autres dames d'honneur ; le cercueil couvert de roses était déjà devant l'autel pendant que la chapelle se remplissait. La princesse avait choisi elle-même la musique et, même si j'adorais chanter et voulais lui offrir un bel adieu, j'ai à peine pu sortir une seule note.

À la fin de la cérémonie, alors que le cercueil remontait l'allée, la reine mère, qui à cent un ans était en fauteuil roulant, a réussi à se lever pour incliner la tête au passage de sa fille.

Huit sergents des Royal Highland Fusiliers – la princesse était leur colonelle en chef depuis la création du régiment en 1959 –, vêtus du tartan rouge du clan Erskine et de l'écharpe des joueurs de cornemuse, ont emporté le cercueil. L'organiste s'est arrêté de jouer, persuadé que la chapelle s'était vidée, et nous sommes tous restés assis dans un silence éploré.

Nous avons fini par sortir et nous nous sommes rendus au château de Windsor, où la reine m'a remerciée de tout ce que j'avais fait pour sa sœur. Elle a admis, devant moi, le rôle positif que Roddy avait joué dans sa vie, elle m'a dit combien elle se réjouissait que Les Jolies Eaux et Moustique aient rendu la princesse aussi heureuse. J'ai été infiniment touchée par ses paroles.

Par un triste hasard de la vie, les obsèques de la princesse ont été la dernière sortie de la reine mère. Moins de deux mois plus tard elle s'est, à son tour, éteinte. Les perdre dans un laps de temps aussi rapproché m'a profondément affectée. Tous ces week-ends festifs que nous avions passés ensemble au Royal Lodge – les rires dans le salon Whistler, la reine mère éblouissante dans sa robe à crinoline, levant son verre très haut ou au contraire le baissant sous la table lorsqu'elle portait ses toasts hilarants, sans oublier nos interminables soirées de chant avec la princesse.

Si la reine mère reposerait près de son époux, le roi George VI, dans la chapelle St George, la princesse Margaret n'y avait pas de place réservée. Voulant plus que tout être aux côtés de son père adoré, elle a été incinérée pour tenir dans le caveau. Ses cendres avaient été conservées dans la chambre forte royale jusqu'à la mort de la reine mère. Lors de l'enterrement de celle-ci, les cendres de la princesse rejoignirent son père dans le tombeau.

Les mois qui ont suivi sa mort m'ont paru terriblement calmes. La princesse était sans le moindre doute une femme exceptionnelle : elle abordait toujours les problèmes sous un angle différent, ce qui permettait souvent de trouver une solution. Aujourd'hui encore, lorsque je suis confrontée à une difficulté, je regrette qu'elle ne soit pas là pour me dire ce qu'elle aurait fait à ma place. Jusqu'à la toute fin, elle s'est intéressée au monde qui l'entourait. Ma vie a changé depuis sa disparition, surtout quand je vais à Moustique.

Chaque fois que je m'y rends, je suis assaillie par le souvenir de tous nos éclats de rire. Nos petites habitudes communes me manquent. Quand je m'installe chez Basil, au coucher de soleil, je guette avec distraction le rayon vert ; ce n'est plus pareil sans elle. Les Jolies Eaux appartient maintenant à une famille canadienne délicieuse, et s'ils ont apporté des améliorations merveilleuses à la villa, sa façade, elle, n'a pas changé. Lors d'une visite en février 2018, j'ai senti la présence de la princesse Margaret, et je suis restée immobile un long moment, m'imaginant qu'elle allait peut-être sortir de l'une des pièces ou que, si je tournais au coin de la maison, je la découvrirais postée à son endroit préféré, le regard perdu vers la mer.

Chapitre 18

Jusqu'à ce que la mort nous sépare

Au tournant des années 2000, Colin avait passé l'essentiel des quarante dernières années dans les Caraïbes, revenant de moins en moins souvent en Angleterre.

En 1983, à la mort de son père, héritant du titre de troisième baron Glenconner, il était devenu membre de la Chambre des lords, assumant le rôle de *whip*[1] pour les libéraux-démocrates, en accord avec les racines politiques de sa famille. Au fil des ans, il s'est servi de son titre pour tenter de soutenir les Caraïbes et ses habitants, aspirant à promouvoir l'égalité et de meilleures conditions de vie pour tous. En 1992, il livra son premier discours à la Chambre et, sans aucun support écrit, se mit à parler de la nécessité de soutenir les cultures viables qui poussaient traditionnellement dans les Caraïbes. Il avait assisté au remplacement du sucre de canne par le sucre de betterave, à l'extinction du commerce du coton – il souligna que les vêtements qu'il portait avaient été tissés avec les dernières récoltes de Moustique –, il insista sur la nécessité de soutenir le commerce de la banane, affaibli. Il parlait bien, il avait du charisme et, alors que la Chambre était vide au début de son discours, à la fin elle s'était remplie. J'étais fière d'être son épouse.

Lors d'une de ses visites en Angleterre, peu après son installation définitive à Sainte-Lucie, au début des années 1990, il a vu une annonce pour la vente d'un éléphant au zoo de Dublin, qu'il a aussitôt acheté, avant d'organiser dans la foulée son expédition dans les Caraïbes. « Comment allons-nous l'appeler ? » a-t-il demandé aux jumelles, alors qu'il était en voiture avec elles, à l'occasion de l'une de leurs virées, cette fois au Royal Pavilion de Brighton, un étrange palais oriental. Ils longeaient justement un centre médical du groupe d'assurance BUPA, et Amy qui regardait par la vitre a

1. Membre du Parlement chargé de veiller à la discipline de vote des membres de son parti.

pensé, en voyant ce nom, au bruit que fait un éléphant avec sa trompe. « Et pourquoi pas “Boopa”, papa ?

— Parfait ! »

J’ai accompagné Colin à Sainte-Lucie pour accueillir Boopa ; c’était un grand événement, parce que c’était le premier éléphant à venir dans les Caraïbes. Tous les habitants de l’île se sont amassés sur la plage pour le voir arriver sur le bateau qui importait des briques. Je l’ai observé lors de son débarquement, alors qu’il s’intéressait à son nouvel environnement, guère impressionné par l’immense foule enthousiaste qui avait afflué sur le port.

De nombreux jeunes hommes rêvaient de s’occuper de lui, ils agitaient la main pour tenter d’attirer l’attention de Colin pendant qu’il balayait la marée de badauds du regard. Repérant parmi eux un garçon avec de très grandes oreilles, il l’a choisi sur-le-champ.

« Boopa ne sera pas dépaysé avec toi », lui a-t-il dit. Le garçon était fou de joie, il souriait de toutes ses dents. Il s’appelait Kent et était très chaleureux. Il a rapidement noué un lien avec Boopa, qui a facilement trouvé ses marques, appréciant de pouvoir marcher en toute liberté. Il a commencé à se tailler une réputation de taille en aidant les pêcheurs : il remorquait leurs petits bateaux avec sa trompe.

Le soir, il était mis à l’abri dans un appentis en bois. Sachant que les éléphants avaient besoin de compagnie, Colin a voulu en acheter un autre. Il est parti en Afrique avec Christopher et les jumelles, où il a fait l’acquisition d’un couple, qu’il a expédié par voie maritime à Sainte-Lucie, où on lui a refusé l’entrée. Les autorités de l’île avaient décidé qu’un éléphant était bien suffisant, et le couple a dû repartir pour l'Afrique, laissant Boopa sans ami. Nous avons fini par nous rabattre sur des cochons, et même si l'association peut sembler totalement saugrenue, en réalité Boopa s'est très vite lié avec eux.

Les jumelles étaient folles de joie d'avoir un éléphant, sur lequel elles montaient parfois avec Colin. Elles passaient beaucoup de temps à le suivre sur l'île. J'avais énormément d'affection pour lui, moi aussi. Il surgissait soudain, glissant sa trompe par la fenêtre de la cuisine pour que je lui donne une banane.

Un jour où Colin organisait une autre grande fête d'anniversaire, cette fois sur un yacht, le *Sea Star*, quelqu'un a tué l'un des amis cochons de Boopa pour le manger. En apprenant la nouvelle, Colin a aussitôt pensé au danger que Boopa avait dû courir : il protégeait ces cochons avec agressivité. Colin a débarqué pour trouver le coupable. Depuis le bateau, j'ai soudain vu sur la plage un homme prendre ses jambes à son cou pour échapper à Colin qui le pourchassait en agitant un bâton en l'air. On aurait dit un film de Charlie Chaplin. Le coupable s'en est tiré, et Colin s'est calmé quand il a compris qu'aucun mal n'avait été fait à Boopa.

Colin ne passait pas inaperçu à Sainte-Lucie : cet immense Anglais haut en couleur, aux sautes d'humeur légendaires, qui possédait un éléphant et se promenait avec sa tenue fétiche : kurta et pantalon de pyjama blancs. Après avoir porté des vêtements aux couleurs vives, son goût avait changé suite à l'un de mes voyages en Inde avec mon amie Margaret Vyner. Nous avions essayé, toutes les deux, une variété incroyable d'habits féminins avant de conclure qu'ils étaient affreux sur nous et de nous tourner donc vers ceux des hommes.

En nous voyant, Colin a brandi les bras en l'air et s'est exclamé : « Magnifique ! Je veux exactement la même chose ! » Nous n'avons pas eu le temps de dire ouf que, déjà, il partait en Inde remplir sa garde-robe de nouvelles pièces qu'il porterait jusqu'à la fin de ses jours.

Les enfants lui rendaient des visites régulières à Sainte-Lucie, ils se rapprochaient de lui en grandissant. À la fin des années 1990, Amy a décidé de partir vivre là-bas. Enchanté par cette idée, Colin m'a dit : « Le moment ne pourrait pas être mieux choisi, Amy a besoin de moi, mais, plus important, j'ai besoin d'elle ! »

Ils avaient un lien très fort. Colin lui témoignait son affection de façon subtile. Quand Amy se préparait pour une occasion spéciale et qu'elle lui demandait son avis, il procédait toujours à un petit ajustement sur sa tenue, ou lui apportait une touche personnelle avant de lui donner son approbation. Il était fier de ses talents de peintre doreuse, surtout le jour où elle s'est vu confier la restauration d'un temple indien. Il admirait qu'elle soit aussi pragmatique et facile à vivre. Comme lui, elle aimait entrer en contact avec les locaux, elle accompagnait souvent Kent à des combats de coqs dans le but de s'intégrer.

Elle avait aussi hérité de son père un esprit vif. Lorsque Colin avait acheté un restaurant entre les deux pitons volcaniques, il l'avait sollicitée : « Comment va-t-on l'appeler ? » Sans hésitation, elle lui avait répondu : « *Bang Between the Pitons* ? » – « Boum entre les Pitons ? ».

« Génial ! » s'est-il exclamé, enchanté par ce nom. Colin avait organisé une énorme fête de lancement pour cet établissement, que la princesse Margaret avait officiellement inauguré. May et elle s'étaient ainsi retrouvées en couverture du magazine *Hello !*.

Au fil des ans, Amy a multiplié les allers-retours, comme moi. Colin s'appuyait de plus en plus sur Kent, pour à peu près tout. Kent lui consacrait toute sa vie et, en échange, Colin se montrait très généreux : il lui a donné deux hôtels en plus d'un salaire confortable. De temps en temps, Kent quittait Colin pour quelques heures, afin de s'acquitter de courses ou de régler un problème personnel, ce qui rendait Colin fou d'inquiétude. Il avait beau s'être amélioré depuis les premiers temps de notre mariage, quand il lui arrivait de m'empêcher de dormir des nuits entières, pleurant par terre en position fœtale, il restait d'une grande fragilité.

Je me souviens notamment d'une crise d'hystérie dans des circonstances très embarrassantes. Il nous avait emmenés, Kent et moi, en Italie, et il s'était arrangé pour que nous allions voir *Nabucco*, l'un de mes opéras préférés, à Vérone. J'étais d'autant plus touchée par cette attention que Colin n'aimait pas particulièrement l'opéra contrairement à moi.

Une route difficile nous avait menés jusqu'à la ville, Colin avait paniqué à plusieurs reprises, convaincu que nous avions pris la mauvaise direction, tandis que Kent, qui avait une passion pour le football, avait préféré regarder un match à la télévision.

Nous nous sommes installés à nos places dans l'arène, lesquelles étaient très inconfortables. Colin s'est empressé de m'annoncer : « Eh bien, je partirai à l'entracte. Je ne peux pas rester assis là-dessus. »

Je m'étais fait une telle joie de cette soirée que j'étais décidée à ce qu'elle soit réussie, je suis donc allée voir si nous pouvions obtenir des places plus confortables. J'ai supplié les ouvreurs en leur disant que Colin ne se sentait pas bien, et ils ont eu la gentillesse de nous installer plus près de la scène, sur des sièges incomparablement meilleurs. Enfin, je pouvais me détendre et savourer cette soirée qui s'annonçait exceptionnelle. Tout s'est bien passé jusqu'au milieu du chœur des esclaves au troisième acte ; à mon horreur absolue, Colin s'est mis à gémir et hurler à côté de moi.

« Que se passe-t-il, enfin ?

— J'aimerais tellement que Kent soit là...

— Écoute, tu sais, je ne crois pas que ça lui plairait, alors qu'à moi, si... »

Il a continué à pleurer. « Non, non, je veux Kent ! »

De plus en plus de membres du public tournaient la tête dans notre direction. Je me suis emparée du plaid sur les genoux de Colin pour le lui jeter sur la tête, dans l'espoir de le réduire au silence. À mon grand étonnement, il ne l'a pas retiré, et ses plaintes se sont considérablement atténuées, les spectateurs ont pu reporter leur attention sur la scène. Je me suis tassée sur mon siège, et j'ai croisé les doigts pour que son coup d'éclat soit terminé, et pourtant le pire était encore à venir. Lorsque le chœur a achevé son chant, le chef d'orchestre s'est tourné vers le public pour dire : « Étant donné les circonstances, je crois que nous allons devoir reprendre. »

Les chanteurs ont recommencé du début ; j'étais absolument mortifiée. Ma seule consolation était que le plaid avait fini par remplir son office : Colin s'était calmé – il aurait finalement peut-être mieux valu qu'il parte à l'entracte.

Pendant toute la durée de notre mariage, Colin avait ressenti le besoin d'avoir en permanence quelqu'un à disposition, pour l'aider à résoudre ses problèmes et le tranquilliser. Si j'avais été cette personne pendant des décennies, après l'accident de Christopher mes priorités avaient changé. Et Kent m'avait remplacée. Je n'étais tout simplement plus prête à consacrer la moindre minute de chaque journée à rendre des services à Colin. C'était un emploi à temps plein, un emploi désormais rémunéré. En un sens, je n'avais plus l'impression que c'était mon rôle d'épouse.

Plutôt que de veiller en permanence sur Colin, je restais en Angleterre pour ne pas m'éloigner trop de Christopher. J'ai été si heureuse quand il est tombé amoureux… Lors de sa réinstallation à Londres, il souffrait toujours de problèmes d'équilibre, et il a mis au point un subterfuge très intelligent : demander à des passants de l'aider à traverser au passage piéton près de chez lui, ou plus exactement aux jolies filles. Il les guettait et sollicitait un peu de leur temps. Il a donc été très déçu le jour où une femme d'un certain âge s'est portée volontaire. Christopher a accepté son bras à contrecœur, et la femme a engagé la conversation. Elle voulait savoir où il se rendait. Christopher lui a répondu qu'il rentrait chez lui, et la femme lui a appris qu'il était voisin avec sa fille. Elle s'est empressée de les présenter. Anastasia, à moitié grecque, était une avocate d'une intelligence remarquable. Elle est tombée amoureuse de Christopher et ils se sont mariés. Ils ont eu deux magnifiques filles, Bella et Demetria.

Après quelques années d'un mariage heureux, la situation s'était dégradée au sein de leur couple, et Christopher m'a appelée un jour pour me dire : « Anastasia en a assez de moi, elle veut que je parte. Je peux venir chez toi ? » Il s'est donc installé dans ma ferme du Norfolk. Nous ne savions ni l'un ni l'autre pour combien de temps. Nous nous interrogions : Anastasia changerait-elle d'avis ? Leur mariage était-il terminé ?

Ma maison était située dans un petit village, et Christopher avait toujours du mal à marcher sur de longues distances, je lui ai donc acheté un tricycle pour lui permettre de se déplacer. Bien sûr, il offrait un spectacle étrange sur les routes de campagne, mais au moins pouvait-il se rendre facilement au pub. Et puis il se fichait de l'image qu'il renvoyait. Au fil des ans, il s'était accoutumé à sa situation et partait du principe que ceux qui pourraient l'embêter ne méritaient pas qu'il s'intéresse à eux.

Je m'inquiétais toujours d'une possible chute, toutefois, de peur de me transformer en mère tyrannique avec mon fils adulte, je me contentais de lui lancer : « Si tu ne rentres pas avant 11 h 30, passe-moi un coup de fil pour me dire que tout va bien. »

Un soir, l'heure fatidique est arrivée puis passée sans qu'il ait donné le moindre signe de vie. Mon esprit s'est emballé, se représentant un accident, l'imaginant coincé au milieu d'une route ou échoué dans un fossé, incapable de se relever. Je suis sortie de mon lit, j'ai enfilé un manteau sur ma chemise de nuit et j'ai pris la voiture jusqu'au pub. Quand j'ai aperçu son tricycle devant, j'ai été furieuse, il avait simplement dû oublier de m'appeler. Je suis entrée comme une furie et je l'ai invectivé : « Comment as-tu pu me faire ça ? Pour qui te prends-tu ? Je me suis rongé les sangs ! » Mon entrée fracassante l'a tellement surpris qu'il n'a pas eu le temps de me répondre, d'autant que je le traînais dehors.

Le lendemain, voyant que je m'étais calmée, il m'a dit : « Je suis désolé de ne pas t'avoir téléphoné. J'ai rencontré la plus incroyable des femmes.

— Et Anastasia ? Et les filles ? »

À la vérité, s'ils s'étaient aimés au début, leurs vies étaient trop déséquilibrées, trop inégales. Ils ont donc décidé de divorcer à l'amiable, et Christopher a continué à jouer un rôle important dans la vie de leurs filles. Quant à la femme incroyable qu'il avait rencontrée au pub... il l'a épousée. Si j'étais triste que son premier mariage se soit soldé par un échec, j'étais, comme Colin, ravie qu'il ait rencontré une autre compagne qui, de toute évidence, l'adorait. Johanna est entrée dans la famille, et Christopher était enchanté qu'elle s'entende aussi bien avec nous, son père et moi. Il s'est enfin posé, soulagé de pouvoir nous décharger du poids de l'inquiétude : nous n'avions plus besoin de nous en faire, Johanna serait toujours là pour veiller sur lui.

Ainsi, je me retrouvais, à soixante-quinze ans, brusquement indépendante. Kent répondait aux requêtes incessantes de Colin, Johanna s'occupait de Christopher, les jumelles étaient adultes et mon rôle de dame d'honneur appartenait désormais, à mon grand regret, au passé. Bref, je pouvais me détendre. J'aimais profondément les voyages, et je suis donc partie aux quatre coins du monde avec des amis, aussi excentriques que Colin pour certains.

Mary Anna Marten était une femme remarquable que je connaissais depuis des années et qui nous a malheureusement quittés en 2010. Elle m'appelait au débotté pour me proposer de partir en vacances avec elle. Le plus étrange de nos séjours s'est déroulé en Russie. Avant notre départ, Mary Anna, qui avait une silhouette généreuse, m'a annoncé : « La nourriture est tout simplement répugnante là-bas, j'ai donc commandé un jambon de Parme chez Harrods, qui te sera livré. Nous partagerons les frais. Le jambon de Parme, ça se mange à n'importe quelle heure du jour et de la nuit. »

Deux jours avant notre départ, une camionnette de chez Harrods s'est garée devant chez moi. Le livreur m'a remis un gigantesque paquet qui pesait une tonne. Je ne sais pas très bien comment nous avons réussi à passer la douane avec… En tout cas, nous l'avons traîné jusqu'à notre hôtel, à Moscou. Notre chambre était minuscule et surchauffée, j'ai donc décidé de placer le jambon sur le rebord de la fenêtre.

En pleine nuit, nous avons été réveillées par un véritable concert de bruissements et de battements d'ailes. Écartant le rideau, j'ai découvert tous les oiseaux de la ville occupés à dévorer le jambon. Le lendemain, nous avons récupéré les morceaux intacts et les avons emportés au parc où Mary Anna avait rendez-vous avec quelqu'un. Lorsque j'ai appris qu'il s'agissait d'un tueur à gages, j'ai évidemment été horrifiée. Elle avait attendu que nous soyons déjà en route pour m'informer que ce voyage avait un but secret.

Elle était persuadée que sa fille avait, sans le vouloir, épousé un espion russe. Parlant quelques mots de russe, elle s'était arrangée pour discuter avec cet homme des conditions pour se « débarrasser » de son gendre. Je me suis assise sur un banc à l'écart pendant qu'elle s'entretenait avec cet individu louche, tout en redoutant une arrestation. Quand elle est revenue me trouver, je l'ai interrogée : « Alors, que s'est-il passé ? Tu l'as engagé ?

— Malheureusement, je ne crois pas que les choses vont se faire comme je l'espérais. Il y a une ou deux difficultés auxquelles je n'avais pas pensé. » Les voyages avec elle n'étaient jamais dépourvus d'incidents – et si ma vie avait été marquée par de nombreux événements tragiques, je n'avais pas une seule fois envisagé d'engager un homme de main !

J'ai été immensément soulagée de la voir renoncer à cette idée… et encore plus de quitter Moscou. Nous avons pris un vol pour Samarcande, où elle portait des caftans de couleur vive et quantité de bijoux. Elle créait des attroupements, où qu'elle aille, et nous avons fini par comprendre que tout le monde la prenait pour une réincarnation de la Grande Catherine. Les gens voulaient la toucher, dans l'espoir qu'elle leur porterait chance, et leur comportement attirait d'autres curieux, provoquant de l'agitation. Au contact de la princesse Margaret, je m'étais familiarisée avec ce genre de débordement, même si c'était un peu différent cette fois. Mary Anna fendait la foule et je lui emboîtais le pas, repoussant les mains des badauds.

Elle était toujours pleine de surprises. Dans le vol du retour, nous nous sommes rendu compte que beaucoup de passagers avaient la tourista. Mary Anna avait la solution parfaite : elle a sorti de son sac un médicament qui n'était plus commercialisé et qui contenait de la morphine, et elle a arpenté l'allée pour le distribuer à la

petite cuillère. À l'arrivée, tout le monde était assommé.
« Quel heureux hasard ! Tu en as toujours dans ton sac ?

— Bien sûr, ma chérie. En cas de besoin ! »

Du Mary Anna tout craché.

Quand je ne partais pas visiter le monde avec des amis, je passais de plus en plus de temps dans le Norfolk, ce qui m'offrait l'équilibre parfait entre animation et existence plus paisible. J'ai été ravie lorsque, en 2005, May s'est fiancée avec Anton Creasy, un ami qu'Amy et elle connaissaient depuis des années.

Eddy, le comte de Leicester, a eu la gentillesse d'insister pour que la cérémonie religieuse ait lieu à St Withburga, et la réception dans les salons d'apparat de Holkham. J'ai été très touchée par son geste, tant Holkham faisait partie intégrante de notre famille. Sans oublier que je m'étais mariée dans cette église en 1956… J'étais ravie que ma propre fille puisse suivre mes traces.

Je me suis occupée des fleurs, comme ma mère l'avait fait à l'époque. May portait mon diadème et elle était absolument magnifique. Eddy a tenu le premier discours, suivi de Colin qui, sans avoir préparé quelque chose de trop formel, s'est exprimé avec éloquence et tendresse, imprégnant ses propos de son enthousiasme habituel, et leur apportant la conclusion parfaite avec un toast humoristique.

Peu après leur mariage, May et Anton décidèrent d'emménager à Sainte-Lucie pour être près de Colin. De son côté, Amy, avait décidé de poursuivre ses aventures en République dominicaine. Malheureusement, Colin eut bien du mal à laisser les rênes à Anton, qui désirait l'aider à gérer ses affaires (son restaurant ainsi qu'un hôtel). Après plusieurs différends, ils sont donc rentrés vivre en Angleterre.

Malgré son âge – plus de soixante-dix ans –, Colin continuait à avoir cette fâcheuse tendance à se mettre dans un état de rage spectaculaire. Un jour, il avait rendez-vous avec le ministre du Tourisme dans un restaurant au sommet d'une falaise de Sainte-Lucie, et celui-ci n'est pas venu. Colin a longuement patienté, jusqu'à ce que le cuisinier vienne le trouver pour lui annoncer que la cuisine fermerait cinq minutes plus tard. Colin est littéralement sorti de ses gonds et il a fait basculer toutes les tables dans la mer, les unes après les autres. Puis il s'est rendu directement à l'aéroport et il est arrivé à Londres sans bagages ni clés. Il a donc frappé à la porte de notre maison. Je ne m'attendais évidemment pas à le voir et en lui ouvrant j'ai cru qu'il était couvert de sang.

« Que s'est-il passé, Colin ? Tu vas bien ? » me suis-je écriée, convaincue qu'il venait d'avoir un terrible accident.

« Anne, m'a-t-il répondu avec humeur, ce n'est pas du sang mais du ketchup. »

Quand il m'a expliqué qu'il s'était taché au moment de jeter les tables du sommet de la falaise, je n'ai pas pu m'empêcher de rire, ce qu'il n'a bien sûr pas apprécié – enfin, à ce stade, nous étions mariés depuis plus de cinquante ans et je ne me laissais plus impressionner comme au début.

Si les coups de sang de Colin étaient souvent excessifs, surtout d'un point de vue britannique, les Caribéens ne semblaient pas s'en formaliser. Ils acceptaient tout simplement ce mélange unique de tempérament colérique et d'incroyable générosité.

Colin avait toujours eu des protégés, désireux de faire avancer la carrière de jeunes hommes. Kent était ainsi devenu le dernier « projet » important de Colin, qui avait la conviction que celui-ci pourrait un jour reprendre ses affaires. Sauf que Kent était illettré. Pensant résoudre facilement ce problème, Colin l'a envoyé à Londres, dans un centre d'alphabétisation pour adultes. Au bout de quelques mois, Colin a reçu un coup de fil : « J'échoue très rarement, lui a dit le directeur, mais c'est le cas avec Kent. Je le renvoie à Sainte-Lucie. »

Colin me tenait régulièrement informée de tous les événements, pendant des heures au téléphone lorsque nous étions éloignés, il me parlait aussi bien de ses succès que de ses échecs. Un jour de la fin 2009, il m'a demandé, à l'autre bout de la ligne, si j'étais assise. « Qu'y a-t-il, Colin ? » lui ai-je rétorqué, déjà inquiète de ce qui allait suivre.

« J'ai une grande nouvelle à t'annoncer ! J'ai un nouveau fils !

— Mais qu'est-ce que tu racontes ? me suis-je exclamée, horrifiée.

— J'ai reçu une lettre, sortie de nulle part, et je viens de faire sa connaissance : il s'appelle Josh Bowler. J'ai passé une nuit avec sa mère avant notre mariage. Il en est à sa troisième épouse, j'ai donc quatre nouveaux petits-fils », a-t-il poursuivi, visiblement réjoui.

Il s'emballait toujours, à propos de n'importe quoi, même si ça ne durait jamais longtemps. J'ai tenté de partager, un minimum, son enthousiasme, et j'ai organisé une réception à Glen pour Josh et sa famille, afin qu'il se sente bien accueilli. Colin lui a ouvert grand les bras, puis il l'a emmené à Sainte-Lucie avec lui pour lui montrer l'île qu'il aimait tant.

Au bout de trois jours environ, il était à nouveau pendu au bout du fil. « Je ne supporte plus la situation, Anne ! » m'a-t-il hurlé comme s'il craignait que je ne puisse pas l'entendre avec la distance. Je n'étais pas surprise, j'avais bien du mal, pour ma part, à digérer l'apparition de Josh après toutes ces années.

Colin avait alors un cancer de la prostate, mais il tenait à ce que personne ne soit au courant. Il ne s'était jamais débarrassé de l'idée que les gens ne voulaient pas faire affaire avec quelqu'un de vieux ou de malade. Voilà pourquoi il avait subi deux liftings et gardait sa maladie secrète – il ne m'avait d'ailleurs pas annoncé la nouvelle immédiatement.

Je suspectais un problème de santé depuis un moment tant il avait perdu de poids, mais il n'a rien confirmé jusqu'à ce que son état se dégrade brusquement l'été 2010, alors qu'il se trouvait à Trinidad avec la veuve de Charlie, Sheilagh, et leur fils Cody, en quête d'une espèce de chauve-souris très rare. Sheilagh m'a appelée et je me suis aussitôt rendue à Sainte-Lucie pour veiller sur lui. J'y suis restée plusieurs semaines. Il se remettait lentement sur pied et nous avons apprécié ce temps en commun. J'étais contente de pouvoir m'occuper de lui, il se montrait détendu et affectueux.

Comme j'avais des engagements dans le Norfolk, je suis rentrée avec la ferme intention de repartir pour Sainte-Lucie une semaine plus tard environ, avec Amy, qui envisageait de s'installer définitivement sur l'île.

Le 27 août 2010, trois jours après mon départ, Colin s'est éteint. Il avait appelé Kent dans la nuit, qui l'avait conduit à l'hôpital, mais Colin avait eu une très grosse crise cardiaque et il était mort à son arrivée aux urgences. Kent était inconsolable lorsqu'il m'a appris la nouvelle au téléphone.

J'étais complètement sonnée, incapable d'appréhender cette nouvelle. Quelques jours plus tôt nous avions consacré la soirée à nous remémorer notre vie commune, et Colin avait fait preuve d'une tendresse inhabituelle, me disant combien il pensait que nous avions formé une bonne équipe. « Ce n'était pas si mal, si ? » m'avait-il demandé avant que je ne le quitte pour la dernière fois, comme s'il cherchait à se faire pardonner les moments les plus difficiles.

Dans le vol qui me ramenait à Sainte-Lucie pour l'organisation des funérailles, j'avais du mal à imaginer un monde sans lui. Colin était à la fois l'homme le plus difficile qu'il m'avait été donné de rencontrer et le plus brillant, à proportions égales. En dépit de ses liaisons incessantes et de son penchant pour le mélodrame, il y avait entre nous une loyauté farouche, une amitié qui nous liait, quoi qu'il advienne. Il avait raison : nous avions formé une bonne équipe et je savais qu'il me manquerait cruellement.

Christopher et les jumelles étaient dévastés, particulièrement Amy. La dernière fois qu'elle avait vu son père, il était monté dans un taxi après lui avoir dit au revoir, puis avait arrêté le véhicule pour sortir la serrer une dernière fois dans ses bras. Peut-être avait-il eu une prémonition – c'était d'autant plus surprenant qu'il n'était pas quelqu'un de tactile. Bien sûr Amy ignorait alors qu'ils se disaient adieu. Elle perdait non seulement son père mais aussi son avenir sur l'île. Au lieu de prendre un vol pour commencer une nouvelle vie à Sainte-Lucie, elle venait enterrer son père.

May avait, elle aussi, le cœur brisé. Elle avait souvent provoqué l'impatience de son père, et cependant leur relation s'était améliorée. Leur dernière rencontre, à l'hôtel Portobello, s'était merveilleusement passée, Colin lui avait dit combien il avait aimé passer du temps avec elle.

Christopher était peut-être celui des trois qui avait eu la relation la plus naturelle avec son père, qu'il décrivait comme un « demi-dieu ». Malgré son chagrin, il nous a apporté son soutien à toutes, nous rappelant que l'amour de Colin ne s'évanouirait pas avec sa mort, ainsi qu'il l'avait fait lors de la disparition de Henry et Charlie.

Pour ma part, je n'arrivais pas à penser à autre chose qu'à la dernière fois où nous avions tous été réunis, neuf mois auparavant, chez mon amie Josephine Loewenstein. Elle avait eu l'idée de commander au sculpteur Philip Jackson une immense statue en bronze de Colin dans sa tenue fétiche, avec un chapeau et une canne. La statue avait été dévoilée à Moustique en reconnaissance de tout ce que Colin avait fait pour l'île. Il était aux anges. Après l'inauguration, nous étions tous allés au lagon et nous nous étions assis sur la plage, en rangée, les orteils dans l'eau. À présent, moins d'une année après ce jour si joyeux, et moins d'une semaine après l'avoir vu pour la dernière fois, je devais, à nouveau, faire mes adieux.

Ce fut un enterrement spectaculaire, à la mode de Sainte-Lucie, très loin de ceux auxquels j'étais habituée en Angleterre. Colin aurait adoré. Il n'y avait pas un soupçon de noir. À l'intérieur de l'immense église blanche régnait une atmosphère toute caribéenne. On se serait cru un jour de carnaval, et tout dans la cérémonie évoquait les fêtes légendaires de Colin. Lui qui avait toujours aimé les entrées remarquées, il avait droit à une sortie en fanfare. Tout avait commencé par l'exposition de son corps dans la Great House, quelques jours plus tôt, puis il était arrivé à l'église dans un vieux pick-up défoncé, sommairement converti en corbillard, avec un néon en forme de croix sur le toit.

Il avait choisi « Lord of the Dance » comme dernier hymne, mais au lieu de l'écouter solennellement avec une posture rigide, l'assemblée s'est balancée sur la musique. Kent versait des torrents de larmes, alors je lui ai pris la main et j'ai oscillé en rythme avec lui. Dehors, la foule immense qui avait entouré l'église chantait elle aussi. Lorsque Bryan Adams a entonné « He Was A Friend of Mine » dans l'église, tout le monde l'a accompagné, certains brandissaient une photographie encadrée de Colin au-dessus de leurs têtes.

La chaleur nous a frappés de plein fouet quand les portes se sont ouvertes à la fin de la cérémonie. J'ai suivi le cercueil, recouvert du drapeau de l'île, sur lequel était posé le chapeau de Colin. J'avais, sans le vouloir, choisi le cercueil le plus lourd, parce que c'était le seul qui n'avait pas d'ornement en or ou en argent ni d'affreuses poignées. Euan, le fils de Henry, qui était devenu un géant et tenait une gerbe de bruyère écossaise, a dû s'accroupir pour le maintenir en équilibre pendant que les autres porteurs, dont Cody, haletaient et transpiraient, entourés de locaux aux visages peints et aux vêtements colorés. Le matin même, ils s'étaient entraînés au bord de la piscine, avec des chaises longues qui étaient loin d'être aussi lourdes.

Je me tenais entre les tombes, près de l'emplacement que Colin avait choisi. La dernière fête battait son plein, mais sans la participation de son Monsieur Loyal cette fois. Puis, comme si tout ceci n'était pas assez étrange déjà, des personnes aux visages peints en blanc ont jailli de derrière les tombes, agitant des faux. Ces grandes faucheuses se sont approchées de moi et m'ont dit : « Venez, madame, venez, madame la femme de M. Tennant. Vous devez danser avec nous. » J'ai d'abord refusé, horrifiée, et elles n'ont rien voulu entendre. Avant que je ne puisse comprendre ce qui se passait, je zigzaguais entre les tombes, à moitié entraînée, à moitié dansant. Tout en se trémoussant, elles ont lâché des dizaines de ballons noirs, qui ont flotté vers la mer. Cette tradition était aussi déroutante qu'exténuante, toutefois je m'y suis pliée.

Colin a fini par être inhumé, alors que les chorales locales chantaient, puis nous sommes tous retournés à la Great House, où nous attendaient des rangées et des rangées de minuscules gâteaux couverts d'un glaçage rose vif – on se serait cru dans une confiserie. Ça ressemblait davantage à une fête d'anniversaire qu'à des obsèques. La chaude atmosphère caribéenne résonnait des sons des percussions métalliques et des chants, des cris dignes de *banshees*, des rythmes de ceux qui tapaient dans leurs mains ou sur des tambours… La moindre note de la moindre octave trouvait ainsi à s'exprimer sous une forme ou une autre. Dans les villages environnants, les locaux chantaient et dansaient pour honorer la mémoire de « Mister Tennant » comme ils l'appelaient, et moi je pensais à lui avec amour, sa mort prenait peu à peu de la consistance dans mon esprit.

Sous les serpentins blanc et rose, agrippant une vodka tonic, je faisais la conversation avec des représentants du gouvernement, des policiers, des soldats, des magistrats… Tous les habitants de l'île semblaient s'être entassés ici. Kent avait attendu ce moment pour m'apprendre qu'il aurait voulu des funérailles nationales pour Colin, ce qui n'était pas inhabituel pour les personnes importantes de l'île. Apparemment, je m'étais précipitée. En l'écoutant, j'ai eu un bref regret – Colin aurait été déçu de savoir que je l'avais privé, sans le vouloir, d'une escorte policière.

À Sainte-Lucie, la coutume veut que la lecture du testament survienne rapidement après un décès, et j'ai donc attendu l'avocat de Colin ce soir-là. J'étais un peu inquiète, car celui-ci m'avait informée qu'il n'avait pas le dernier testament en date. « J'ai cru comprendre que Lord Glenconner en a fait un nouveau il y a sept mois avec un avocat de La Soufrière. »

Mon ventre s'est serré dès que j'ai vu arriver ce fameux avocat. Il avait quelque chose de sournois, son regard était fuyant et il s'agitait beaucoup. Je me trouvais avec ma belle-fille, Sheilagh, dont le fils, Cody, était l'héritier présomptif. L'avocat a fureté dans sa mallette pour en sortir une unique feuille de papier. Il a alors lu à voix haute ce qui était écrit dessus : « Par le présent testament, je lègue tous mes biens à Kent Adonai, et je lui fais confiance pour exécuter mes dernières volontés concernant ma famille. »

J'ai cru que mon cœur allait s'arrêter.

Après le rendez-vous, je suis allée trouver Kent, qui avait été informé de la situation par l'avocat. Le plus calmement possible, je lui ai dit : « J'espère que tu respecteras les dernières volontés de Lord Glenconner nous concernant tous, Kent. »

Il m'a regardée dans les yeux, puis a haussé les épaules. « Je ne sais pas ce que Lord Glenconner voulait dire par là. »

J'ai alors compris que mes pires peurs étaient en train de se réaliser et que nous étions sur le point de tout perdre. L'étrangeté des obsèques n'était rien en comparaison de ce que j'ai ressenti alors.

Plus tard, cette nuit-là, j'ai passé un moment sur le balcon de la maison qui ne nous appartenait plus. Aux Caraïbes, le ciel nocturne est parsemé d'étoiles d'habitude, mais il était complètement noir pour une fois. Mon mariage avec Colin a alors entièrement défilé devant mes yeux. Cinquante-quatre années. Cinq enfants. Une vie commune marquée par autant de colères que de fêtes. Et aujourd'hui, après tout ce que j'avais traversé… ce dernier cadeau. Une ultime tentative pour attirer l'attention. Une humiliation si cuisante… Et nos enfants ! J'étais désespérée. Allant à l'encontre de tout ce que ma mère m'avait appris, j'ai laissé mes émotions me submerger et j'ai hurlé, encore et encore, dans la nuit noire.

Chapitre 19

Et maintenant ?

Il a fallu longtemps pour que les choses se tassent. Mes amis étaient effarés par ce testament et m'ont encouragée à le contester.

Au Royaume-Uni, avec le droit d'aînesse, la majorité d'un domaine revient à l'héritier présomptif, en l'occurrence Cody, le fils de Charlie. Entre parenthèses, c'est cette loi qui m'a empêchée d'hériter de Holkham, en tant que fille. Et cette fois, c'était en tant qu'épouse que j'étais écartée. Ce n'était pourtant pas ce qui me dérangeait. J'avais depuis longtemps accepté la réalité de mon statut de femme dans ce monde, mais je m'attendais à ce que Colin nous laisse, aux enfants et à moi, les biens meubles, et que le domaine revienne à Cody.

La seule chose qui restait dans la famille était Glen, qui reviendrait au fils de Henry, Euan, à sa majorité. Colin avait dilapidé une partie de son immense fortune au fil des ans, mais à sa mort il possédait encore des terres et des hôtels à Sainte-Lucie. Toutefois il avait légué l'ensemble de ses biens, qu'ils aient une valeur sentimentale ou financière, à Kent, et uniquement à lui.

Kent a immédiatement mis en vente le contenu de la Great House, dont beaucoup d'affaires m'appartenaient. Il avait été contacté par l'avocat, qui lui avait montré les factures astronomiques à régler, avant de lui indiquer qu'une vente aux enchères lui permettrait de récolter assez d'argent pour solder la dette, et obtenir des liquidités. Kent a accepté. Je l'ai appris par un ami commun, qui m'a appelée peu après les funérailles : « Ton lit en argent est sur la couverture du catalogue de Bonhams. »

J'ai contacté cette maison de vente aux enchères pour lui rappeler qu'elle n'était pas autorisée à céder des biens sans l'accord de leur propriétaire. Si j'ai reçu des excuses, il était impossible de suspendre la vente, j'ai donc pris un vol pour Sainte-Lucie afin de comprendre ce qui se passait. À mon arrivée à la Great House, tout avait été emballé et des employés de Bonhams étaient en train d'organiser l'expédition à Londres.

J'ai fini par trouver un accord, on m'a garanti que le fruit de la vente de mes biens me reviendrait. Les enchères ont eu lieu et j'ai été ravie de voir la Mustique Company faire l'acquisition des objets qui représentaient le mieux Colin, son chapeau et sa canne. Kent a récolté bien plus que ce qu'il lui fallait pour régler les dettes en souffrance, et j'ai touché ce qui me revenait pour la vente de mon lit en argent.

Cody et sa mère ont, par la suite, contesté le testament. La bataille a duré sept ans. Si Kent a conservé une très grande partie des terres et de l'argent, la moitié du domaine de Colin est revenue à Cody.

Aujourd'hui encore, quand j'y repense, je reste incapable de savoir si Colin avait réellement l'intention de nous laisser sans rien. Il est tout à fait possible qu'il ait agi de la sorte de son plein gré, pour nous jouer un dernier tour horrible, qui lui aurait assuré, pour l'éternité, une réputation d'excentrique mémorable. Mais il est également possible qu'il n'ait pas eu toute sa tête les derniers mois de sa vie, devenu fragile et vulnérable. Je n'aurai jamais aucune certitude. Il m'a été difficile de ne pas m'appesantir sur cette question, de ne pas me sentir trahie, pas seulement pour moi mais pour nos enfants.

Cependant, je risquais, en faisant de ce sujet une obsession, de devenir folle, et j'ai donc décidé d'aller de l'avant. J'approchais des quatre-vingts ans quand Colin est mort, et j'ai pris conscience que le temps m'était compté, à moi aussi. Déterminée à ne pas me laisser abattre, je me suis tournée vers l'avenir.

La disparition de Colin remonte maintenant à près de dix ans, et celle de la princesse Margaret à près de vingt ans. Christopher a cinquante et un ans, les jumelles, quarante-neuf. Ma vie ne consiste plus à faire des sauts entre les Caraïbes, Glen et de grandes demeures londoniennes. Je me suis installée dans ma ferme du Norfolk, là où je me sens chez moi plus qu'ailleurs. Je dois une fière chandelle à mon père d'avoir eu la présence d'esprit de me conseiller, il y a bien longtemps, en voyant combien Colin était instable, de m'acheter une maison. Si je ne l'avais pas fait, j'ignore où je serais aujourd'hui.

Il y a, dans ma famille, un proverbe qui dit que les Coke reviennent toujours dans le Norfolk, et puisque je vois l'enceinte de Holkham Hall depuis ma fenêtre, cela doit être vrai. J'ai tiré le bon numéro avec cette maison, entre autres parce que j'adore vivre au bord de la mer. Glen avait son charme aussi, les collines et montagnes environnantes sont magnifiques, néanmoins j'y avais toujours une légère sensation d'enfermement et, comme à Moustique, je ne pouvais jamais anticiper les changements météorologiques – l'incertitude provoquait chez moi un sentiment de malaise.

Je m'entoure de mes enfants, petits-enfants et arrière-petits-enfants, mon existence n'est plus remplie d'interminables fêtes, dîners au palais de Kensington et tournées royales. Si elle peut me sembler un peu insipide en comparaison, je suis, à quatre-vingt-sept ans, très heureuse de pouvoir occuper mes journées à ma convenance.

J'ai remplacé le tourbillon de fêtes costumées extravagantes par des rendez-vous avec les nombreux amis qui vivent près de moi, comme Patricia Rawlings, qui organise de merveilleux déjeuners sans fin, ou Tim, que j'ai rencontré grâce à ma sœur Carey, et son mari

Menno. J'étais témoin à leur mariage, et je passe de délicieuses soirées avec eux, qui se prolongent tard dans la nuit, parfois en chantant autour d'un piano. L'été, nous nous installons dehors pour déguster les Bloody Mary de compétition que Tim prépare, et c'est lui qui a organisé, avec mon cousin Tom et sa femme Polly, les deux jours de fête pour mes quatre-vingts ans – ils m'ont tant choyée que j'étais parfaitement détendue, soulagée en secret de ne pas avoir besoin de m'inquiéter d'une éventuelle réaction de Colin. Je continue à passer du temps à Glen. La femme de Henry, Tessa, nous a quittés, malheureusement, en 2018, mais je suis reçue par Bill, qu'elle a épousé en secondes noces, et Euan, avec ses enfants aux cheveux de feu, William et Ruby. Je rends visite à Cody, à Édimbourg, sans oublier David et mon adorable sœur Sarah, près de Perth.

Je voyage toujours, la plupart des années je rends visite à Josephine Loewenstein à Moustique, où je retrouve avec plaisir un autre grand ami, Georgie Fanshawe. J'aime aussi aller en Turquie chez Ömer Koç, le fils de l'un des hommes d'affaires les plus brillants, Rhami Koç, dont l'ancienne femme, Çiğdem Simavi, était une de mes amies – elle nous invitait tous les ans, la princesse Margaret et moi sur son bateau, *Hallas*. Nous étions toujours un petit groupe, qui comptait parmi ses membres Rupert Everett – je le connais depuis toujours, ayant été la demoiselle d'honneur de sa mère – et Nicky Haslam, une autre grande amie. La princesse Margaret avait toujours la plus belle cabine, avec un lit à baldaquin. Le lit était trop haut pour qu'elle puisse y monter et en descendre, et je devais l'aider à se hisser dessus tous les soirs, avant de lui confier une cloche pour qu'elle puisse me sonner pendant la nuit si elle avait besoin d'aller aux toilettes, auquel cas je venais lui prêter secours.

Ömer a l'âge qu'aurait eu Henry, et quand je l'ai rencontré, juste après la mort de mon fils, il a fait preuve de compassion et de gentillesse. Nous sommes devenus très amis, et désormais il m'invite à passer du temps sur son yacht tous les étés, avec un groupe d'amis, parmi lesquels Christabel et Jools Holland. Avec Christabel, nous adorons nager, nous nous baignons donc ensemble tous les jours. Ömer est si attentif qu'il s'arrange pour qu'un petit bateau nous suive en permanence, au cas où nous aurions des ennuis.

C'est à travers la mère d'Ömer que j'ai rencontré Bettina Graziani, l'ancien top model excentrique qui s'est associée avec Hubert de Givenchy, et la fiancée du prince Aly Khan, le fils mondain de l'Aga Khan. Il y a quelques années de cela, elle nous a invités, Tim et moi, à lui rendre visite à Paris. Depuis ma lune de miel, j'avais gardé une prévention ridicule contre cette ville, mais je l'ai balayée : j'avais presque quatre-vingts ans et Colin ne serait pas là.

À près de quatre-vingts ans, Bettina restait d'une grande élégance. Elle avait fait préparer du thé pour notre arrivée, et nous attendait dans son sublime appartement de la rue de Grenelle, parfumé avec des bougies Rigaud et des tonnes de fleurs fraîches. La soirée a commencé comme un rêve parisien : nous avons bu du champagne devant la cheminée avant de sortir dîner à la Brasserie Lipp. Alors que nous pensions rentrer à la fin du repas, elle nous a emmenés à une fête organisée par le petit ami d'un ambassadeur, qui recevait en l'absence de ce dernier.

Un maître d'hôtel en veste blanche nous a fait longer un couloir bordé de cages remplies de petits oiseaux aux couleurs vives, jusqu'à une pièce surchauffée et plutôt sombre, pleine de gens affalés les uns sur les autres. Ils nous ont brièvement inspectés, avec langueur, avant de se détourner à nouveau.

Bettina nous a conduits, Tim et moi, à travers un dédale de pièces communicantes ; nous avons échangé, tous les deux, des regards choqués, comprenant alors qu'il s'agissait d'une orgie. Il y avait des drag-queens qui se trémoussaient, des femmes très court-vêtues et d'autres personnes enduites d'huile qui ne portaient rien du tout. Nous avons longé une chambre, et sur le lit à baldaquin deux lesbiennes se tortillaient. Elles ont paru s'intéresser à moi et je me suis donc agrippée à Tim en lui murmurant, paniquée : « Dis-leur que nous sommes mariés ! »

Je ne suis pas sûre que cette information aurait eu un quelconque impact sur ces gens, d'autant plus qu'ils étaient tous drogués : la salle de bains était remplie de bols de cocaïne, et la tablette en verre, près du lavabo, était sillonnée de lignes blanches. Nous nous sommes, Tim et moi, assis sur un canapé, tout près l'un de l'autre, dépassés par la situation. Bettina, elle, ne semblait pas remarquer la différence de tonalité entre la première partie de la soirée et la seconde. Elle a fini par nous raccompagner chez elle à 3 heures du matin.

Nous étions très contents de retrouver le Norfolk, Tim et moi. Je ne suis jamais retournée à Paris.

Mes plus beaux voyages sont incontestablement ceux que j'ai faits avec Margaret Vyner. Ensemble, nous sommes allées de nombreuses fois en Inde, et nous nous sommes toujours beaucoup amusées, même si nous avons parfois fini par être témoins de choses fort inattendues. Un jour, nous étions dans une ville de montagne et nous avions décidé de traverser le désert Deccan. La propriétaire de l'hôtel a été plutôt surprise quand nous lui avons fait part de notre intention. « C'est très courageux, soyez prudentes surtout », nous a-t-elle dit en haussant les sourcils, sans doute étonnée de croiser deux femmes mûres aussi aventureuses. Nous nous sommes donc mises en route, sans nous inquiéter de ses avertissements, nous focalisant plutôt sur l'étrange taxi venu nous chercher : il était tapissé de velours rouge et un lustre pendait du toit. Soulagées de le voir s'arrêter à l'entrée d'un bois, bien que déconcertées de trouver des arbres au milieu du désert, nous avons commencé à rassembler nos affaires. « Non, non, nous a dit le chauffeur, restez ici. Ne sortez pas. Il y a des vilaines dames dans les bois. Très, très vilaines dames. » Avant que nous ne puissions répondre quoi que ce soit, il a bondi dehors et disparu entre les arbres.

Il se trouve qu'il s'agissait d'un lieu de prostitution où tous les camionneurs se rendaient. J'imagine que notre chauffeur a eu peur que des clients puissent nous prendre pour de nouvelles prostituées. Il a fini par revenir après avoir, visiblement, passé un moment délicieux avec les « vilaines dames » grâce à l'argent que nous lui avions donné pour notre transport. Nous nous sommes enfin remis en route, le lustre oscillant au-dessus de nos têtes. À la tombée de la nuit, nous n'avions toujours pas atteint le joli hôtel que nous avions réservé. Il se faisait tard, nous n'avons donc pas eu d'autre choix que de trouver un endroit pour dormir dans une minuscule ville – la conduite de nuit représentant un risque que nous ne voulions pas courir. Le chauffeur nous a emmenées dans le seul hôtel existant, qui était absolument crasseux. De tous mes séjours en Inde, c'est la seule fois où j'ai dû aller aux toilettes dans la nature, tant les sanitaires de l'établissement étaient sales. Il y régnait une atmosphère étrange, accentuée par la présence d'une cloche, devant notre chambre, qui sonnait sans arrêt ; régulièrement quelqu'un frappait à la porte. Nous étions en train de discuter ensemble de ces bizarreries quand le déclic s'est produit : nous étions passées du bois des « vilaines dames »… à une maison close. Les hommes se voyaient octroyer une demi-heure avec les dames avant que la cloche ne tinte. Il ne manquait plus que l'appel : « Terminus, tout le monde descend ! »

C'était si effroyable que nous n'avions d'autre choix que nous en amuser. Par chance, nous emportions toujours une bouteille de vodka en voyage, qui se révèle souvent très utile. Margaret est sortie chercher le chauffeur de taxi pour qu'il nous trouve un soda, et elle est revenue avec un immense pichet de jus de cerise frais, qui était la chose la plus délicieuse au monde. Nous avons glissé une chaise sous la poignée de la porte pour qu'aucun homme ne puisse entrer par inadvertance, et nous nous sommes agréablement grisées tandis que les cloches sonnaient et que les portes claquaient tout autour de nous.

Le lendemain, nous sommes enfin arrivées à notre hôtel, qui était incroyablement chic, et je suis sûre que personne n'aurait pu imaginer où nous avions passé la nuit précédente. Une fois de plus, je passais d'un extrême à un autre. Nous n'arrivions pas à nous arrêter de rire. Après tout, j'avais fini par m'habituer à l'inattendu, à l'incongru et au choquant.

La plupart du temps néanmoins, je passais l'essentiel de mes journées à m'occuper de mon jardin. Jusque très récemment, je continuais à naviguer dans l'estuaire de Burnham Overy Staithe. Je continue à m'impliquer dans le club. Et c'est d'ailleurs ici, dans le Norfolk, que je me suis parfois le plus amusée. Tous les clubs nautiques célèbrent les victoires de Nelson, fort nombreuses. Pour le bicentenaire de Trafalgar, on nous a ainsi expliqué que nous pouvions tous, sur nos minuscules bateaux, battre le pavillon blanc de la marine militaire britannique et que l'évêque de Lynn viendrait les bénir, en lançant sa bague dans l'eau. L'estuaire a donc été envahi de navigateurs enthousiastes, coiffés de casquettes de marins.

Tout le monde, moi y compris, était d'humeur très joyeuse grâce à la consommation de Nelson's Blood, un cocktail de vin rouge et de cognac. Il s'agit de la boisson traditionnellement offerte aux marins parce qu'à la mort de Nelson, son corps a été conservé dans un tonneau de cognac le temps de le ramener chez lui – tonneau que les membres de son équipage ont bu à leur arrivée à terre. J'ai une photographie sur laquelle on voit très bien à quel point j'étais joviale – et grossière ! –, une main posée sur la tête d'un marin pour garder l'équilibre pendant que j'agite l'autre avec enthousiasme.

Quand je ne navigue pas, j'aime marcher au bord de l'estuaire et dans les dunes, mon esprit me ramène invariablement à l'époque des châteaux de sable et des pique-niques avec mes enfants, et à celle encore plus lointaine où, enfant, je jouais avec mes cousins Ogilvy et les princesses Elizabeth et Margaret. La plage de Holkham, toujours aussi belle qu'autrefois, attire des milliers de visiteurs chaque été – et elle se voit, semble-t-il, régulièrement décerner le titre de plage la plus populaire d'Angleterre.

La famille royale l'aimait tellement que mon père leur avait offert un « cabanon », même s'il ne ressemble pas vraiment à ces abris aux couleurs pastel qui ponctuent le front de mer, mais bien plus à un petit pavillon. Il se trouve à l'écart, tout au bout de la plage, et il se compose d'une grande pièce et d'une kitchenette, ainsi que d'une galerie ouverte qui en fait tout le tour. La reine mère aimait y descendre à l'heure du thé, en été. Elle emmenait les corgis pour les promener dans les dunes. Au-delà du pavillon, il y avait, et il y a encore, la plage des nudistes.

Les gardes du corps de la reine mère n'étaient pas enchantés par la proximité des naturistes, et on les entendait souvent dire : « Je crois que vous ne devriez pas descendre sur la plage aujourd'hui, Majesté, parce qu'il y a des nudistes, cela risque d'être un peu gênant. »

À quoi elle leur répondait : « Gênant ? Pour qui ? Je suis impatiente de les voir au contraire. Les corgis leur mordilleront peut-être le derrière. »

Et elle se mettait en route avec les chiens. Les nudistes ne semblaient pas lui prêter la moindre attention. Les hommes étaient trop accaparés par leurs activités sportives – avec leur attirail qui se baladait librement –, quant aux femmes aux poitrines généreuses, elles tricotaient assises sur les dunes. Les gardes du corps ont appris à accepter qu'ils n'obtiendraient jamais gain de cause avec la reine mère.

L'intérêt pour cette plage nudiste a perduré. Il y a quelques années, le prince Charles et la duchesse de Cornouailles, Camilla, m'ont conviée aux floralies de Sandringham. Le soir, j'ai participé à un dîner avec des personnalités du monde du spectacle. J'ai ainsi eu une merveilleuse conversation avec Dame Judi Dench, qui m'a dit combien elle aimait nager, je l'ai donc conviée à la plage. Le lendemain, elle est arrivée avec la duchesse de Cornouailles et d'autres amies. En dépit du temps, gris et venteux, tout le monde s'est mis en maillot de bain pour sauter dans l'eau. Je ne me suis mouillée que jusqu'aux genoux, mais Judi Dench était intrépide, elle s'est jetée dans les vagues déchaînées, un immense sourire aux lèvres.

Quand tout le monde est sorti de l'eau, j'ai parlé de la plage de nudistes et raconté l'anecdote de la reine mère avec ses corgis. Et bien sûr, comme la reine mère, ils ont tous fouillé la brume du regard. À cet instant, un homme qui n'avait sur lui qu'une serviette et un sac à dos est apparu sur les dunes. Reconnaissant la duchesse de Cornouailles, il l'a saluée. Elle a engagé la discussion avec lui et eu la confirmation qu'il était nudiste (bien que partiellement couvert à cette heure), et tout le monde s'est alors jeté dans la mêlée pour lui poser des questions. Il s'est montré très coopératif, et nous a expliqué combien c'était une pratique libératrice, combien il aimait cette impression de ne faire qu'un avec les éléments, cette proximité avec la nature. À la fin de la conversation, la duchesse lui a demandé s'il vivait dans le coin. « Oui, lui a-t-il répondu d'un ton guilleret. Je suis le directeur d'une école voisine. » Après son départ, nous étions tous hilares. Nous avions, je ne sais pourquoi, du mal à concilier l'image d'un nudiste et celle d'un directeur d'école.

Holkham Hall est toujours là, un peu morose dans la brume grise hivernale, magnifique lorsque le soleil brille. À la mort d'Eddy, en 2015, son fils, Thomas, est devenu le huitième comte de Leicester. Ainsi que le veut la tradition, il s'est engagé, comme mon père à l'époque, dans les Scots Guards après des études à Eton, et il est l'un des écuyers du duc de Kent. Il vit à Holkham Hall avec son épouse Polly et leurs quatre enfants, tous ensemble ils font vivre la lignée des Coke. Le domaine est prospère.

La maison, ouverte au public, attire des milliers de visiteurs chaque année, et il m'arrive de me faufiler parmi eux. Je croise des touristes du monde entier qui admirent l'escalier en marbre où je me tenais le jour de mon bal de débutante, dans ma robe en toile de parachute, puis pour mon mariage, dans celle dessinée par Norman Hartnell. Ils poursuivent leur visite, discutent et s'intéressent, évoquent souvent le film *The Duchess*, avec Keira Knightley et Ralph Fiennes, parce qu'il a été tourné en grande partie à Holkham.

Mais alors qu'ils voient des murs tendus de soie grenat damassée et des plafonds aux sublimes décors dorés, je vois Tommy Kinsman qui s'installe avec son orchestre, à la grande joie de la reine mère, et la princesse Margaret qui tourbillonne dans les bras de Billy Wallace. Dans la principale chambre à coucher, je n'admire pas seulement le lit à baldaquin, je repense aussi à Lord Stair, qui y a toujours dormi. Et alors que je suis les couloirs, je nous imagine enfants, la princesse Margaret et moi, pédalant sur nos tricycles, nos rires se réverbérant sur les murs, je pense aux encadrements de portes où nous nous cachions pour surprendre les valets de pied. Et tandis que les visiteurs immortalisent les lieux avec leurs téléphones portables, ils ignorent qu'ils ont choisi l'endroit précis où la reine nous avait disputées, la princesse et moi, pour notre comportement.

Ce que je préfère par-dessus tout, c'est lorsque la maison est fermée aux visiteurs et que la famille est absente, parce que, alors, j'ai l'impression qu'elle redevient une part de moi. Je lève les yeux vers la fenêtre du milieu, au dernier étage côté gauche – mon ancienne chambre –, et je me revois adolescente, à mon bureau, écrivant des lettres à mes amies et rêvant de Heathcliff, le héros des *Hauts de Hurlevent*, alors que je perdais mon regard vers le parc.

Récemment, l'un des enfants de Tom a trouvé, dans le grenier, un petit mot que Carey m'avait écrit quand nous étions petites. Un souvenir d'autant plus touchant, car, à ma grande tristesse, Carey s'est éteinte en mai 2018, à l'âge de quatre-vingt-quatre ans. J'étais si dévastée à sa mort, je me rappelais encore parfaitement de la petite fille aux cheveux dorés qui me taquinait sans relâche, qui criait : « Ouh la froussarde, quelle pleurnicharde ! » Cette formule avait joué un rôle si important dans notre enfance que notre cousin James Ogilvy y a fait une allusion tendre lors des obsèques de Carey.

Ne pouvant plus partager ce passé avec Carey – et mon écart avec Sarah est trop grand –, mes premiers souvenirs et secrets d'enfance sont contenus dans cette maison et les terres qui l'entourent. Je suis liée à Holkham à tout jamais. Mes parents et Carey sont enterrés dans le cimetière de l'église St Withburga, au milieu du parc, au-dessus du lac, entouré d'un troupeau de daims. C'était l'endroit que mon père préférait au monde, et à sa mort, en 1976, les gardes forestiers ont porté son cercueil de la maison à l'église, gravissant la côte qui y menait. Un jour, je reposerai là moi aussi.

Si la mort de mon père a signé la fin de notre lignée de la famille Coke, mes enfants et petits-enfants sont notre héritage. Aucun de mes descendants directs ne sera comte de Leicester, mais ma famille est en vie et en bonne santé, elle est prête, comme moi, à faire front avec optimisme à tout ce que le destin lui enverra.

Amy a voyagé à travers le monde avant de s'installer en Est-Anglie, près de May et Anton, et de leurs deux filles, Honor et Greta. Christopher coule toujours des jours heureux avec Johanna, qui a pris une part importante dans mon existence aussi, puisqu'ils sont mes voisins.

J'ai emmené Christopher à une conférence l'autre jour et j'ai pensé que j'avais de la chance qu'il soit là, assis à mes côtés, profitant de la vie. Son cerveau n'a conservé aucune séquelle. Il est un tel atout dans mon existence… Je repense souvent à ce qui aurait pu arriver et je suis soulagée que tout se soit bien terminé. Nul ne peut affirmer savoir comment il réagira face à l'adversité avant de vivre un drame de cette ampleur mais, Dieu merci, je n'ai pas écouté le médecin qui m'avait dit de rentrer chez moi et de ne plus m'occuper de mon fils.

Si mes trois enfants sont pour moi une grande source de fierté, il m'est toujours douloureux de penser à Henry et Charlie. J'ai aujourd'hui le double de l'âge que Charlie avait à sa mort, et le triple de celui de Henry. La douleur liée à la perte d'un enfant ne disparaît jamais. Mais j'essaie de ne pas trop m'appesantir sur les événements tristes du passé, préférant me concentrer sur le présent, afin de tirer le meilleur parti de mon existence. Heureusement, j'ai encore de merveilleux amis qui partagent cette philosophie, et nous continuons à arpenter le monde pour vivre de formidables aventures.

Les quatre-vingt-sept années que j'ai passées sur terre peuvent être qualifiées de bien des façons, bonnes ou mauvaises, mais elles ont surtout été extraordinaires. J'ai dû constamment m'adapter et aujourd'hui, enfin, je peux me détendre. Finalement, ce qui pourrait surprendre, je n'ai aucun regret. Je suis très heureuse comme je suis, et j'ai l'intention de vivre encore cent ans, même si je me pose souvent la question : « Et maintenant ? »

Remerciements

Je voudrais d'abord remercier Tom Perrin de m'avoir demandé d'écrire ce livre, puis de m'avoir encouragée et secondée tout au long du chemin.

Hugo Vickers m'a également prodigué ses sages conseils et son soutien – il a eu le talent précieux de démêler des faits obscurs sur mon grand-père Hardwicke. C'est aussi Hugo qui m'a présenté Hannah Bourne-Taylor, laquelle m'est devenue indispensable, me tenant la main du début à la fin, m'apportant son aide pour trier mes souvenirs et les remettre en ordre au cours des longues heures que nous avons passées ensemble.

Je tiens aussi à dire combien j'ai apprécié de travailler avec les équipes de Hodder & Stoughton et Zuleika. Je voudrais d'abord remercier Rowena Webb, pour qui rien n'était jamais un problème, puis Juliet Brightmore, à qui a incombé la difficile tâche de sélectionner les photographies avec moi. J'aimerais aussi mentionner Lucy Hale, Eleni Lawrence, Rebecca Mundy, Rebecca Folland, Hazel Orme et Ian Wong. J'ai également beaucoup de gratitude envers Simon Elliot, qui a insisté, à juste titre pour que je prenne un agent et m'a trouvé le délicieux et efficace Gordon Wise.

Enfin, j'adresse un immense merci aux deux personnes dont le soutien a été le plus indéfectible : Johanna Tennant, ma belle-fille, qui m'a servi d'intermédiaire, arrivant chaque matin avec des messages, pour lire mon premier jet et vérifier que j'allais bien ; mon meilleur ami Tim Leese, qui m'a toujours poussée et nous a fourni, à tous les deux, de merveilleux dîners pendant la rédaction de ce livre. Pour conclure, bien sûr, je voudrais avoir un mot pour mes filles, Amy et May, et pour mon fils, Christopher ; leur contribution, à tous, a été inestimable.

Crédits photos

Cahier pages 1-16

Collection de l'autrice :

1-3, 5 en bas à droite, 6 en haut, 7, 8 en haut à droite / au milieu à droite / en bas à gauche, 9 en haut à gauche / au milieu à droite, 11, 12 en haut, 13-14, 15 en bas à gauche, 16 en haut à gauche / en bas à gauche.

Sources additionnelles :

Alamy : 4 en bas, 5 au milieu à gauche. © Armstrong Jones : 5 en haut à droite. Associated Newspapers Ltd/Solo Syndication dmg media : 4 en haut à droite / *Daily Sketch* du 30 mai 1953. © *Daily Express* / Ted Bath : 15 au milieu à droite. Getty Images : 4 en haut à gauche, 6 en bas / Slim Aarons, 10 en haut et en bas / Litchfield, 12 en bas / Anwar Hussein. Trustees of the Glen Settlement : 8 en haut à gauche. PA Images : 9 en bas à gauche. Shutterstock : 6 au milieu à gauche / Leon Schadeberg, 15 en haut à gauche / Mike Forster / *Daily Mail*, 16 au milieu à droite / Albanpix.

En-têtes des chapitres

Collection de l'autrice :

Chap. 2 : Avec ma sœur Carey, à droite. Chap. 3 : Vérification du stock à l'atelier de poterie de Holkham. Chap. 6 : Colin en kilt pour la « fête des clans », avec Rob Roy. Chap. 7 : La maison de Colin à Moustique, en 1980. Chap. 8 : Colin avec la princesse Margaret, à Moustique, au début des années 1970. Chap. 9 : Avec Christopher et les jumelles, May et Amy, en 1970. Chap. 11 : Invitation aux cinquante ans de Colin, à Moustique, en 1976. Chap. 13 : Avec la princesse Margaret au palais de Kensington. Chap. 14 : Avec Charlie, en 1976. Chap. 15 : Christopher et Charlie, en 1986. Chap. 16 : Avec Henry en Inde. Chap. 17 : La princesse Margaret. Chap. 18 : L'anniversaire de nos cinquante ans de mariage, en 2006.

Sources additionnelles :

Chap. 1 : Holkham, photo de Gareth Hacon. Chap. 4 : En route pour la répétition générale du couronnement, en 1953 / TopFoto. Chap. 5 : À notre fête de fiançailles, en 1955 / TopFoto. Chap. 10 : Dame d'honneur de la princesse Margaret, à notre arrivée à un ballet à Londres, en 1980 / Shutterstock. Chap. 12 : Dame d'honneur de la princesse Margaret, en Australie, en 1975 / Getty Images. Chap. 19. Chez moi, en 2019, photo de Hal Shinnie.

Cet ouvrage a été composé et mis en page
par Nord Compo à Villeneuve-d'Ascq

Imprimé en France par CPI
en avril 2022
N° d'impression : 3047445

Pocket – 92 avenue de France, 75013 PARIS

S32274/01